A ARTE DE CULTIVAR LÍDERES

BILL CONATY
Ex vice-presidente sênior da General Electric

RAM CHARAN
Coautor do *Execução* e autor de *Reinventando a governança corporativa*

A ARTE DE CULTIVAR LÍDERES

COMO SE TORNAR UM MESTRE NA CRIAÇÃO DE TALENTOS

4ª tiragem

Tradução
Cristina Yamagami

ELSEVIER

CAMPUS

Do original: *The Talent Masters*
Tradução autorizada do idioma inglês da edição publicada por Crown Business
Copyright © 2010, by Bill Conaty and Ram Charan

© 2011, Elsevier Editora Ltda.

Todos os direitos reservados e protegidos pela Lei nº 9.610, de 19/02/1998.

Nenhuma parte deste livro, sem autorização prévia por escrito da editora, poderá ser reproduzida ou transmitida sejam quais forem os meios empregados: eletrônicos, mecânicos, fotográficos, gravação ou quaisquer outros.

Copidesque: Shirley Lima da Silva Braz
Revisão: Jayme Teotônio Borges Luiz e Cynthia dos Santos Borges Gaudard
Editoração Eletrônica: Estúdio Castellani

Elsevier Editora Ltda.
Conhecimento sem Fronteiras
Rua Sete de Setembro, 111 – 16º andar
20050-006 – Centro – Rio de Janeiro – RJ – Brasil

Rua Quintana, 753 – 8º andar
04569-011 – Brooklin – São Paulo – SP – Brasil

Serviço de Atendimento ao Cliente
0800-0265340
sac@elsevier.com.br

ISBN 978-85-352-4402-1
Edição original: ISBN 978-0-307-46026-4

Nota: Muito zelo e técnica foram empregados na edição desta obra. No entanto, podem ocorrer erros de digitação, impressão ou dúvida conceitual. Em qualquer das hipóteses, solicitamos a comunicação ao nosso Serviço de Atendimento ao Cliente, para que possamos esclarecer ou encaminhar a questão.

Nem a editora nem o autor assumem qualquer responsabilidade por eventuais danos ou perdas a pessoas ou bens, originados do uso desta publicação.

CIP-Brasil. Catalogação-na-fonte
Sindicato Nacional dos Editores de Livros, RJ

C433a   Charan, Ram
           A arte de cultivar líderes : como se tornar um mestre na
     criação de talentos / Ram Charan, Bill Conaty ; tradução Cristina
     Yamagami. – Rio de Janeiro : Elsevier, 2011.

         Tradução de: The talent masters
         ISBN 978-85-352-4402-1

         1. Administração de pessoal. 2. Liderança. 3. Profissões –
     Desenvolvimento. 4. Delegação de autoridade para empregados.
     5. Cultura organizacional. I. Conaty, Bill. II. Título.

11-2653.   CDD: 658.3
                                            CDU: 005.95

Dedicado aos muitos grandes líderes de negócios e de recursos humanos que me inspiraram ao longo dos anos e à minha família, por apoiar minhas tentativas de fazer diferença no mundo do RH.

BILL CONATY

Dedicado aos corações e almas da família coletiva de 12 irmãos e primos que vivem sob o mesmo teto por 50 anos e cujo sacrifício pessoal possibilitou minha educação formal.

RAM CHARAN

Agradecimentos

Tivemos o privilégio de trabalhar com muitos dos líderes de negócios mais bem-sucedidos do mundo e aprender com eles ao longo de nossa carreira. Muitos revolucionaram o desenvolvimento de líderes e, dessa maneira, estenderam a longevidade de suas organizações. Todos são líderes exemplares que demonstram, em seu trabalho diário, paixão e compromisso de ajudar os outros a atingir seu potencial de liderança. Seus esforços verdadeiramente criam valor para suas empresas e para a sociedade como um todo.

Gostaríamos de agradecer o enorme apoio que recebemos das seguintes pessoas que foram tão generosas com seu tempo e insights. Na Agilent Technologies: Bill Sullivan, Ron Nersesian, Niels Faché, Adrian Dillon, Jean Halloran, Teresa Roche, Christine Landon e Amy Flores. Na Clayton, Dubilier & Rice: Joe Rice, Don Gogel e Tom Franco. Na GE: Jeff Immelt, Mark Little, Omar Ishrak, Jim Campbell e Gary Sheffer. Na Goodyear: Bob Keegan, Rich Kramer e Joe Ruocco. Na Hindustan Unilever: Vindi Banga e Nitin Paranjpe. Na LG Electronics: o CEO Yong Nam e Pete Stickler. Na Novartis: Dr. Dan Vasella, Joe Jimenez, Kim Stratton, Dr. Mark Fishman, Thorsten Sievert, Juergen Brokatzky-Geiger, Kevin Cashman, Kathy Bloomgarden e Elizabeth Flynn. Na P&G: A. G. Lafley, Bob McDonald, Dick Antoine, Moheet Nagrath, Deb Henretta, Melanie Healey e Laura Mattimore. Na TPG: Jim Williams. Na UniCredit: Alessandro Profumo, Rino Piazzolla, Anish Batlaw e Anna Simioni.

Ao descrever os sistemas de desenvolvimento de lideranças na GE e, em particular, os valores e processos sociais que os tornam tão eficazes, somos lembrados das enormes contribuições de Jack Welch nessa área. Ele percebeu intuitivamente a importância de se ampliarem os pontos fortes das pessoas e verdadeiramente revolucionou o conceito de desenvolvimento de lideranças ao redor do mundo.

Nosso editor, John Mahaney, foi um parceiro sempre presente ao longo de todo o processo de elaboração deste livro. Somos gratos pela oportunidade de nos beneficiar de sua inteligência, sábios conselhos editoriais e visão e apoio inesgotáveis no decorrer da jornada. Nenhum editor é mais dedicado à sua profissão.

Geri Willigan foi a liga que nos manteve a todos unidos e avançando. Ela ajudou a concretizar o livro participando do design, pesquisa, elaboração e edição do texto e nos manteve focados no quadro geral, apesar de todas as reviravoltas. Somos extremamente gratos a ela; nós cruzamos a linha de chegada.

Também gostaríamos de agradecer a Charlie Burck, cuja determinação em aprofundar o conhecimento nos ajudou a extrair as lições das nossas próprias experiências e dos outros. Ele dominou o tema e depois usou seu gosto por detalhes e precisão, além de sua grande habilidade na elaboração de textos, para dar vida às histórias na página.

Hilary Hinzmann e Doug Sease nos proporcionaram um grande apoio editorial em pontos críticos do processo, esboçando algumas seções com a facilidade dos experientes profissionais que são. Foi um prazer trabalhar com eles.

Finalmente e igualmente importante, queremos agradecer a Cynthia Burr e Carol Davis, da Charan Associates, que administraram a complexa logística do projeto com extremo cuidado e capacidade.

Os autores

Depois de uma carreira de 40 anos na General Electric, BILL CONATY se aposentou em 2007. A GE deve grande parte de seu sucesso global à organização de recursos humanos de primeira classe que ele desenvolveu e liderou ao longo de 14 anos. Como vice-presidente sênior de recursos humanos na GE de 1993 a 2007, foi amplamente reconhecido como líder mundial em sua área de atuação. Uma de suas realizações mais visíveis foi a gestão bem-sucedida da sucessão do CEO e do processo de transição de Jack Welch a Jeff Immelt, atual presidente do Conselho e CEO da GE.

Bill Conaty passou toda a carreira profissional na General Electric. Nascido em Binghamton, Nova York, formou-se pela Bryant University em Rhode Island. Depois de concluir um programa de administração de três anos na GE e de uma rápida passagem pelas Forças Armadas, Conaty assumiu posições de gestão em várias operações da GE, incluindo aeroespacial, ferroviário e motores de aeronaves. Em 1990, foi nomeado um officer da empresa e se tornou vice-presidente de recursos humanos dos Motores de Aeronaves da GE. Apenas três anos mais tarde, foi escolhido por Jack Welch para assumir a vice-presidência sênior de recursos humanos corporativos, responsável por mais de 320 mil empregados ao redor do mundo. Ele trabalhou oito anos com Welch e seis anos com Jeff Immelt.

A GE não apenas é uma das maiores e mais diversificadas empresas industriais do mundo, como também é uma das mais respeitadas. A GE foi nomeada pela revista *Fortune* a "Empresa Mais Respeitada do Mundo" em 7 dos últimos 10 anos em que Bill liderou o RH. Além disso, a *Fortune* nomeou a GE a número um no desenvolvimento de líderes de primeira categoria. Em 2004, Bill Conaty foi nomeado Executivo de Recursos Humanos do Ano. O artigo de capa da revista *Human Resource Executive* enaltecia a forma como ele lidou com "um dos mais importantes desafios de sucessão de CEO do século".

Em grande parte devido ao desenvolvimento da administração e dos programas de treinamento projetados por Bill, a *BusinessWeek* declarou que a GE tinha "o banco de gestão mais talentoso do mundo". Um perfil recém-publicado na mesma revista o elogiou por pegar "um departamento muitas vezes visto como uma função de apoio" e transformá-lo "em um parceiro de negócios de alto nível". O antigo chefe de Bill, Jack Welch, refere-se a ele como "espetacular", explicando que conquistou "uma enorme confiança em todos os níveis. Os sujeitos dos sindicatos o respeitam tanto quanto os gestores seniores". Com efeito, Bill transferiu o cargo sênior a um antigo colega de RH da GE ao mesmo tempo que continuou na empresa para concluir com sucesso sua rodada final de negociações trabalhistas nacionais da GE.

Bill atua no Conselho de Administração da Bryant University e hoje atua no Conselho Consultivo do Centro de Estudos Avançados de RH da Cornell University, onde seu legado perdurará com a recente criação da Cadeira em Recursos Humanos William J. Conaty. Em novembro de 1996, foi nomeado um Fellow da National Academy of Human Resources, eleito presidente do conselho em fevereiro de 2001 e nomeado Distinguished Fellow, a maior honra, em novembro de 2007. Bill também é membro da HR Policy Association, onde atuou como presidente do conselho de 2001 a 2007, e é um membro da Personnel Roundtable.

Depois de se aposentar, Bill abriu a própria consultoria, a Conaty Consulting LLC. Sua base de clientes inclui empresas como Clayton, Dubilier & Rice, P&G, Dell, Boeing, Maersk, LG Electronics, Goodyear, UniCredit e várias outras empresas da *Fortune 100*. Também é palestrante ativo, representado pela Leading Authorities (www.lauthorities.com) como líder mundial em RH.

RAM CHARAN é um extremamente requisitado conselheiro de negócios e palestrante, notório entre os executivos seniores por sua capacidade excepcional de solucionar os mais difíceis problemas de negócios. Por mais de 35 anos, o Dr. Charan tem trabalhado nos bastidores com executivos seniores de algumas das empresas mais bem-sucedidas do mundo, incluindo GE, Verizon, Novartis, DuPont, Thomson, Honeywell, KLM e MeadWestvaco. Compartilhou seus insights com muitos outros por meio de seu trabalho como professor e escritor.

As primeiras experiências do Dr. Charan no mundo dos negócios ocorreram logo cedo, na sapataria da família, na pequena cidade indiana onde cresceu. Ele se formou em Engenharia na Índia e logo depois começou a trabalhar na Austrália e, em seguida, no Havaí. Quando seu talento para os negócios foi descoberto, o Dr. Charan foi incentivado a desenvolvê-lo. Possui MBA e doutorado pela Harvard Business School, onde se formou com louvor e foi agraciado com a designação de Baker Scholar. Depois de concluir o doutorado em Governança Corporativa, ele serviu no corpo docente da Harvard Business School.

O Dr. Charan é famoso pelos conselhos práticos e relevantes que levam em conta as complexidades reais do mundo dos negócios. Ele considera cada interação com os líderes de negócios uma oportunidade de ampliar a mentalidade deles e a própria. Utilizando seu tino para os negócios, profundo conhecimento das pessoas e bom-senso, ele traduz suas observações e insights em recomendações que os líderes podem começar a aplicar já na segunda-feira de manhã. Especializou-se em liderança e sucessão, crescimento e inovação, execução e sistemas sociais. Identificado pela *Fortune* como o maior expert em governança corporativa e pela *The Economist* como um veterano na sucessão de CEOs, o Dr. Charan oferece maneiras práticas para os conselhos de administração melhorarem sua atuação. Membros do conselho, CEOs e executivos seniores de recursos humanos muitas vezes buscam seu aconselhamento em planejamento de talentos e em importantes contratações, incluindo a seleção de CEOs.

Muitas pessoas conheceram o Dr. Charan em programas internos de educação executiva. Seu estilo de ensino enérgico e interativo lhe rendeu vários prêmios. Foi agraciado com o Bell Ringer Award do famoso centro de aprendizado da GE em Crotonville, Nova York, e nomeado melhor professor na Northwestern e no Insurance Institute da Wharton. Ele foi incluído na lista da *BusinessWeek* dos 10 melhores recursos para programas internos de desenvolvimento executivo.

Ao longo da última década, o Dr. Charan registrou seus insights de negócios em inúmeros livros e artigos. Nos últimos cinco anos, os livros do Dr. Charan venderam mais de 2 milhões de exemplares. Eles incluem o best-seller *Execução: a disciplina para atingir resultados*, escrito em coautoria com Larry Bossidy; *O jogo da liderança*, em coautoria com A. G. Lafley; e *Liderança na era da turbulência econômica*. O Dr. Charan escreveu vários artigos de capa para a revista *Fortune* e artigos para a *Harvard Business Review*. Seus artigos também foram publicados no *Financial Times*, *Wall Street Journal* e *Director's Monthly*.

O Dr. Charan foi nomeado Distinguished Fellow da National Academy of Human Resources. Atua nos Conselhos de Administração da Tyco Electronics, Austin Industries e Emaar MGF India. Mora em Dallas, Texas.

Sumário

Capítulo 1
O TALENTO FAZ A VANTAGEM: Sem Talento, Não Há Resultados *1*

EM BUSCA DAS ESPECIFICIDADES *3*
CALIBRANDO STEVE JOBS *6*
COLOCANDO SUE NO TRABALHO CERTO *8*
INSTITUCIONALIZANDO O SENSO CRÍTICO DE QUALIDADE *15*
OS PRINCÍPIOS DOS MESTRES EM TALENTO *17*
QUEM SÃO AS MESTRAS EM TALENTO? *20*

PARTE I
O QUE UM MESTRE FAZ: Dentro do sistema de gestão de talentos da GE *25*

Capítulo 2
SUCESSÃO EM UM DIA: Quando Larry Johnston, da GE, Renunciou *29*

UMA SESSION C IMPROVISADA *33*
UM CHOQUE SE TRANSFORMA EM UMA VITÓRIA *37*
EPÍLOGO *39*

Capítulo 3
UM SISTEMA COMPLETO DE DESENVOLVIMENTO DE LIDERANÇAS: Como a GE Vincula Pessoas e Números *41*

DANDO VIDA À SESSION C *45*
INCORPORANDO A OBJETIVIDADE ÀS HABILIDADES SUBJETIVAS *47*
ACOMPANHAMENTO E RECALIBRAGEM *50*
INTIMIDADE NO PLANEJAMENTO DE SUCESSÃO *52*
CROTONVILLE, O CRUZAMENTO DA CULTURA *54*
APRENDENDO A SE OPOR: A DINÂMICA DE UM CURSO DE DESENVOLVIMENTO
DE GESTÃO *57*
VALORES DO DIA A DIA *63*
CONCLUSÕES *65*

Capítulo 4

COMO A INTIMIDADE COMPENSA: Cultivando a Carreira de Mark Little e Omar Ishrak *67*

UM RENASCIMENTO NO MEIO DA CARREIRA *67*

"À BEIRA DA MORTE PROFISSIONAL" *70*

ENCORAJAMENTO DO CEO *72*

UMA PROMOÇÃO INESPERADA *75*

TRAZENDO UM OUTSIDER PARA A CULTURA *79*

PREENCHENDO UMA LACUNA DE LIDERANÇA *80*

SEM PAPAS NA LÍNGUA *81*

DECIFRANDO O SISTEMA *84*

APRENDENDO COM UM MESTRE *86*

CONCLUSÕES *88*

PARTE II
A EXPERTISE ESPECIAL DOS MESTRES EM TALENTO

Capítulo 5

CONSTRUINDO UM PIPELINE DE TALENTOS ATÉ O TOPO: O Dia 1 na Hindustan Unilever *93*

RECRUTANDO O TALENTO BRUTO *96*

APRENDENDO DESDE AS BASES *100*

RECEBENDO ORIENTAÇÃO DO TOPO *103*

PASSANDO EM REVISTA *108*

GRANDES DESAFIOS DESENVOLVEM GRANDES LÍDERES *112*

CONCLUSÕES *117*

Capítulo 6

AMPLIANDO A COMPETÊNCIA E A CAPACIDADE POR MEIO DE EXPERIÊNCIAS QUE IMPORTAM: Como a P&G Desenvolve Líderes Globais *118*

O APOSTADOR *120*

CONQUISTANDO UMA FUNÇÃO DE TESTE *121*

ENCONTRANDO OS POUCOS QUE SE DESTACAM *125*

INVESTIGANDO OS TALENTOS FORA DA AVALIAÇÃO FORMAL DE TALENTOS *127*

DE "QUEM VOCÊ CONHECE" A "QUEM É MELHOR" *130*

CAMADAS DE APRENDIZADO NA ÁSIA *133*

NOVAS HABILIDADES, NOVOS HÁBITOS MENTAIS *134*

AMPLITUDE E PROFUNDIDADE *137*

ATUALIZANDO A REDE GLOBAL *140*

O GRANDE BENEFÍCIO *142*

CONCLUSÕES *143*

Capítulo 7
CRIANDO UMA NOVA ESTIRPE DE ADMINISTRADORES-GERAIS: Como a Agilent Transforma Tecnólogos em Líderes de Negócios *146*

DESENVOLVENDO A FORÇA DO BANCO DE TALENTOS *147*

COACH IN CHIEF *151*

DESENVOLVENDO OPORTUNIDADES PARA AS PESSOAS *154*

UM EMPREENDEDOR NA GESTÃO DE TALENTOS *158*

DESENVOLVENDO A COMPETÊNCIA ORGANIZACIONAL *160*

NOMEANDO UM AGENTE DE MUDANÇA *164*

PASSANDO NA PROVA *166*

CONCLUSÕES *167*

Capítulo 8
DESCOBRINDO O LÍDER INTERIOR: Como a Novartis Desenvolve a Competência de Liderança por meio do Autoconhecimento *169*

AJUDANDO OS LÍDERES A REVELAR SUA ESSÊNCIA *171*

AUTOCONSCIÊNCIA E EFICÁCIA DA LIDERANÇA *173*

TÉCNICAS PARA SE APROFUNDAR *175*

O CONTEXTO CERTO *178*

REDEFININDO AS EXPECTATIVAS *179*

VENDO O SISTEMA DA NOVARTIS COM NOVOS OLHOS *182*

CONCLUSÕES *186*

PARTE III
COMO SE TORNAR UM MESTRE EM TALENTO

Capítulo 9
TENHA OS LÍDERES CERTOS *189*

GOODYEAR: RENOVAÇÃO COM AJUDA EXTERNA *189*

UNICREDIT: UTILIZANDO O SISTEMA DE TALENTOS PARA EXECUTAR UMA NOVA
ESTRATÉGIA *195*

PRIVATE EQUITY: NOVOS TALENTOS PARA UM NOVO JOGO *198*

LGE: ADQUIRINDO TALENTOS GLOBAIS *200*

Capítulo 10
ESTABELEÇA OS VALORES E COMPORTAMENTOS CERTOS *203*

GOODYEAR: UM MANIFESTO PARA A MUDANÇA *203*

UNICREDIT: VALORES CAPAZES DE UNIR UM CONTINENTE *207*

PRIVATE EQUITY: MUDANDO A MENTALIDADE *210*

Capítulo 11
TENHA OS PROCESSOS CERTOS DE GESTÃO DE TALENTOS *213*

GOODYEAR: PASSANDO DO INFORMAL AO FORMAL *213*

UNICREDIT: SISTEMAS PARA MUDAR UMA CULTURA *221*

UM CANTO SUPERIOR DIREITO APINHADO *223*

UNIMANAGEMENT: UM CROTONVILLE EM TURIM *224*

LEVANDO O PROCESSO PARA BAIXO *227*

CDR: APRENDENDO COM A GE *229*

PROMOVENDO O UPGRADE DAS PRÁTICAS DE RH NO PORTFÓLIO DA CDR *233*

PROCESSO NA TPG *234*

LGE: UM INOVADOR TRANSPLANTE DE TALENTOS *236*

CONCLUSÕES: A MUDANÇA COMEÇA NO TOPO *241*

PARTE IV
O KIT DE FERRAMENTAS DOS MESTRES EM TALENTO

PRINCÍPIOS DOS MESTRES EM TALENTO *245*

SUA EMPRESA TEM A CULTURA DE UMA MESTRA EM TALENTO? *246*

COMO DESENVOLVER A MAESTRIA EM TALENTO *248*

ORIENTAÇÕES PARA SUA PRÓXIMA AVALIAÇÃO DE TALENTOS *263*

UM CROTONVILLE COM QUALQUER VERBA *266*

SEIS MANEIRAS DE OS LÍDERES DE RH SE TORNAREM PARCEIROS
DE NEGÓCIOS MAIS EFICAZES *269*

COMO ASSEGURAR SUCESSÕES TRANQUILAS *273*

COMO DEVE SER O FEEDBACK *283*

ARMADILHAS DA LIDERANÇA *285*

LIÇÕES APRENDIDAS SOBRE O DESENVOLVIMENTO DE LIDERANÇAS
E TALENTOS *286*

COMENTÁRIOS FINAIS: MELHORE SEU JOGO *287*

ÍNDICE *289*

Capítulo 1

O TALENTO FAZ A VANTAGEM

Sem Talento, Não Há Resultados

Se as empresas administrassem o dinheiro com a mesma negligência que administram seu pessoal, a maioria quebraria.

A maioria das empresas que controlam suas finanças com destreza não possui qualquer processo comparável para desenvolver seus líderes nem identificar quais devem ser desenvolvidos. Por mais esforço que dediquem a recrutamento, treinamento e avaliação dos líderes, sua gestão de talentos continua sendo um processo de tentativa e erro: orientada por critérios superficiais e conceitos obsoletos, dependentes tanto da sorte quanto da habilidade. Essas são as empresas que acordam um dia de manhã e, de repente, percebem que precisam de um novo CEO, mas não sabem onde começar a procurar. E, ao alocarem repetidamente pessoas nas posições erradas, muitas vezes desperdiçam tanto capital humano quanto financeiro quando essas pessoas não se mostram em condições de apresentar um bom desempenho.

Como isso pode acontecer? Afinal, já está claro que são as pessoas que tomam as decisões e implementam as ações que produzem os números. O talento é a maneira mais fácil de verificar se a empresa está se encaminhando para cima ou para baixo. Todo mundo concorda que o talento é o recurso mais importante de uma empresa. Mas uma planilha cheia de números é muito mais fácil de analisar do que as características singulares de um ser humano. Você tem controle sobre o que está fazendo; os números são inequívocos, os resultados são claros. Já com as pessoas, nem tanto. Melhor deixar isso para o pessoal de RH ou empresas de recrutamento, particularmente porque a pressão de mostrar resultados trimestre após trimestre é tão grande que não há tempo a perder com a parte "soft" dos negócios. E, é claro, a lei exige relatórios financeiros.

No entanto, você certamente já notou que está cada vez mais difícil ganhar dinheiro. E continuará assim no futuro. No mercado global de rápidas mudanças, a meia-vida das competências essenciais é cada vez mais curta. Todas as vantagens competitivas conhecidas, como participação de mercado, marca, escala de um negócio, estrutura de custo, know-how tecnológico e patentes, estão em constante risco.

O talento será o grande diferenciador entre as empresas de sucesso e as que fracassam. As vencedoras serão lideradas por pessoas capazes de adaptar suas organizações às mudanças, fazer as apostas estratégicas certas, assumir riscos calculados, conceber e executar novas oportunidades de criação de valores e construir e reconstruir a vantagem competitiva.

Só uma competência é duradoura. É a capacidade de criar um fluxo estável e autorrenovável de líderes. O dinheiro é só uma commodity. A vantagem está no suprimento de talentos. Não conseguimos traduzir essa ideia de melhor maneira do que Ron Nersesian, líder do Grupo de Medições Eletrônicas da Agilent Technologies, que disse: "No fim das contas, desenvolver o talento das pessoas é o que faz a empresa. Os nossos produtos são todos perecíveis com o tempo. A única coisa que permanece é o aprendizado institucional e o desenvolvimento das habilidades e competências do nosso pessoal."

Gerenciar pessoas com precisão é, sem dúvida, mais difícil do que administrar números, mas é viável e fica mais fácil quando você sabe como fazer. Empresas como a GE, a P&G, a Hindustan Unilever e algumas outras analisam talentos, os entendem, os moldam e os desenvolvem por meio de uma combinação de processos e rotinas disciplinadas e de algo ainda mais raro e difícil de enxergar para quem está do lado de fora: uma expertise coletiva, cultivada por anos de melhoria contínua na identificação e desenvolvimento de talentos.

Essas empresas colocaram por terra o mito de que a avaliação do potencial humano é uma arte "soft". Seus processos rigorosos, replicáveis e repetitivos convertem o discernimento subjetivo sobre o talento de uma pessoa em um conjunto objetivo de observações que são específicas, verificáveis e, em última instância, tão concretas quanto a análise de uma demonstração financeira.

Elas incorporaram em sua cultura os hábitos de observar os talentos, avaliá-los e descobrir como se beneficiar ao máximo deles. Elas se utilizam de seus grandes kits de ferramentas e imaginação criativa para acelerar o crescimento de cada líder. Elas esperam que os executivos incorporem o desenvolvimento, a alocação e a reciclagem de seus talentos de liderança ao dia a dia, transformando-os em uma importante parte de seus trabalhos, e prestem contas de como isso é feito.

Essas empresas estão construindo tendo em vista o longo prazo. Nós as chamamos de mestras em talento e este livro mostrará como conseguem fazer isso.

EM BUSCA DAS ESPECIFICIDADES

Uma razão pela qual os gestores mais práticos, voltados para o lado "hard" do negócio, desdenham a parte "soft" é que, com muita frequência, ela reflete a mentalidade qualitativa, e não quantitativa. Vejamos, por exemplo, alguns dos critérios que o pessoal de recursos humanos costuma utilizar para avaliar as competências de liderança. Eles classificam as pessoas em uma escala de acordo com rótulos como: "estratégico", "inovador", "bom comunicador", "brilhante", "analítico", "intuitivo" e assim por diante. Essas descrições enigmáticas são tão amplas que acabam sendo inúteis no mundo real da administração. Elas nem podem prever se uma pessoa seria adequada ou não para determinada função, muito menos identificar as capacidades ímpares de um excelente líder.

Um exercício em um curso do programa de gestão avançada da Wharton expõe a futilidade de descritores como esses. O instrutor, em uma sessão recente, pediu que os participantes explicassem o talento distintivo de Steve Jobs. "Deixem de lado o comportamento e a personalidade controversa dele por um momento", o instrutor orientou. "O que queremos saber é por que ele superou todas as expectativas em seu retorno à Apple." (Incluindo as próprias expectativas; quando o valor de mercado da Apple excedeu o da Microsoft em junho de 2010, Jobs caracterizou o evento como "surreal".) Nos 12 anos desde que voltou para recuperar a empresa em dificuldades, ele a transformou em uma vigorosa máquina de ganhar dinheiro. Ele não apenas desenvolve novos produtos, como também é capaz de mudar o jogo. O iPod, o iPhone e o iPad, ao lado do iTunes, criaram mudanças radicais, forçando os participantes das indústrias fonográfica e de telecomunicações – entre outros – a mudar seus modelos de negócios.

Há informações disponíveis suficientes sobre o modo como Jobs pensa, se comporta e toma decisões para que qualquer pessoa possa avaliar seu verdadeiro talento em várias dimensões e o descreva em uma linguagem clara, com especificidade e nuances. A maioria das pessoas nem chega a tentar.

Quando o instrutor da Wharton pergunta aos participantes qual é o talento de Jobs, mãos se levantam por toda a sala. Ele é criativo, inovador, empreendedor; é um mestre das comunicações; ele rompe os paradigmas, cria novos negócios; muda o jogo dos outros. Depois de alguns minutos, o instrutor interrompe o exercício. "Isso não pode ser feito com jargões ou termos da moda", ele diz. "Para verdadeiramente definir o talento de alguém, vocês precisam expressar o que pensam sobre um ser humano em frases completas, com nuances específicas à pessoa. E precisam obter as informações observando com atenção as ações, as decisões e os padrões de comportamento dessa pessoa." Ele mostra o caminho sondando o terreno com algumas perguntas. "Como ele é criativo?" Alguém responde: "Ele sabe o que será um grande produto". Tudo bem, mas como faz isso? "Ele interage com os consumidores." Ok, mas como interage com os consumidores? Alguém leu que ele anda na companhia de jovens. Outro observa que ele está sempre em busca de novas tecnologias antes dos outros. Ainda não era bem aquilo.

Em seguida, o instrutor dá aos executivos informações que podem utilizar para investigar e chegar à verdadeira natureza do talento de Steve Jobs. Para começar, eles ouvem a história de um membro do Conselho da Apple sobre uma reunião especial do conselho depois que Jobs aceitou o cargo. Jobs se aproximou da parede da sala de reuniões onde as aproximadamente duas dúzias de produtos da Apple eram exibidas e começou a tirá-los, um a um. Quando terminou, só restaram quatro produtos. Aqueles eram os produtos, ele disse, que dariam à Apple uma nova vida ao diferenciar a empresa no mercado.

A ARTE DE CULTIVAR LÍDERES | 5

A história proporcionava dois fatos observáveis e verificáveis sobre Jobs: ele sabe o que atrai os clientes e age com determinação. Agora, o instrutor pede que as pessoas expliquem o que a criação do iPod revela sobre o talento dele. As primeiras respostas do grupo dizem respeito ao domínio que Jobs tem da área de tecnologia. Mas a tecnologia já existia, alguém observa – outros já estavam fazendo MP3 players. A discussão que se seguiu leva a uma conclusão mais significativa: o sucesso do iPod foi o resultado de um grande insight aliado a uma execução brilhante. Na época, a Napster provocara um alvoroço no mercado de música gravada com seu serviço de compartilhamento de arquivos que permitia que usuários trocassem arquivos de MP3 baixados uns com os outros. O jogo da Napster acabou sendo considerado ilegal (era essencialmente baseado em roubo), mas Jobs viu que a tecnologia poderia criar um mercado legal ao garantir à indústria fonográfica fluxo de receita. E o mercado seria enorme – um novo fenômeno social, na verdade – porque possibilitaria aos amantes da música tomar as próprias decisões de compra a preços acessíveis a qualquer momento e em qualquer quantidade. Então, ele criou um produto tão fácil de utilizar e tão estiloso que poderia ser vendido a um alto preço, com margens gordas. E todos nós conhecemos o resto da história. De longe, o MP3 player mais vendido da história, o iPod, elevou a marca Apple a alturas sem precedentes, impulsionando as vendas do Mac e recuperando a reputação da empresa como líder em inovação.

Aprofundando-se nas investigações, o instrutor apresenta mais um importante fato observável. Jobs passa quase todo o seu tempo internamente com aproximadamente 100 experts em software, hardware, design e as tecnologias de metal, plástico e vidro. Toda segunda-feira pela manhã, ele os reúne para avaliar os produtos e os desafios de design e execução. Esse é um de seus processos sociais para conectar diversas áreas visando criar produtos cativantes, e ele o tem seguido rigorosamente por 12 anos. Quatro horas por semana, 50 semanas por ano, durante 12 anos, equivalem a 2.400 horas dedicadas a desenvolver o capital mental e de relacionamento conectando as mais recentes ideias de diversas mentes brilhantes e apaixonadas. Esse é o tipo de abordagem que transforma uma equipe de atletismo em um campeão imbatível. Jobs é um dos poucos CEOs com uma prática tão disciplinada de ligar os pontos.

Agora a discussão começa a esquentar enquanto a turma começa a reunir as características específicas que definem sua genialidade. Alguém diz: "Então esse é o verdadeiro processo de se conectar com os clientes, por meio da mente e da expertise dele." Outra pessoa levanta a mão e diz: "É interessante notar que ele mais de uma vez conseguiu identificar uma oportunidade que os outros não viram." E outro: "É mais do que isso – ele cria oportunidades, como o iPhone."

Aha! O iPhone. O que ele realmente fez para transformar o iPhone em tamanho fenômeno? "Ele rompeu o paradigma." O que isso significa? "Ele conseguiu encontrar um novo modelo de negócios." Agora os olhos começavam a brilhar. Até então, as margens e marcas de fabricantes de aparelhos celulares eram controladas pelas operadoras. O iPhone não apenas garantiu à Apple a maior participação do mercado de smart phones, como também gerou novas fontes de receita que nenhum outro fabricante de telefones tinha. Jobs produziu o aparelho mais funcional e elegante da história. Sempre extremamente protetor em relação à sua marca e às margens, ele deu o iPhone a só uma operadora, a AT&T. Em troca, a Apple conseguiu o preço que queria e – pela primeira vez na história das telecomunicações – participação na receita das operadoras pela utilização de um aparelho celular (sustentada pelas taxas mais altas que os usuários pagavam pelos serviços deles). Foi uma manobra revolucionária. Além disso, a empresa também ganhava com a venda de seus inúmeros aplicativos. A maior parte dos fluxos de receita flui diretamente para a linha de lucro, produzindo caixa a cada dia e fazendo do iPhone a maior máquina de dinheiro da Apple. A ação verificável de Jobs demonstra não apenas seu talento para os negócios, como também a audácia e a coragem que ele exercitou para reverter o equilíbrio de poder entre uma influente operadora e uma mera fornecedora de celulares.

CALIBRANDO STEVE JOBS

Qual é a relação entre a desconstrução de Jobs e o desenvolvimento de talentos? Só esta: o exercício de Wharton espelha, em pequena escala, o que os mestres em talento fazem, ou seja, desenvolver precisão na observação, no pensamento e na expressão. Trabalhando com o instrutor, o grupo resumiu o exercício da seguinte maneira: o talento natural de Steve Jobs é imaginar não apenas o que os consumidores querem agora, como também o que vão querer no futuro – e o que os disporá a pagar um preço premium. Ele procura descontinuidades no cenário externo. Ele descobre trajetórias de novas oportunidades. Então concebe e executa não apenas produtos diferenciados que geram alta margem e alto reconhecimento de marca, como também modelos de negócios que os explorarão com a maior lucratividade possível.

Ele vê um produto como uma experiência, não apenas um objeto. Ele é capaz de visualizar como será a aparência e a sensação do produto e de executar essa visão praticamente à perfeição. Ele faz com que até a mais avançada tecnologia seja amigável aos consumidores com base em seu talento incomum de conectá-la à experiência do usuário. Ele tem uma intuição inata para design, praticidade, simplicidade e elegância no produto. Ele conecta as melhores ideias de áreas amplamente diversas para criar a experiência do consumidor que ele está buscando. E descobre exatamente quais problemas precisam ser solucionados, por mais impossíveis que possam parecer, e procura as melhores pessoas para solucioná-los, independentemente do status delas.

Jobs é um mestre das comunicações. Elabora mensagens simples que cativam o público, alavancando seu histórico de inovações para gerar buzz e criar demanda por um novo produto mesmo antes de ele ser lançado. Ele se relaciona com consumidores, empregados e parceiros e os transforma em fãs apaixonados. Também desenvolve a confiança das pessoas nele, na Apple e na marca Apple.

Mantenha em mente que esses fatores individuais se unem para formar uma combinação sem igual. O que importa é o modo como as características se combinam.

Os mestres em talento não recorrem a clichês vagos nem se fundamentam em baterias de testes mecanicistas para avaliar o talento. Em vez disso, estudam o comportamento, as ações e as decisões das pessoas e relacionam isso ao desempenho real delas nos negócios. Suas observações são rigorosas, específicas e detalhadas. Com o tempo, enquanto outros líderes falam aberta e francamente sobre elas, as observações se tornam tão verificáveis quanto fatos. Eles se aprofundam para compreender a combinação de características inigualáveis da pessoa. O objetivo é saber quem é a pessoa, descrever suas características em pensamentos completos utilizando frases inteiras e descobrir como os principais fatores se combinam em um todo unificado.

Em uma palavra, eles trabalham para se tornar *íntimos* de seus talentos – ou seja, conhecer a essência de cada um. A intimidade é o que torna a habilidade subjetiva de julgar as pessoas tão objetiva quanto a habilidade de interpretar os números. Na verdade, é similar ao relacionamento que os melhores profissionais da área financeira têm com seu objeto de trabalho. Seu domínio completo dos números, tanto os próprios quanto os dos concorrentes, resulta de um conhecimento tão íntimo que passa a ser intuitivo: eles vivem com os números.

Os mestres em talento desenvolvem uma profundidade de conhecimento similar sobre as pessoas, construindo um banco de dados em sua mente. Eles fazem observações detalhadas, específicas e precisas sobre elas e as comparam com outras pessoas que observam. Cada encontro evoca uma observação. O acúmulo dessas observações, se consciente, produz uma visão completa da pessoa como um todo. Esse conhecimento mais profundo e mais preciso é a chave para decisões de alta qualidade sobre os líderes.

COLOCANDO SUE NO TRABALHO CERTO

Veja um exemplo da importância de se conhecer profundamente uma pessoa tanto para o indivíduo quanto para a organização. Esta é a história real de uma estrela promissora em uma empresa global.

O desempenho passado e a experiência de Sue – nome fictício – sugeriam que ela prometia muito quando entrou na Lindell Pharmaceuticals – empresa fictícia – em 2006. Sua carreira nos negócios começou na 3M, onde passou três anos vendendo produtos técnicos para a indústria farmacêutica. Então, ela foi tirar seu MBA em Wharton e se formou em terceiro lugar na turma. Depois disso, entrou na McKinsey e, ao longo de dois anos, prestou excelente serviço de consultoria principalmente em marketing e vendas em companhias farmacêuticas, uma rede de hospitais e uma empresa de planos de saúde.

A Lindell contratou Sue para atuar como gerente de vendas da área de Pensilvânia e New Jersey, supervisionando cerca de 100 vendedores e 10 supervisores cujos clientes incluem empresas de planos de saúde, hospitais e redes de farmácias. Ela superou as expectativas. Depois de dois anos, já apresentava um desempenho superior ao de todos os outros gerentes de área da região, estabelecendo novos recordes de faturamento e participação de mercado.

Entre outras coisas, Sue implementou um software que elevou a produtividade de seu pessoal. Com base no registro de quais medicamentos os médicos mais prescreviam, o aplicativo reduzia o trabalho administrativo da força de vendas e permitia que eles passassem mais tempo nos escritórios dos melhores clientes potenciais. À medida que outras regiões começaram a copiar o que ela vinha fazendo, a ferramenta rapidamente se tornou uma nova prática para a empresa.

As pessoas estavam observando com atenção. O CEO da Lindell leva a sério a criação de um pipeline para líderes futuros. A alta administração identifica rapidamente líderes de alto potencial e lhes proporciona experiências que desenvolverão seu potencial ao máximo. Laura, chefe de Sue e presidente regional, se reunia trimestralmente com Jorge, vice-presidente executivo de vendas da Lindell; Bill, CEO para a América do Norte; e Sam, líder de relações humanas na América do Norte, para avaliar os líderes que estavam prontos para ser promovidos ou ser expostos a outras experiências. A rotina incluía não apenas discussões sobre as pessoas, como também visitas informais a essas potenciais estrelas no próprio ambiente delas, normalmente para um café da manhã. Na reunião da primavera de 2008, Laura, Bill e Jorge incluíram Sue na lista de candidatos com o potencial de rápida ascensão para serem observados com especial atenção.

Aquele também foi o ano em que o mundo mudou. A reforma nos seguros de saúde nos Estados Unidos se tornou tema de controvérsia, com críticos argumentando que as grandes companhias farmacêuticas estavam desperdiçando dinheiro demais em propaganda e forçando seus produtos aos médicos. Os preços foram pressionados enquanto o poder de tomada de decisões passou das empresas às seguradoras, redes de hospitais e administradoras de benefícios farmacêuticos. Um dos resultados disso foi que o pessoal de vendas da indústria farmacêutica se viu obrigado a começar a praticar o que costuma ser conhecido como vendas de valor. Em vez de empurrar o produto, eles precisariam demonstrar como sua empresa ou produto poderia criar mais benefícios para todos os interessados, incluindo os próprios pacientes.

Sue rapidamente percebeu a nova realidade. Ela identificou os procedimentos e indicadores necessários à nova abordagem de vendas: analisar o que os clientes estavam comprando, fazer a referência cruzada de padrões de utilização com dados dos pacientes para mensurar a eficácia, dar aos clientes ideias de como reduzir os custos totais e, ao mesmo tempo, melhorar os cuidados ao paciente e treinar seu pessoal para utilizar as técnicas. E, também muito importante, ela desenvolveu um sistema exclusivo para monitorar a adesão dos pacientes às prescrições. Os pacientes que não tomavam o medicamento de acordo com as prescrições representam um grande problema para os prestadores de assistência médica, já que muitas vezes acabam mais doentes e demandando mais cuidados do que antes. Ela submeteu sua força de vendas a intensos exercícios de treinamento, os testou e os enviou a campo. Ela também substituiu parte de sua força de vendas por pessoas com experiência não só em vendas, como também em negócios – ela aprendera que o conhecimento poderia ser uma valiosa ferramenta de vendas.

As vendas de sua área foram às alturas. Quando Laura, Jorge, Bill e Sam se reuniram no fim do ano, concordaram que era hora de analisar com muita atenção essa estrela em ascensão. Os quatro tinham uma conferência marcada no escritório onde Sue trabalhava na Filadélfia e a levaram para um jantar no qual a questionaram detalhada e profundamente sobre como estava atingindo seus resultados extraordinários. Ao saber que Sue faria uma visita de vendas a um dos cinco maiores clientes da empresa no dia seguinte em Cleveland, Laura se ofereceu para acompanhá-la e observar. Após a conclusão bem-sucedida da visita, Sue voltou à Filadélfia e Laura embarcou em um avião para Nova York para avaliar e registrar o que viu. Estes foram os pontos principais:

A ARTE DE CULTIVAR LÍDERES | 11

- "Sue se reuniu com o comprador chefe do cliente, o vice-presidente executivo, o CFO (Chief Financial Officer) e o CMO (Chief Medical Officer), e todos ficaram profundamente impressionados com sua apresentação de duas horas. Eles puderam ver que ela conhecia bem os detalhes do negócio do ponto de vista deles, incluindo os desafios que enfrentavam no novo ambiente. Ela demonstrou domínio dos detalhes financeiros deles que poucas pessoas de vendas conhecem, chegando a entender fatores-chave do balanço patrimonial deles."
- "Ela estabeleceu um vínculo com eles e, rapidamente, desenvolveu relacionamentos. E se destacou no diálogo de mão dupla. Eu pude ver os clientes assentirem com a cabeça em apreciação enquanto ela respondia as perguntas deles. Ela era direta. Eles foram muito atenciosos quando ela lhes mostrou como monitorar a utilização das prescrições por parte de seus pacientes e ficaram muito impressionados com a análise financeira que ela fizera comprovando o que nossa empresa podia fazer para ajudá-los a melhorar o desempenho deles."

Laura ligou para Jorge, vice-presidente executivo de vendas, no dia seguinte, para transmitir suas observações. "Que outros talentos ela demonstrou?", ele perguntou. Laura respondeu que Sue se provara uma excelente avaliadora de pessoas, o que foi evidenciado pelas escolhas que fez quando substituiu um terço de sua força de vendas. Ela aprimora continuamente sua organização, Laura acrescentou, e trouxe excelentes novas ideias. Ela estava acima da média, além de ser uma excelente agente de mudanças. Eles concordaram que ela transformara sua função, crescera mais do que o cargo e, definitivamente, estava a caminho de uma promoção. Jorge disse que a incluiria na lista de pessoas de alto potencial para discutir na iminente reunião de dia inteiro com Sam, o chefe de RH – que sempre participava dessas reuniões – e com Bill, o CEO na América do Norte.

O próximo passo na Lindell normalmente seria promover Sue a presidente regional de vendas nos próximos 12 meses. Se tivesse sucesso, ela provavelmente subiria com o tempo para se tornar vice-presidente executiva de vendas para a América do Norte. Todos concordaram que ela deveria ser promovida antes, mas foi nesse ponto que o consenso terminava. Jorge, convencido de que ela poderia fazer muito pela organização de vendas da Lindell, queria seguir o caminho padrão. Sam objetou, dizendo: "Precisamos ir além no caso dela." A capacidade de julgamento dela e suas mais importantes decisões foram sistematicamente boas, ele observou. "Ela claramente conhece os negócios. Tem afinidade com as pessoas, desenvolve relacionamentos e traz novas ideias. Acho que deveríamos colocá-la no caminho da gestão de P&L [lucros e perdas], promovendo-a a gerente de marca." Laura concordava com Jorge e falou por alguns minutos sobre o valor de Sue para a organização de vendas, questionando se alguém tão jovem seria capaz de lidar com uma responsabilidade de P&L.

Então Bill se manifestou. "Explique melhor por que isso seria uma boa ideia, Sam", pediu. O diretor de RH reiterou as realizações dela e se voltou a suas aspirações e necessidades de carreira. "Sue tem capacidade de ir longe nesta empresa", ele disse. "Eu posso vê-la entre os nossos 10 ou 15 principais officers um dia. E um problema com a função em vendas é que isso a privaria de algumas importantes oportunidades. Como uma gerente de marca, ela não apenas desenvolveria experiência em P&L, como também ampliaria o escopo de seus relacionamentos com as pessoas. Ela interagiria com a matriz e com outros gerentes de marca do mundo todo. Isso faria enorme diferença em seu crescimento pessoal.

"E tem mais uma coisa. Vocês sabem que alguns presidentes regionais foram promovidos à gestão de marca. Isso foi feito porque a transição fica mais difícil quanto mais tempo você passa em sua área. A pessoa que faz a transição antes é mais flexível e adaptável. A remuneração também pode ser um problema, por se tratar de uma transferência para baixo – ela ganharia mais como presidente de vendas do que como gerente de marca."

Os outros estavam começando a entender o argumento. Depois de alguns minutos de discussão, Bill disse: "Vamos resumir as razões pelas quais ela está pronta para um trabalho de gestão. Ela entrega resultados e traz grandes ideias; aprimora seu pessoal e faz boas escolhas na seleção de novas pessoas; ajusta-se rapidamente a mudanças no ambiente e age com decisão e com velocidade impressionantes; entende o negócio do cliente como um todo, o que demonstra seu tino para os negócios; consegue construir relacionamentos em altos níveis externamente e em todos os níveis internamente.

"Faz um bom tempo que não vemos talentos assim em um gerente de vendas de área", ele concluiu.

"E se não der certo?", Jorge perguntou.

"Nós a levaremos de volta a vendas como presidente regional", disse Sam. "Isso, sem dúvida, seria um golpe, mas não acho que a prejudicaria. Ela mostrou que é capaz de aprender com a experiência. Ela voltaria às vendas depois de aprender muito, ampliar sua experiência e se preparar melhor para o cargo."

Convencida de que a manobra fazia sentido, Laura acrescentou uma observação final: "Se não dermos essa chance a ela, arriscaríamos perdê-la para um concorrente?" Ninguém sentiu a necessidade de responder.

Bill olhou ao redor. "Então todos de acordo?", ele perguntou. Todos assentiram. "Laura, ligue assim que puder para ela. Diga que ela está realizando um excelente trabalho, que deve continuar assim e esperar um novo cargo dentro de 90 dias."

Laura sorriu. "Aposto que ela se surpreenderá", disse. "Eu sei que ela queria entrar na administração-geral, mas tenho certeza de que não imaginava que seria tão rápido – ou até mesmo nesta empresa."

A esta altura, você deve estar achando que este não passa de um conto de fadas. Você não consegue se lembrar de nenhuma ocasião com pessoas em sua organização assumindo uma abordagem tão ponderada e meticulosa para alocar um líder a um cargo. Só a franqueza e facilidade que marcam a conversa entre eles já são estranhas à sua cultura. É inimaginável que as pessoas cooperassem dessa forma. Mas, como veremos repetidamente neste livro, é assim que as pessoas trabalham em uma organização mestra em talento.

Extraímos várias lições importantes das histórias de Steve Jobs e de "Sue":

- Os mestres em talento entendem as sutilezas que diferenciam as pessoas. Duas pessoas podem ter o mesmo conjunto de características, mas essas características se combinarão de maneiras diferentes nelas, diferenciando suas competências de liderança. (Um bom exemplo disso: Steve Jobs.) Os mestres em talento avaliam e expressam o que cada pessoa é na realidade, não de acordo com alguma lista de verificação predeterminada. Eles obtêm insights pela observação das ações, decisões e comportamentos da pessoa. Eles analisam os detalhes de como as várias características se combinam. E expressam tudo isso em pensamentos completos que podem ser verificados, e não palavras isoladas e enigmáticas como "estratégico".

- Sue era uma das várias gerentes de vendas de área na Lindell, mas sua combinação de características se destacou. Ela apresentava tino para os negócios, grande capacidade cognitiva e traços de personalidade como ser capaz de desenvolver relacionamentos e se adaptar a mudanças rápidas. Juntas, essas características possibilitavam que ela tomasse decisões de alta alavancagem que proporcionaram resultados muito acima dos colegas em posições similares.

- Os líderes da Lindell só puderam ver a totalidade das habilidades e características de Sue devido ao envolvimento em muitas conversas honestas com ela e sobre ela e ao observá-la interagindo clientes. Os mestres em talento identificam, encontram e desenvolvem pessoas como Sue por meio de processos previsíveis, uniformes e repetitivos que desenvolvem honestidade e confiança por meio de um diálogo vigoroso. Esse sistema, baseado em um conhecimento profundo por meio das observações de ações, decisões e comportamentos, desenvolve o talento bruto até seu pleno potencial.

- O plano com o qual concordaram se centrou em melhorar não só a *capacidade* dela – sua capacidade de realizar mais do mesmo trabalho. O fator mais importante é que isso melhoraria sua *competência*, o que significa atingir mais realizando o trabalho em um nível mais elevado. Uma maior competência leva ao tipo de crescimento que expande a capacidade cognitiva e produz níveis mais elevados de liderança. Tornar-se uma gerente de marca desenvolveria sua competência em ordem de magnitude.

- Ninguém sabia ao certo se Sue estava pronta para a função. Mas os mestres em talento muitas vezes apostam dessa forma em líderes de alto potencial por três boas razões. Em primeiro lugar, as pessoas diante de uma situação de teste e ampliação de suas habilidades provavelmente não estão confiantes demais e estarão ávidas para aprender com os outros. Em segundo lugar, isso ajuda a reter talentos que estão ansiosos para avançar e que podem sair em busca de pastos mais verdejantes se não receberem uma chance. Em terceiro lugar, situações de avanço bem-sucedidas atrairão candidatos melhores no futuro porque pessoas ambiciosas e capazes sabem que não precisarão esperar a abertura de vagas no futuro.

- Chegar à essência dos valores, comportamentos, crenças e talentos de uma pessoa pode parecer muito trabalhoso, mas os mestres sabem que o retorno sobre seu tempo é enorme. É como analisar um problema de negócios ou oportunidade: nós investigamos para encontrar as causas, entender o contexto e avaliar as opções. De forma similar, quando conhecemos uma pessoa, podemos desenvolver insights e opções para acelerar seu crescimento e desenvolvimento. Isso é especialmente importante para empresas que dependem de conhecimento especializado e precisam desenvolver rapidamente o potencial de liderança de seus experts. Decisões como as tomadas no caso de Sue desenvolvem a capacidade organizacional.

- Insight dos talentos individuais e previsão de aonde o líder pode ir viram o planejamento tradicional e sucessão de cabeça para baixo. Em vez de encontrar pessoas para preencher posições, a ênfase é colocada em abrir caminhos para os líderes desenvolverem seus talentos e se tornarem cada vez mais capazes. O maior benefício é sucessões sem percalços para o cargo de CEO e outras posições de alta alavancagem. Os mestres em talento raramente ou nunca precisam voltar-se para fora da empresa em busca de um CEO.

INSTITUCIONALIZANDO O SENSO CRÍTICO DE QUALIDADE

Praticamente qualquer organização terá bons juízes de valor, mas nenhuma tem o suficiente para desenvolver um programa ao redor disso. As pessoas que tomam as decisões precisam conhecer bem o talento – ou, melhor ainda, intimamente. Elas precisam saber tudo sobre o cargo para o qual a pessoa está sendo considerada. Precisam saber como é a pessoa em comparação com outros candidatos para o cargo, o que significa que também precisam saber tudo sobre essas outras pessoas.

A primeira coisa a ser compreendida sobre os mestres em talento é que eles são capazes de identificar o talento de alguém com mais precisão do que a maioria das pessoas porque se destacam em observar e ouvir. Eles usam essa capacidade para ver a pessoa como um todo – suas habilidades e experiência, é claro, mas também coisas como seu senso crítico, personalidade e capacidade de desenvolver relacionamentos, não apenas características definidas por jargões. Eles entendem a natureza das deficiências de um indivíduo – a diferença entre uma falha fatal que o impedirá de avançar e um desenvolvimento necessário que pode ser consertado.

Os mestres em talento desenvolveram capacidade por meio de uma prática constante e intensa. Eles acumulam observações e as conectam para formar inferências verificáveis sobre as pessoas. Eles são capazes de comparar diferentes pessoas com a mesma exatidão com que comparam diferentes grupos de números. De modo paradoxal, comparar pessoas é ao mesmo tempo mais difícil e mais fácil do que comparar números. É mais difícil porque requer muita prática superar os preconceitos e filtros psíquicos que muitas vezes obscurecem uma boa capacidade de julgamento; mas é mais fácil porque, no fim, há menos pontos de dados e variáveis para serem levados em conta.

Os mestres em talento institucionalizam essa expertise em suas empresas. Ela é praticada, imitada, monitorada e aprendida por todos os líderes até se transformar em uma segunda natureza, uma parte dos processos estabelecidos e rotinas diárias. E eles a usam para criar o próprio estoque de bons juízes. Eles calibram indivíduos por meio de uma miríade de diálogos, utilizando informações coletadas por muitas observações de decisões, ações e comportamentos e refinadas em discussões em grupo. O diálogo é informal e orientado por fatos. A disciplina de coletar as opiniões de líderes sobre outros líderes é abrangente, contínua e integra a cultura. Ela integra o desenvolvimento das pessoas com as operações dos negócios e conecta seus pontos fortes e fracos de liderança com os resultados dos negócios. As observações continuam a melhorar com a prática e a experiência.

Os mestres fazem isso com mais visibilidade em análises e processos formais, muitas vezes adaptados dos criados pela GE (que apresentaremos a você no próximo capítulo). Mas igualmente importante são os processos que não podem ser vistos. É aquilo que chamamos de "processos sociais".

Sempre que duas ou mais pessoas trabalham juntas, há um processo social no qual trocam informações e ideias, exercitam o poder e expressam seus valores por meio do que dizem e fazem. Diferentemente de processos de negócios, em que os papéis e as metas dos participantes são especificados, os processos sociais normalmente ocorrem nos bastidores. O resultado esperado de uma reunião de orçamento, por exemplo, é a alocação eficiente de recursos. Mas o resultado real muitas vezes é a consequência de um processo social no qual os participantes exercitam seu poder e influência pessoal competindo pelos recursos. Os participantes, bem como o líder encarregado do processo, podem ou não estar cientes de como seus comportamentos e diálogo influenciam os resultados.

Não menos que processos de negócios, os processos sociais podem ser administrados e vir a melhorar os resultados. Por meio do conteúdo do diálogo e das atitudes e valores transmitidos de modo verbal e não verbal, os mestres em talento os utilizam para identificar excelentes líderes e ajudá-los a crescer. Nenhuma empresa poderá ser uma mestra em talento sem incorporar o talento aos processos sociais da organização.

OS PRINCÍPIOS DOS MESTRES EM TALENTO

Nossa colaboração neste livro começou com o desejo de cristalizar em princípios os vários conhecimentos que adquirimos ao trabalhar com pessoas e empresas que identificamos como mestras em talento. Esses princípios constituem a estrutura conceitual utilizada pelos mestres em talento e proporcionam uma maneira de diagnosticar a competência de desenvolvimento de talentos da sua empresa.

1. Uma equipe de liderança esclarecida, a começar pelo CEO. CEOs comuns planejam o futuro de suas empresas em termos de ambições financeiras e estratégicas. O CEO esclarecido reconhece que sua maior prioridade para o futuro é desenvolver e alocar os talentos que levarão a empresa até lá. Ele se compromete profundamente com a criação de uma cultura mestra em talento e se envolve pessoalmente em sua execução. Na qualidade de uma figura exemplar, ele é crucial para trazer todos a bordo e ajustar os sistemas sociais capazes de levar ao sucesso ou ao fracasso dos processos formais do desenvolvimento de lideranças. Descobrimos que esses líderes investem pelo menos um quarto de seu tempo na identificação e no desenvolvimento de outros líderes; na GE e na P&G, a alocação de tempo se aproxima dos 40%.

2. Meritocracia pela diferenciação. Isso é essencial para ajudar os talentos a atingir seu potencial. Decore este slogan: a diferenciação promove a meritocracia; a mesmice (o fracasso de diferenciar as pessoas) leva à mediocridade. O último ocorre com muita frequência em empresas que automaticamente equivalem alta performance a atingir ou exceder metas financeiras aceitas. Sem exceção, os mestres em talento se aprofundam nas muitas causas subjacentes ao desempenho, de forma que possam reconhecer e recompensar líderes de acordo com seus talentos, comportamentos e valores.

3. Valores na prática. Todas as empresas têm valores, explícitos ou tácitos. Alguns são significativos, enquanto muitos não passam de clichês. O que chamamos de valores no trabalho tem impacto real na eficácia dos resultados, por governar o modo como as pessoas trabalham e se comportam. As pessoas seguem esses valores por eles serem absolutamente esperados tanto de líderes quanto de empregados. Por exemplo, um valor que vemos entre mestres em talento é a obrigação dos líderes de desenvolver outros líderes. Os valores nem sempre são rotulados como tais. A Hindustan Unilever distingue os "o quê" e os "como" da liderança; os "o quê" se referindo a fazer as coisas acontecerem e os "como" ao componente dos valores: "agir de maneiras que os outros admirarão e vão querer seguir". Na Procter and Gamble, de acordo com o CEO Bob MacDonald: "Conversamos muito sobre caráter, o que eu defino como colocar as necessidades da organização acima de suas próprias necessidades." Não importa o nome que seja usado, os mestres repetem várias e várias vezes seus valores e os reforçam vinculando o reconhecimento e as recompensas a eles.

4. Uma cultura de confiança e franqueza. Uma empresa pode desenvolver seu pessoal somente se tiver informações precisas sobre seus pontos fortes e necessidades de desenvolvimento e só pode obter essas informações se as pessoas puderem falar com franqueza – isto é, com sinceridade e abertamente. A franqueza revela a verdade. Ela permite observações mais aguçadas, maior insight e melhores descrições. É fácil citar os pontos fortes de um líder, porém é mais delicado identificar suas necessidades de desenvolvimento e esperar que as aceitem e lidem com elas. Como veremos ao longo deste livro, criar uma cultura de franqueza é a parte mais difícil de se tornar um mestre em talento. As pessoas só conseguem falar com franqueza se confiarem que o sistema respeitará a honestidade e a confidencialidade. Os mestres em talento se empenham em assegurar a confiança insistindo na franqueza em todos os diálogos da empresa, seja um a um, em um contexto de grupo, ou em avaliações.

5. Uma rigorosa avaliação dos talentos. Os mestres em talento têm a mesma orientação às metas e aos resultados em seus processos de pessoal do que em seus sistemas financeiros. Estabelecem metas explícitas e prazos para o desenvolvimento de pessoas e falam abertamente sobre as razões e os meios para atingir essas metas. Eles avaliam as pessoas com a mesma profundidade e regularidade com que avaliam as operações, o desempenho dos negócios, a estratégia e os orçamentos. De modo crucial, integram as avaliações de pessoal umas as outras, coletando e atualizando as informações à medida que a pessoa progride. Da mesma forma como os sistemas financeiros, os sistemas de pessoal têm ritmo e rigor e evoluem com o tempo à medida que novas necessidades surgem.

6. Uma parceria de negócios com recursos humanos. Os mestres em talento usam os líderes de recursos humanos como parceiros de negócios ativos e eficazes, elevando-os ao mesmo nível, ou acima, que o CFO. A função de RH só pode ser tão forte quanto o nível de atenção recebida do CEO e, se o CEO não tiver altas expectativas para ela, o RH permanecerá no segundo escalão. Da mesma forma que o CFO é encarregado do sistema financeiro, o Chief Human Resources Officer é encarregado do sistema de pessoal.

7. Aprendizado e melhoria contínua. Os mestres em talento reconhecem que um ambiente dinâmico de negócios requer mudanças e atualizações constantes tanto das habilidades de seus líderes quanto de seus próprios critérios de liderança. Eles proporcionam aos líderes treinamento em tópicos específicos e ajustam seus planos de desenvolvimento de talentos de acordo com as mudanças externas que acreditam ser prováveis nos próximos anos.

QUEM SÃO AS MESTRAS EM TALENTO?

As empresas que compõem o centro de nossa pesquisa se encontram em vários estágios de evolução. Algumas foram líderes mundiais durante décadas; outras estão em desenvolvimento. Independentemente de serem antigas participantes ou recém-chegadas, elas seguem sistematicamente e com intensidade os princípios que apresentamos – quase com um fervor religioso. Nosso propósito não é que você copie os mestres, mas sim lhe dar a oportunidade de identificar e escolher ideias testadas e comprovadas.

Todas as empresas têm processos formais para gerir o talento, alguns bons e outros não tão bons assim. Os mestres têm processos excelentes. Mas é fácil ver essas coisas, e elas não são as mais importantes. O que você não consegue ver de fora – a caixa-preta na qual o verdadeiro segredo da maestria reside – está nos sistemas sociais das empresas deles. Nós faremos com que eles sejam visíveis a você.

Nosso trabalho não é fruto de pesquisas estatísticas, que funcionam muito bem para demonstrar correlações, mas não ajudam muito na identificação de causa e efeito. Nós nos baseamos na pesquisa observacional, diretamente das experiências dos participantes e com muita frequência de acordo com o relato deles mesmos. Escolhemos nossas empresas porque as conhecemos bem – em muitos casos, trabalhamos nelas ou com elas durante décadas – e entendemos seus sistemas sociais. Temos conseguido entrar em suas caixas-pretas para observar o que fazem e como fazem. Agora nós o levaremos conosco para observar os mestres em ação: não só as ferramentas e técnicas que eles utilizam, como também as perguntas que fazem, suas conversas e a dinâmica viva de seu processo de tomada de decisões.

A ARTE DE CULTIVAR LÍDERES | 21

O livro é dividido em quatro partes. A primeira é uma exploração aprofundada do tão admirado sistema de gestão de talentos da General Electric. Trata-se, necessariamente, de uma seção longa, devido ao grande número de aspectos a serem explicados. Nós o conduziremos para que você possa ver como e por que essa abordagem funciona.

Nós começamos com a GE por duas razões. Em primeiro lugar, nós a conhecemos intimamente, devido à nossa longa experiência com seu sistema inigualável de desenvolvimento de talentos: os 40 anos consecutivos de Ram Charan trabalhando com a GE, observando a empresa e ensinando seus líderes em todos os níveis, e o número similar de anos de Bill Conaty vivendo na GE e ajudando a adaptar o sistema ao dinâmico cenário externo. Em segundo lugar, a GE é a empresa exemplar para quem quer aprender sobre gestão de talentos – amplamente admirada e copiada, além de praticante pioneira dos princípios que apresentamos. Também é uma renomada produtora de líderes para outras empresas. Entre seus clientes satisfeitos, estão os mais importantes recrutadores de executivos do mundo. "A GE foi e continua sendo a maior fonte de talentos para uma ampla variedade de setores e funções devido a seus programas inigualáveis para desenvolver líderes", diz Tom Neff, presidente do Conselho da Spencer Stuart nos Estados Unidos. Gerry Roche, presidente do Conselho sênior da Heidrick & Struggles, acrescenta: "A GE dedica mais tempo, atenção e dinheiro ao objetivo de longo prazo do desenvolvimento de pessoas do que qualquer outra empresa que conheço. Ela ainda é o padrão-ouro para empresas inteligentes que querem encontrar o próximo grande CEO."

Há muitos caminhos para subir qualquer montanha e as quatro empresas da Parte II ilustram a ampla variedade de abordagens para se transformar em um mestre em talentos. Esteja preparado para surpresas ao chegar ao Capítulo 5, sobre a Hindustan Unilever (HUL). Uma das maiores produtoras de liderança em marketing e CEO na Ásia, ela desenvolveu um sistema ímpar de desenvolvimento de talentos, em que os altos executivos podem ser vistos conduzindo recrutamento em universidades e em pequenas cidades indianas com trainees de administração. Desconhecemos qualquer outra empresa cuja alta administração se comprometa pessoalmente tão profundamente com o desenvolvimento dos líderes. No que diz respeito ao desenvolvimento de líderes globais, a Procter & Gamble (Capítulo 6) tem poucos ou nenhum rival. A empresa descobriu que nada substitui a experiência – em particular, a experiência que um líder adquire por meio de atribuições que testam e ampliam suas competências em diferentes países e culturas. Ela também têm se mantido à frente das outras na construção de bancos de dados de gestão de talentos e está incluindo a mídia social às ferramentas para a maior colaboração e insight global em toda a empresa.

Bill Sullivan, CEO da Agilent Technologies (Capítulo 7), enfrentou um problema comum em empresas de setores baseados em expertise, como os setores de alta tecnologia, biotecnologia e indústria farmacêutica: a necessidade de líderes tanto com habilidades de negócios quanto com expertise técnica. Pessoas com esse perfil são raras, de forma que Sullivan decidiu construir o próprio banco de líderes, visando ser o "melhor na sua categoria". Ao descobrir um meio de desenvolver internamente líderes com ambas as qualidades, Sullivan produziu um modelo para outras empresas no mesmo barco.

Com que profundidade você se conhece? Não se trata de uma questão fútil. Como nos mostra a área em rápido crescimento da economia comportamental, comportamentos inconscientes têm grandes implicações para líderes de negócios. A Novartis (Capítulo 8) está na vanguarda nesse aspecto. Sua gestão de talentos inclui várias ferramentas e programas para ajudar os líderes a se conscientizar sobre o que ocorre nas profundezas. A abordagem não tem igual – e chega a ser surpreendente –, mas qualquer empresa ou líder se beneficiará de entender que trazer à tona o líder dentro de cada um acrescenta verdadeira profundidade ao desenvolvimento de talentos.

A Parte III (Capítulos 9, 10 e 11) se concentra em mestres em talento que só recentemente entraram no jogo. Empresas como GE, P&G e HUL tiveram décadas para aperfeiçoar seus sistemas e processos, mas poucas no veloz mundo de hoje podem se dar ao luxo. Mostraremos como a Goodyear, há pouco tempo a epítome de uma cansada empresa do Cinturão da Ferrugem, reinventou-se rapidamente. Sua nova estratégia foi sair de um negócio de commodities e comercializar produtos diferenciados a consumidores ao redor do mundo. Mas o CEO Bob Keegan percebeu que uma estratégia radicalmente diferente exigiria pessoas novas. Ele começou substituindo a maior parte da equipe de liderança por pessoas de fora meticulosamente escolhidas e desenvolvendo sistemas e processos sociais para construir uma cultura de liderança completamente nova.

Alessandro Profumo, CEO da UniCredit, também implementou uma estratégia ousada que exigiu uma nova equipe de liderança, mas, diferentemente de Keegan, não trouxe um grande número de pessoas de fora. Ao transformar seu banco italiano em uma instituição financeira pan-europeia, ele teria de trabalhar com os líderes existentes em vários países e culturas, unindo-os em uma nova mentalidade – e realizando o trabalho rapidamente. Ele conseguiu isso recrutando um experiente executivo de RH como um parceiro de negócios capaz de compreender as realidades e a cultura de sua nova empresa e criar os sistemas e processos sociais necessários.

A Clayton Dubilier & Rice (CDR) e a TPG, duas das mais importantes empresas de private equity, parecem destacar-se em termos de maestria em talento. Mas grupos como esses não são os "bárbaros aos portões", os vândalos saqueadores que compram empresas, sugam seu sangue e as vendem por grandes lucros? Não importa o que pode ter sido verdade no passado, o private equity está surgindo como um setor cada vez mais importante na economia mundial.

E nenhuma empresa foi mais agressiva em conciliar seu domínio das finanças com a maestria em talento do que a CDR. Ela trouxe líderes de negócios aposentados, com destaque para Jack Welch, da GE, A. G. Lafley, da P&G, Ed Liddy, da Allstate, Paul Pressler, da Gap, e Vindi Banga, da HUL, para ajudá-la a vencer em um jogo competitivo cujas regras foram redefinidas e fortalecer os sistemas de gestão de talentos das empresas de seu portfólio. Outros gigantes do private equity, como a KKR e a Cerberus, estão se concentrando no desenvolvimento de equipes de RH mais fortes para construir o próprio talento.

A LGE, sediada na Coreia, tornou-se uma participante global com seus eletroeletrônicos de consumo de alta qualidade. O CEO, Yong Nam, queria levar a empresa ao próximo nível, estabelecendo sua marca como uma líder em inovação com fortes laços com os mercados locais. Isso implicaria substituir seu homogêneo banco de liderança coreano por executivos capazes de se identificar com os mercados locais. O problema era como fazer isso sem prejudicar o que estava dando certo. Sua solução criativa pode ser outro modelo para outras empresas diante de desafios similares.

Nós temos conselhos práticos para você na Parte IV. É um kit de ferramentas dos mestres em talento repleta de especificidades sobre o que saber e o que fazer — informações que você pode colocar em prática já na segunda-feira pela manhã. Entre os tópicos, estão diretrizes para avaliações de talentos, programas de aprendizado contínuo que produzem resultados de negócios, usar o RH como um parceiro de negócios e assegurar sucessões sem percalços. Também apresentamos uma lista de verificação para avaliar os recursos de gestão de talentos de sua própria empresa.

A maestria em talento não garante o sucesso ininterrupto. Enquanto este livro ia para a gráfica, Yong Nam, da LGE, retirou-se devido ao desempenho insatisfatório da empresa no mercado de smart phones, e consta que Alessandro Profumo, da UniCredit, estava envolvido em uma luta de poder com seu conselho de administração. Nenhuma dessas questões teve relação com o trabalho magistral deles em gestão de talentos. Até os melhores líderes são suscetíveis de se enganar em questões de negócios, especialmente em situações que envolvem risco considerável. Na verdade, cada uma das empresas que apresentamos aqui passou por momentos problemáticos em algum ponto e não há garantia de que isso não acontecerá de novo. E pense em duas mestras em talento — digamos, a P&G e a HUL — combatendo nos mesmos mercados. Em determinado momento, uma estará no topo, enquanto a outra ficará para trás.

Um bom time é bom devido ao talento de seu técnico e jogadores, nada mais. As mestras em talento, com a força de sua liderança, identificam erros, promovem mudanças e voltam mais fortes do que as outras que vacilam. O que observamos e podemos afirmar com segurança é que o talento é a chave mais importante para a longevidade. Quanto melhores forem os líderes de uma empresa, mais cedo ela voltará ao caminho certo.

PARTE I

O QUE UM MESTRE FAZ

Dentro do sistema de gestão de talentos da GE

Qualquer pesquisa na arte e ciência dos mestres em talento começa necessariamente com a General Electric. Sempre uma inovadora na área, a GE se tornou uma incubadora de revoluções sob o comando do lendário Jack Welch, CEO de 1981 a 2001. Ele incorporou cada um dos princípios apresentados no primeiro capítulo ao sistema de gestão de talentos de sua empresa e eles continuam a orientar a empresa à medida que ela evolui. Como observamos no primeiro capítulo, é provável que o desenvolvimento de lideranças da GE seja mais amplamente referenciado e copiado do que o de qualquer outra empresa.

Mas realizar benchmarks ou copiar não é necessariamente o mesmo que saber. Executivos que se dedicam a estudar a GE ouvem com atenção as apresentações da empresa, mas poucos sabem verdadeiramente como ela funciona. Eles podem identificar-se com os elementos que reconhecem – os valores, os processos que compõem o sistema operacional que a GE chama de playbook – e dizer: "Sim, nós temos algo parecido." O que eles muitas vezes não percebem são os fatores mais sutis que fazem o sistema funcionar, que são instintivos e ocorrem rotineiramente na cultura da GE: as discussões diretas e sinceras por meio das quais os líderes chegam ao âmago das questões, a vinculação dos processos de negócios com os processos de talento, os sistemas sociais que integram as reuniões aparentemente isoladas a um processo constante – em resumo, os elementos que caracterizam uma mestra em talento.

A maioria das empresas divide seus sistemas de administração em áreas isoladas: "Hoje falamos sobre pessoas, amanhã falaremos sobre estratégia, na semana que vem falaremos sobre operações e orçamentos." Na GE, tudo faz parte de um ciclo contínuo. Por exemplo, tanto reuniões de planejamento estratégico quanto avaliações operacionais incluem uma profunda análise das pessoas necessárias para executar o plano. As sessões sobre pessoas começam com uma visão geral dos negócios, já que os resultados dos negócios resultam diretamente das pessoas envolvidas. As análises de negócios sempre começam com uma avaliação da equipe de liderança. Cada encontro é, ao mesmo tempo, uma oportunidade de coaching e uma chance de registrar uma observação que, com o tempo, aprofunda o banco de dados de "intimidade".

O sistema só funciona por ser rigoroso e por desafiar constantemente as pessoas a provarem seu valor. Os líderes são recompensados tanto pela forma como lideram seu pessoal quanto pelos números produzidos. Além de analisar seus resultados de faturamento e lucro líquido, os líderes de negócios se concentram sistematicamente em responder a questões como:

- Quem são os líderes promissores?
- Onde eles se encaixam melhor? Como podem melhorar?
- O que podemos fazer para ajudá-los a atingir mais rapidamente seu potencial?
- Qual é o desempenho da empresa que desenvolve os líderes dos quais precisamos?

Os diálogos são absolutamente francos. Entre as reuniões dedicadas aos resultados de negócios e desenvolvimento de pessoas, os processos sociais da GE dão continuidade aos diálogos tanto formal quanto informalmente, dia a dia, semana a semana. Os líderes passam a conhecer intimamente seu pessoal e vice-versa, por meio não apenas das reuniões e avaliações programadas, como também das interações cotidianas e do networking em ambientes sociais. No topo, em especial, não há estranhos. O CEO e o vice-presidente sênior de RH conhecem intimamente as 600 pessoas mais seniores da empresa – suas famílias, seus hobbies, o que gostam e não gostam, suas habilidades, pontos fortes, tendências psicológicas e necessidades de desenvolvimento. Esses 600 executivos passaram a ser quase uma família.

As pessoas que realizam benchmarks não podem esperar ver todos esses detalhes, porque não podem vê-los em ação, a única maneira de entendê-los plenamente. Mas você pode. Os três capítulos que compõem esta seção o levam para dentro da GE em uma visita diferente de qualquer outra que você já fez. Sua jornada o levará alternadamente por explicações claras e abrangentes do sistema e histórias pessoais íntimas que mostram como os conceitos são aplicados na vida real.

O Capítulo 2 mostra como os executivos da GE lidaram rapidamente e com determinação com uma renúncia no alto escalão que surpreendeu a todos, um evento que com muita frequência provoca o caos por toda parte no mundo corporativo. O Capítulo 3 apresenta um mapa e manual de instruções completo para o sistema da GE, explicando todos os seus extraordinários detalhes e mostrando como as partes funcionam como um todo. O Capítulo 4 o leva de volta à dimensão humana com histórias notáveis de duas pessoas cujas experiências ilustram o cuidado que a GE toma com o desenvolvimento da carreira de seus líderes.

Capítulo 2

SUCESSÃO EM UM DIA

Quando Larry Johnston, da GE, Renunciou

Quando Bill Conaty recebeu uma ligação de Larry Johnston no fim da tarde de uma sexta-feira de 2000, a princípio nada parecia fora do comum. Johnston, CEO do negócio de Eletrodomésticos de $6 bilhões da GE em Louisville, Kentucky, disse que talvez fosse à matriz da GE em Fairfield, Connecticut, na segunda-feira e poderia dar uma passada para vê-lo.

"Ótimo", respondeu Conaty. "Ou podemos conversar agora se você quiser." Johnston disse: "Não, eu não preciso de nada agora, mas talvez na segunda-feira."

Conhecendo bem Johnston, Conaty percebeu algo estranho no ar e, depois de pensar a respeito, tentou ligar de volta para ele em Louisville. Não conseguiu e tentou várias outras vezes ao longo do fim de semana, mas sem sorte. Johnston era um sujeito que sempre retornava rapidamente as ligações, de modo que aquilo era definitivamente preocupante.

Johnston finalmente ligou no início da manhã de segunda-feira para dizer que estava no apartamento corporativo e queria dar uma passada para falar com ele. Agora Conaty sabia com certeza que algo estava errado, mas nunca poderia imaginar o que viria em seguida.

Em menos de uma hora, Johnston estava em sua sala, muito abatido. Depois de pedir a Conaty para fechar a porta, ele disse: "Olhe, estou saindo."

Conaty disse: "Larry, você não pode sair! Por que faria isso?"

Johnston explicou que aceitara uma oferta da rede de supermercados Albertson's para ser o CEO, acrescentando: "É a oportunidade de uma vida inteira, um pacote financeiro fenomenal e não é com um concorrente da

GE." Ele contou a Conaty que não retornara suas ligações no fim de semana atendendo à solicitação de seu novo empregador, mas foi mais revelador quando acrescentou: "Eu não queria ser convencido do contrário."

"Eu tentei tirá-lo da beira do abismo", lembra Conaty, "mas, à medida que eu esgotava todos os meus argumentos, ficou claro para mim que Larry já havia pulado". Atordoado, ele caminhou pelo corredor até a sala de Jeff Immelt, que recentemente fora nomeado sucessor de Jack Welch como CEO, e os três se sentaram, pouco à vontade. Johnston havia trabalhado em estreito contato com Immelt ao longo dos anos no negócio de Eletrodomésticos e posteriormente em Sistemas Médicos, de forma que eles se conheciam bem. "Larry era um bom vendedor, mas Jeff era um excelente vendedor", diz Conaty, "e eu achei que talvez Jeff pudesse convencê-lo. Eu voltei à minha sala e esperei que a fumaça negra ou branca surgisse da sala de Immelt".

A maioria das empresas se desequilibra diante de uma saída tão inesperada, como aconteceu recentemente com a HP quando Mark Hurd renunciou abruptamente. Elas saem em uma corrida alucinada para contratar uma empresa de recrutamento e selecionar candidatos. Enquanto isso, um líder interino é empurrado para o cargo e agora o barco só tem meio leme. Com o passar das semanas – talvez até meses –, a incerteza e os rumores desgastam o moral e a eficiência. Alguns competidores internos pelo cargo podem tropeçar na corrida pela posição. Um pode evitar correr riscos para não cometer erros. Outro pode realizar uma manobra ousada porém precipitada na esperança de ganhar pontos. Os concorrentes verão o vácuo na liderança como uma oportunidade de se beneficiar ou saquear talentos incomodados com a incerteza. Quando a empresa finalmente encontrar o sucessor certo, precisará correr para voltar ao caminho certo e a organização pode ter sofrido danos de longo prazo.

Isso não ocorre com a GE e com outros mestres em talento. A McDonald's Corporation, por exemplo, nomeou um novo sucessor a CEO horas depois de perder seu CEO por conta de um ataque cardíaco fatal no meio da noite. Na GE, muitas pessoas lembram que a empresa tinha três fortes e muito bem cotados candidatos internos para substituir Welch. Mas, diferentemente da maioria das empresas, isso acontece em todos os níveis organizacionais. Eles conhecem cada líder o suficiente para rapidamente alocar a pessoa mais adequada para a função e os desafios futuros, ao mesmo tempo que minimiza as rupturas organizacionais.

Muitas empresas se sentem bem por terem planos de sucessão, com um candidato destinado a cada quadrado do organograma. Elas não deveriam. Uma escolha predeterminada engessa o quadro de referência para o cargo na hora de escolher. Em um mundo de negócios que evolui tão rapidamente, a pessoa certa para um cargo hoje pode ser a pessoa errada daqui a um ano ou até seis meses. Com vários candidatos, uma empresa tem mais chances de contar com alguém equipado para lidar com as novas condições.

Menos de 5% dos 600 líderes mais seniores da GE saem voluntariamente, porque têm acesso a uma variedade satisfatória de experiências em uma cultura baseada na meritocracia. Mas outras empresas estão sempre em busca dos talentos da GE, e é difícil resistir à oferta de uma posição de topo. Quando um líder valorizado deixa o grupo – até um que pode ser visto como indispensável no momento –, as pessoas no comando sabem o que fazer. Elas conhecem o negócio, conhecem os pontos fortes e as necessidades de desenvolvimento dos candidatos e estão bem preparadas para preencher a vaga com a pessoa certa rapidamente – até em questão de horas. A meta é clara: nenhuma pausa, nenhum tempo para as pessoas se condoerem, nenhuma fraqueza na tomada de decisões e nenhuma oportunidade para a concorrência roubar os talentos da empresa.

Quando Larry Johnston renunciou, a GE estabeleceu um novo recorde de velocidade, nomeando seu sucessor e três outros subordinados em metade do dia e anunciando as mudanças antes do fim do dia. Esse desempenho passou a ser o modelo a ser seguido desde então. A GE não permite a existência de um vácuo na liderança, nem por um dia sequer.

Enquanto esperava, Conaty não conseguia parar de pensar em Johnston. Poucas renúncias críticas o pegaram de surpresa em seus 40 anos de carreira e, ao se lembrar da ligação de sexta-feira, ele se culpou por não estar preparado para a situação. Ele sentiu que Johnston estava prestes a dizer mais. Talvez as coisas tivessem evoluído de outra forma se ele tivesse incentivado Larry a falar, ele pensou.

A coisa toda era especialmente dolorosa porque Johnston vinha realizando um excelente trabalho na liderança dos Eletrodomésticos – e Conaty se arriscara um pouco ao ajudá-lo a obter seu primeiro cargo com responsabilidade de P&L dois anos antes. Johnston liderava as vendas dos Eletrodomésticos quando seu CEO se aposentou, e esperava ser considerado para o cargo. "Na ocasião, Jack Welch e eu reconhecíamos Larry como um sujeito de vendas e marketing de primeira categoria, mas tínhamos dificuldades de visualizá-lo no comando de um grande negócio da GE", diz Conaty. O cargo de CEO dos Eletrodomésticos foi para Dave Cote, que liderava o negócio de Silicones da GE na época. (Cote é hoje presidente do Conselho e CEO da Honeywell International.)

Conaty prossegue: "Cerca de seis meses depois que Cote assumiu os Eletrodomésticos, decidimos em uma avaliação da Session C que daríamos a Larry a chance de recuperar nosso negócio médico na Europa, que estava em dificuldades." A Session C é o encontro anual no qual os líderes seniores avaliavam a liderança da empresa. "Larry sempre indicou que queria liderar um negócio de P&L, e essa era sua recompensa por se manter firme e ajudar Cote nos Eletrodomésticos, em vez de se lamentar e tentar prejudicá-lo."

"Eu me lembro da reação de Larry quando liguei para ele a fim de checar seu interesse em trabalhar na área médica. Ele estava em uma grande conferência de vendas e retornou minha ligação de um telefone público no centro de conferência. Eu disse: 'Tenho novidades interessantes. Nós finalmente temos um negócio para você.' Larry retrucou: 'Você está brincando!' Eu disse: 'Não, mas o negócio está em frangalhos.' E ele observou: 'Adorei!' Alertei-o: 'A coisa está feia e alguns sujeitos já tropeçaram na missão. Mas é em Paris.' Larry ficou extasiado: 'Fantástico! Quando eu começo?'"

Johnston mergulhou de cabeça na nova função e recuperou um negócio problemático cuja solução escapara aos outros. Ele não apenas se provou um firme líder corporativo, como também conquistou as pessoas com seu charme. Quando Cote renunciou para se tornar CEO da TRW, Welch e

Conaty tiveram a satisfação de oferecer a Johnston o cargo mais alto dos Eletrodomésticos.

E lá estava ele, despedindo-se de nós. "Eu estava esperando que Jeff Immelt conseguisse usar sua magia de vendedor e convencer Johnston", diz Conaty. "Mas, quando ele me chamou de volta, eu os encontrei prostrados. Ambos são homens altos, Immelt tem 1,93m e Johnston é um pouco mais alto, mas os dois pareciam pelo menos 30cm mais baixos. Eles estavam curvados, com os cotovelos nos joelhos. 'Não tem jeito, Jeff disse, com um olhar desolado. 'Não consigo dissuadi-lo.'"

Conaty fez uma última tentativa com um pouco de humor. "'Vamos lá, Larry, deixe de brincadeira', eu disse. 'Você já morou em Paris e agora vai para Boise, Idaho, onde fica a matriz da Albertson's?' Larry riu baixo e disse: 'Bom, nem tudo é perfeito, mas eu preciso fazer isso por mim e pela minha família.' Jeff sorriu de leve, parecendo abatido." Tanto Conaty e Immelt ficaram lá por alguns minutos basicamente só balançando a cabeça sem acreditar.

Na ocasião, Jeff Immelt estava em transição para assumir o cargo de presidente do Conselho e CEO da GE, Jack Welch ainda estava por lá, e Conaty e Immelt disseram a Larry: "Fique aqui na sala de Jeff, Larry, faça as ligações que precisa fazer – mas não queremos que ninguém fique sabendo que você está saindo antes de conversarmos com Jack e decidirmos nosso plano de jogo."

UMA SESSION C IMPROVISADA

Conaty e Immelt foram à sala de Welch se sentindo como fracassados; seria uma grande surpresa para Welch também. Conaty lembra: "A reação de Jack – excluindo o palavrão – foi: 'Tudo bem, quem vamos colocar no cargo? Como vamos proteger a empresa?' Depois acrescentou: 'Eu quero nomear um sucessor ainda hoje.'" Conaty sugeriu que talvez eles devessem levar mais um dia para solucionar o problema. "'Besteira', Jack respondeu. 'Vamos anunciar hoje.'" Então, eles imediatamente montaram um plano de ação e chamaram Larry para a sala de Welch. A primeira coisa que Welch disse foi: "Seu grande xxxxx!" Mas ele não perdeu tempo tentando dissuadi--lo da ideia. Welch já havia virado a página.

O grupo falou sobre os quatro principais candidatos que haviam designado previamente como potenciais sucessores. Johnston participou da conversa, embora pouco à vontade; ele queria sair logo daquele escritório e voltar a Louisville. Mas eles não queriam que ele fosse sozinho e anunciasse sua saída. "Isso deixaria todos lá em pânico", diz Conaty, "porque Larry é uma espécie de herói local: um grande homem tanto em estatura quanto em presença, grande na comunidade, bem como no negócio." Welch disse a Johnston: "Espere em uma sala, Larry, enquanto nós finalizamos nosso plano. A propósito, Jeff e Bill o acompanharão em sua viagem de volta a Louisville para anunciar sua saída e seu sucessor."

Como Welch tinha quatro candidatos potenciais já escolhidos? A resposta demonstra a força e o poder do sistema de maestria em talento da GE, centrado no sistema da Session C. Ao mesmo tempo em que a Session C e seu ciclo de acompanhamento se desenrolam ao longo do ano, o dinamismo do processo resulta das discussões informais no dia a dia entre o CEO e o vice-presidente sênior de recursos humanos à medida que avaliam constantemente os líderes mais seniores da empresa. Esses diálogos frequentes expandem seus bancos de dados mentais com informações atualizadas coletadas também de outras pessoas. Eles não precisam tatear no escuro para descobrir quem é adequado para ocupar determinado cargo.

Welch, Immelt e Conaty começaram com uma rápida avaliação do próprio negócio de Eletrodomésticos. Ele produzia produtos de baixa margem em uma indústria altamente competitiva na qual era uma luta ganhar cada dólar. Apesar de constituir apenas uma pequena parte do portfólio da GE, seu enorme reconhecimento de marca tornava-a desproporcionadamente importante para a empresa. A GE precisava proteger essa marca, mantendo-a nas mãos de uma liderança forte. (Além disso, era importante neutralizar as recorrentes especulações externas de que a GE se livraria do negócio, apesar de não haver planos para isso na época.) O mais importante era impedir que aquilo prejudicasse o panorama geral da GE afastando clientes como Home Depot, Lowe's e Best Buy e perdendo negócios para grandes concorrentes como a Whirlpool.

A GE desenvolve pessoas com potencial de liderança ao lhes dar funções cada vez mais desafiadoras em diferentes negócios. Dos quatro candidatos a substituto, só um já trabalhava nos Eletrodomésticos: Jim Campbell, vice-presidente de vendas e marketing. Os outros três estavam se provando como líderes em P&L em outros negócios e, na maioria dos casos, um deles teria conseguido o cargo. Mas aquela não era uma situação normal. A questão para os mestres em talento da GE é sempre escolher alguém que se adapte melhor aos desafios do ambiente atual – no caso, proteger a marca e os relacionamentos com os clientes. O problema não era que o ambiente de negócios tivesse mudado radicalmente: a verdadeira questão era a continuidade. Johnston era um bom gestor de negócios, porém, o mais importante, seus grandes talentos em vendas e desenvolvimento de relações com os clientes eram providenciais para o sucesso da divisão. Ele era um mestre em lidar com os problemas e as reclamações dos clientes no nível mais elevado possível. O negócio precisava de mais do mesmo.

Campbell tinha grande parte da magia de Johnston, o que fazia dele um candidato forte. Mas os tomadores de decisão tinham uma miríade de riscos a levar em consideração. Devido à pouca experiência em P&L, será que ele seria capaz de ser o CEO de um negócio inteiro? Se ele fracassasse e precisasse ser substituído, seria a terceira mudança na liderança do negócio em quatro anos, um sinal de instabilidade que poderia prejudicar a marca e o moral dentro da organização. Em segundo lugar, quais seriam as repercussões? A escolha de alguém de dentro abalaria outros líderes da GE que já estavam administrando com sucesso P&Ls menores e esperando uma chance de subir para cargos maiores, como o CEO da unidade de Eletrodomésticos?

É por isso que ser um mestre em talento constitui uma parte essencial da função de liderança, em vez de se restringir ao domínio dos recursos humanos. O RH pode facilitar, ajudar e coletar informações, como realizar uma avaliação de 360 graus e levantar questões instigantes. Mas preencher uma função-chave requer conhecimento íntimo das particularidades de como o negócio afeta os critérios de liderança em qualquer momento. Os líderes seniores não podem delegar esse tipo de julgamento.

A necessidade prioritária de proteger os relacionamentos com os clientes parecia sobrepujar os riscos. Além disso, seria um incentivo para a equipe dos Eletrodomésticos que um de seus próprios membros fosse valorizado o suficiente para ser nomeado o próximo CEO. Esses passaram a ser os critérios não negociáveis. Jack Welch, de forma astuta, também estava pensando nessas linhas: *Vamos usar isso como uma oportunidade de assumir a ofensiva e agir rapidamente para promover vários líderes internos dos Eletrodomésticos.* Que maneira incrível de energizar estrelas em ascensão na própria unidade e neutralizar sentimentos negativos provocados pela saída de Larry.

Mesmo assim, eles precisavam estar confiantes de que Jim seria capaz de lidar com esse enorme desafio de administração geral. Ele poderia ser tão bom quanto Larry? Ou será que não poderia ser ainda melhor? Jim era bem conhecido pelo pessoal sênior da empresa. Os três já tinham visto uma tonelada de dados na Session C e avaliações operacionais, incluindo observações sobre habilidades, personalidade, características, capacidade de julgamento, relacionamentos e aprendizado contínuo de Jim. Mas também precisavam ter uma ideia melhor de como a organização dele o apoiaria no cargo de CEO. Eles precisavam de uma resposta rápida e informal de fontes confiáveis que pudessem ser sinceras e verdadeiras.

É em momentos como esses que um relacionamento de confiança entre a função de RH corporativa e os líderes de negócios, desenvolvido ao longo de muitos anos – um que assegura as fontes de que as informações reveladas jamais serão violadas –, vale a pena. Como você também verá em outras histórias, o RH precisa ser o gestor do sistema social da empresa para que discussões desse tipo sejam válidas e produtivas.

Conaty começou rapidamente a coletar opiniões sobre Jim Campbell de líderes-chave em Louisville. Em conversas privadas, ele manteve em mente outros três objetivos: ter uma ideia da química provável entre o pessoal sênior e Campbell em seu novo cargo; ser capaz de explicar os méritos de sua escolha; e ter uma ideia de quaisquer preocupações em termos de lacunas no conjunto de habilidades dele – se, por exemplo, a falta de experiência de Campbell em manufatura poderia prejudicá-lo.

As opiniões foram absolutamente positivas: "Jimmy? Ele é excelente!" e "Não consigo pensar em ninguém que mereça mais o cargo". Conaty pôde dizer pelo tom da voz e a escolha das palavras que o pessoal de Louisville estava de acordo com a cultura da GE em termos de franqueza e abertura.

Dick Segalini, vice-presidente de operações de produção, deu o aval mais tranquilizador de todos: "Adoro o Jim Campbell. Ele não precisará se preocupar com o lado operacional. Eu me certificarei de que ele tenha sucesso." O negócio de Eletrodomésticos tinha um forte e experiente CFO na figura de Steve Sedita, de forma que o lado das finanças estava coberto. E o próprio Larry Johnston ficou entusiasmado com a escolha, pois sabia que Campbell daria continuidade às iniciativas voltadas para o cliente que havia iniciado.

Com suas preocupações tranquilizadas, a equipe corporativa se voltou ao efeito dominó que seria provocado pela promoção de Campbell. Eles conheciam os líderes vários níveis abaixo na unidade de Eletrodomésticos – suas habilidades, personalidades e talentos brutos. Quem substituiria Campbell em sua função? Eles rapidamente decidiram que seria Lynn Pendergrass, que se reportava a Campbell como administradora-geral de Refrigeração. E quem a substituiria? Len Kosar, gestor de vendas. Isso significava que três pessoas em Louisville ganhariam grandes e inesperadas promoções dentro do negócios, com mais promoções que se seguiriam para preencher os cargos delas.

"A pessoa que ficou mais chocada em Louisville foi Jim Campbell", diz Conaty, "porque ele só estava fazendo seu trabalho, concentrado em sua ambição de ser um dos melhores líderes de vendas da empresa. Sua avaliação pessoal no resumo anual que ele submetia à matriz da GE era que ele continuava a crescer e se desenvolver em sua atribuição atual e não dava sinais de ambicionar ser o CEO de toda a unidade de Eletrodomésticos. Como se candidatar para uma promoção pode ser considerado o beijo da morte na GE, Campbell confiava que o sistema da GE se encarregasse de sua carreira".

UM CHOQUE SE TRANSFORMA EM UMA VITÓRIA

Às 13 horas, Immelt, Johnston e Conaty estavam em um avião a caminho de Kentucky. A conversa durante o voo foi cordial, porque eles já haviam decidido quais seriam as mudanças organizacionais nos Eletrodomésticos. Jeff Immelt, habilidoso em investigar as pessoas com questões incisivas, perguntou a Larry coisas como "Com quem você se preocuparia se continuasse a liderar o negócio de Eletrodomésticos?". Larry, claramente ansioso por ajudar, enumerou os desafios e as questões com as quais vinha lidando em um setor difícil.

Alertado já no começo da tarde de que Larry queria se reunir com ele, Campbell foi à sala de Larry mais tarde naquele dia, esperando a exortação semanal de rotina para conseguir fechar mais vendas. Mas lá ele deparou com Conaty e Immelt, além de Johnston.

"Larry está saindo e você é o novo CEO", Immelt lhe disse. Campbell ficou pasmo. "Vocês estão de brincadeira", ele disse. "Do negócio todo?"

Logo depois, Immelt, Conaty e Johnston se reuniram com o pessoal sênior dos Eletrodomésticos e fizeram o anúncio. Bill Conaty descreve a cena: "Jeff e eu fizemos o anúncio soar o mais otimista possível. 'Larry está saindo', Jeff disse, acrescentando com um sorriso, 'E ele é um idiota por fazer isso!' Todos riram. 'Jim Campbell o substituirá.' Aplausos por toda parte. 'Jim será substituído por Lynn.' Mais aplausos. 'Lynn será substituída por Len.' Ainda mais aplausos e sorrisos: *Uau, três pessoas foram promovidas, e são todas da própria unidade!* Aquilo foi visto como uma grande vitória para Louisville. A mídia divulgou a mudança como uma boa notícia, com três pessoas de dentro subindo e a maioria dos clientes considerou que Campbell fora a escolha certa. O resultado: *Que pena para Larry, nós lhe desejamos sorte! Ficamos contentes por Jim.* Ninguém saiu pensando: *Ah, que horror!*, mas sim: *Que ótimo!*"

Também foi gratificante para Gary Richards, CEO da P.C. Richards, um cliente de $100 milhões da GE, que, anos antes na carreira de vendas de Campbell, não sabia ao certo se Jim estava pronto para ser o representante de vendas da GE para seu negócio. Recentemente, a P.C. Richards publicou uma história corporativa, os primeiros 100 anos, e uma página inteira dedicada a Jim Campbell e às fenomenais relações que ele continua a manter com a empresa. A primeira observação de Campbell na página foi: "A P.C. Richards é o único cliente que quase me fez perder o emprego."

Campbell admite que aceitou o cargo com certa apreensão. "Mas essa é a beleza do sistema da GE", ele diz. "Eu liderei tanto vendas e marketing, fiz cursos de educação executiva em Crotonville e desenvolvi um conjunto de habilidades, contatos e redes sociais. Você está sempre de certa forma mentalmente preparado para um desafio ou uma mudança. Por exemplo, quem teria imaginado que Larry Johnston, de vendas, lideraria o negócio médico na França? E, para os pontos em que eu apresentava lacunas, podia contar com membros da equipe muito fortes para me ajudar."

Dessa forma, o que aconteceu foi que Campbell energizou e reposicionou o negócio. Quando a GE fundiu os Eletrodomésticos com o negócio de Iluminação em 2002, tornou-se presidente e CEO dos dois negócios, com $8 bilhões em faturamento, 27 mil empregados e atuação em seis locais. Em 2007, quando a GE novamente se viu sob pressão dos investidores para desinvestir os Eletrodomésticos, Immelt saiu em busca de compradores, mas descobriu que não podia fazer a venda. Vários interessados analisaram o negócio, mas disseram: "Achamos que jamais teríamos condições de administrá-lo melhor do que vocês." Immelt diz: "Contra fortes concorrentes em uma indústria brutal, Jim está muito acima do esperado. Nenhum comprador nos ofereceu o valor que percebemos que o negócio vale."

EPÍLOGO

Relacionamentos baseados em confiança e franqueza desempenharam papel relevante na forma como a empresa lidou com a saída de Larry Johnston e um papel ainda maior cinco anos mais tarde, em uma situação similar que envolvia riscos muito maiores. O vice-presidente do conselho Dave Calhoun, de 47 anos, era uma estrela em rápida ascensão e um potencial sucessor do CEO que liderava o segmento de Infraestrutura, no valor estimado em $70 bilhões, o negócio industrial mais lucrativo da GE. Em uma segunda-feira de manhã, em agosto, Conaty recebeu mais um daqueles telefonemas que ficarão para sempre em sua memória. Calhoun lhe disse que estava saindo para trabalhar para um consórcio de private equity da KKR, Carlyle, Blackstone e Thomas Lee Partners, como o CEO da holding A.C. Neilsen. Sua saída representaria uma grande perda para a GE, e a comunidade de investimentos certamente notaria.

Jeff Immelt e Bill Conaty aprenderem muito com o episódio Johnston-
-Campbell e passaram instintivamente a pensar em termos de "sucessão no

mesmo dia". A GE tinha um substituto pronto, John Rice, o vice-presidente do conselho que liderava o segmento industrial. E, naturalmente, também havia um substituto pronto para Rice. Mas o melhor candidato no momento seria Lloyd Trotter, o vice-presidente sênior que liderava o negócio de Consumo e Industrial, uma parte do segmento industrial. Só havia um problema: Trotter queria se aposentar. O desafio era convencê-lo a ficar. Não foi fácil, mas Trotter acabou concordando.

Então, a GE anunciou a saída de Calhoun e duas grandes mudanças tanto para Rice quanto para Trotter como vice-presidente do Conselho da GE. A comunidade financeira aplaudiu as mudanças. Na empresa, as pessoas se assustaram ao perder um sujeito do calibre de Calhoun – ainda mais para o mundo da private equity –, mas também aplaudiram tanto John Rice quanto Lloyd Trotter e a capacidade da empresa de ter planos de sucessão prontos em todos os níveis e em quaisquer circunstâncias.

Essas vitórias foram o resultado final de um sistema inigualável de gestão de talentos. O que compõe esse sistema e como ele funciona? Veremos esses detalhes no próximo capítulo.

Capítulo 3

UM SISTEMA COMPLETO DE DESENVOLVIMENTO DE LIDERANÇAS

Como a GE Vincula Pessoas e Números

Os processos, relacionamentos e interações que você viu no capítulo anterior fazem parte de um sistema de desenvolvimento de lideranças completo, inigualável e abrangente. Este capítulo mostra como seus vários componentes funcionam como um ciclo contínuo de sistemas sociais e de negócios. Seus fundamentos são franqueza nas conversas, o acúmulo de observações por meio de inúmeras fontes e pontos de vista e discussões sobre indivíduos que se estendem ao longo do ano para que os outputs de cada componente sejam os inputs de outros.

A maioria das empresas tem um ritmo para administrar a organização por meio de avaliações periódicas. O padrão são sete avaliações: talento, estratégia e planos operacionais, além de avaliações de desempenho trimestrais. Muitas empresas acrescentam outras, como inovação, risco e avaliações de tecnologia. Essas avaliações, combinadas, compõem o que chamamos de sistema operacional. O problema em muitas empresas é que as avaliações tendem a ser realizadas isoladamente – as avaliações de estratégia só são vinculadas à próxima avaliação de estratégia, e as avaliações de talentos só são vinculadas à próxima avaliação de talentos. Elas não são vinculadas umas às outras, de forma que não integram e reforçam o conhecimento obtido em cada uma.

O que defendemos é o que a GE faz: usar o output de um processo como o input para o outro. Sempre que os líderes da GE conduzem, digamos, uma avaliação de estratégia, as questões que trazem à tona ou as conclusões às quais chegam se refletem nas avaliações de talentos e vice-versa.

As informações e os insights são mantidos em mente ao longo do diálogo constante em que os líderes vinculam continuamente – e, depois de um tempo, instintivamente – os negócios às pessoas.

OS COMPONENTES DO SISTEMA OPERACIONAL DA GE

O diagrama a seguir apresenta uma visão extremamente simplificada do sistema operacional da GE. Ele mostra o timing de vários principais tipos de avaliações ao longo do ano e suas interconexões.

Janeiro ⟶ **Julho** ⟶ **Novembro**

Pessoas	**Estratégia**	**Operações e orçamentos**
("Session C")	("Growth Playbook")	para o próximo ano
	e acompanhamento	precedidos de
	da Session C por	acompanhamento
	videoconferência	da Sessão C

Estes são os principais pontos a serem compreendidos:

- Os líderes dedicam tempo e energia aos talentos. Eles colocam as pessoas à frente dos números.
- As avaliações são rigorosas e consistentes, além de vinculadas umas às outras.
- O coaching e o feedback são constantes, diretos e sólidos.
- As observações de diversas fontes se acumulam com o tempo e em comparação umas com as outras.
- O diálogo é franco e contínuo ao longo do ano.

Jack Welch levou o sistema operacional da GE a um novo nível e criou a cultura de objetividade e franqueza e, é claro, Jeff Immelt continua a desenvolvê-lo. Mas os processos e valores essenciais tiveram origem quase 100 anos antes, com Charles Coffin, sucessor de Thomas A. Edison. Coffin estabeleceu o princípio da meritocracia com base no desempenho mensurado – uma abordagem radical em uma época na qual executivos do mundo todo escolhiam seus substitutos em grande parte com base em critérios rudimentares de julgamento e considerações pessoais. Cada nova geração de líderes da GE expandiu o princípio.

O antecessor de Welch, Reg Jones, era um homem de finanças e um dos últimos grandes estadistas dos negócios. Ele concentrou a maior parte de sua energia na racionalização de um agregado de negócios que a GE acumulara por meio de aquisição, agrupando-os em setores e organizando um processo disciplinado de planejamento estratégico. Mas Jones prestou uma excelente contribuição para o desenvolvimento de talentos ao escolher seu sucessor. Ele sabia que sua empresa precisava de um tipo diferente de líder em um ambiente de negócios que ficava cada vez mais difícil. O homem que ele escolheu não só atendia a essa expectativa, como também a superava. Jack Welch subiu na hierarquia corporativa no negócio de Plásticos da GE. Ele assumiu com o zelo de um revolucionário, a atitude de um pugilista, uma motivação implacável de melhorar acentuadamente o desempenho da GE e insights radicais e conduziram a GE à sua liderança na maestria em talento.

O que a maioria das pessoas se lembra dos primeiros anos da era Welch foi a violenta reestruturação que lhe rendeu o apelido nada lisonjeiro de "Neutron Jack". (Como a bomba de nêutrons, os prédios eram deixados intactos, mas as pessoas desapareciam.) Qualquer negócio que não conseguisse se posicionar como número 1 ou número 2 em seu setor, ele declarou, seria consertado, fechado ou vendido. Vários negócios se deram por vencidos e a GE cortou milhares de empregos. Welch também vinculou mais estreitamente a remuneração ao desempenho, tornando as opções sobre as ações uma parte maior do pacote.

Mas tão importante para Welch quanto a reestruturação era melhorar a gestão de talentos da empresa. Ele queria líderes, não administradores. Como essa pessoa lidaria com pessoas e as desenvolveria? Ele tem a autoconfiança necessária para encontrar e desenvolver pessoas mais do que a si mesmo? Ele é capaz de se antecipar aos acontecimentos no ambiente externo e lidar com eles? Por fim, queria líderes capazes de adiar os próprios interesses de curto prazo pelo bem da empresa? Para trazer esse tipo de líder ao centro do palco, ele teria de criar uma nova cultura na GE. O que ele conseguiu fazer foi nada menos do que uma revolução que cristalizou os valores e a cultura da empresa em rigorosos mecanismos operacionais e sistemas sociais.

Welch utilizou ferramentas como o Workout e o Change Acceleration Process (CAP), que ele e outros líderes formularam no centro de Crotonville. O Workout era uma maneira de derrubar a hierarquia e dar voz a pessoas desde o chão de fábrica até o CEO – e, não por acaso, injetar franqueza nos diálogos. As pessoas se reuniam em grupos de 50 a 100, incluindo todos os níveis, dos maiores tomadores de decisão a operadores de maquinário e trabalhadores da linha de montagem. A GE trazia pessoas de fora para atuar como facilitadores – professores de faculdades de Administração e consultores. Os encontros inicialmente eram realizados fora do local de trabalho, em hotéis ou centros de conferência locais, e mais tarde diretamente dentro de cada negócio à medida que a franqueza e a confiança eram desenvolvidas. O conceito continua vivo hoje, praticado de forma mais instintiva e informal do que como um evento especial. É importante notar que o Workout foi a salva inicial na batalha de Welch de derrubar barreiras típicas de comunicação – mentalidades de silo, a tendência dos líderes de tirar vantagem de suas posições, em vez de se envolver em uma discussão aberta e diálogos que colocam a harmonia acima da verdade. Foi um ataque frontal completo.

Bill Conaty se lembra do clima extraordinário dessas sessões: "Nunca houve nada parecido. Elas eram reuniões abertas, basicamente, com batalhas verbais à medida que as pessoas desenvolviam o hábito de se expressar. Você tem sujeitos do chão de fábrica realizando apresentações com flip charts, mostrando melhorias de produtividade potenciais – por exemplo, o quanto uma instalação de produção poderia poupar se as máquinas fossem mantidas no terceiro turno quando não estavam em plena produção. O gestor da instalação teria de responder na hora, aceitando, recusando ou dizendo: 'É uma boa ideia, mas eu preciso pesquisar um pouco mais e terei uma resposta na semana que vem.'"

"As discussões podiam ficar acaloradas. As pessoas aplaudiam se o líder aceitasse a ideia e vaiavam se não aceitasse. Os facilitadores podiam precisar interferir dizendo: 'O que é isso, pessoal, deixem ele terminar.' E o líder precisaria explicar sua decisão. Todas as questões eram solucionadas na hora; nada ficava incerto."

"O diálogo era diferente em diferentes partes do país. Na época, eu trabalhava em Motores de Aeronaves em Lynn, Massachusetts, que tinha a força de trabalho mais calejada da empresa – eles, com frequência, vetavam contratos sindicais que todos os outros sindicatos da GE aprovavam. Eles achavam de antemão que qualquer pessoa da administração era um babaca. Por exemplo, eu estava fazendo uma apresentação e não conseguia mudar a primeira folha do flip chart antes de seis mãos se levantarem me questionando. Era a ressurreição da Festa do Chá de Boston. Era uma reação cultural do Nordeste do país, em oposição a fazer uma apresentação similar no Meio-Oeste. Por exemplo, em Cincinnati, você apresentava uma argumentação e as pessoas eram totalmente respeitosas. Apesar de ser agradável, era difícil de outro jeito, porque elas nunca faziam perguntas. Você não conseguia fazer alguém se expressar – até o intervalo para o café, quando as pessoas o procuravam, uma de cada vez, para fazer alguma pergunta sem que os outros ouvissem. Então, o fato de Welch ter crescido na região de Boston levou aos encontros abertos da GE, para que as pessoas, desde as bases até o topo, pudessem falar diretamente com a empresa."

"Aquele foi o início de suas tentativas no sentido de criar uma revolução das bases até o topo e a ideia se baseava em simplificar e eliminar a burocracia e dar voz à organização. Ela derrubava muita hierarquia. Nós sentíamos que não precisávamos de 12 camadas entre o CEO do negócio e o chão de fábrica. Teoricamente, se você pudesse reduzir isso a quatro ou cinco, as comunicações seriam exponencialmente melhores, as pessoas se sentiriam mais envolvidas no jogo, e foi o que conseguimos fazer. Então, aquela foi uma época assustadora para muitas pessoas que foram treinadas para administrar em uma hierarquia, em vez de liderar. Aquelas que não conseguiram fazer a transição tornaram-se dinossauros na empresa."

DANDO VIDA À SESSION C

A próxima grande ação de Welch foi reformular radicalmente a Session C. Coração do processo de gestão de talentos da GE, a Session C é uma avaliação aprofundada da liderança de cada unidade de negócios. É nessa ocasião que as decisões sobre desenvolvimento, alocação e retenção são tomadas e acompanhadas. As reuniões incluem o CEO da GE e o líder do RH corporativo, o CEO da unidade de negócios e o líder de RH da unidade de negócios. Quando se reúnem, eles já dispõem de um grande volume de informações sobre os líderes em todos os níveis. (Antes compiladas em grandes "livros" – pastas com dados e fotos –, essas informações agora são acessíveis on-line.)

Mas as avaliações herdadas por Welch eram exercícios formalizados, rígidos e corteses. Analisando o grande livro que continha avaliações de todos os talentos, os líderes diziam coisas como "Joe Blow está realizando um excelente trabalho para nós e portanto deveria subir para o próximo nível na organização". Outros raramente discordariam ou exigiriam mais detalhes e os executivos passavam para a próxima pessoa.

Welch deu vida à Session C. "Ele injetou ansiedade no sistema", diz Conaty. "Ele dizia: 'Quero saber tudo que vocês sabem sobre Joe Blow.' Então ele questionaria a resposta: 'O que faz vocês acharem isso? Eu não vejo assim. Ele não acabou de perder a meta do último trimestre? E eu ouvi dizer que ele é um estúpido que abusa do pessoal dele.' E, de repente, essas agradáveis sessões de virar as páginas desses livros formais ganharam uma vertente totalmente diferente."

"Muitas vezes, Welch instigava o debate para testar a convicção da pessoa. Se elas recuassem, ele imaginava que não estavam certas do que estavam dizendo. Mas, diante de um argumento forte o suficiente, ele se dispunha a dizer: 'Ei, tudo bem, talvez eu esteja errado.' Ele transformou a Session C de um evento em um processo institucionalizado que refletia e reforçava a cultura e os valores essenciais da GE. E as pessoas não tinham como esconder a verdade. Mais cedo ou mais tarde, as opiniões eram verificadas ou rejeitadas à medida que mais evidências eram coletadas." O toma lá dá cá caótico, pouco formalizado, fez os líderes se conscientizarem mais da precisão de suas observações.

Por trás dessa linguagem dura, Welch estava ensinando às pessoas a arte de se aprofundar nas investigações para chegar às suas qualidades essenciais. Suas perguntas exploratórias combinavam fatos concretos sobre o desempenho dos negócios com as observações subjetivas dos outros, colhidas por meio do exercício de ouvir com atenção. Ele buscou isolar o verdadeiro talento de uma pessoa do contexto no qual ela trabalhava, visando reforçá-lo e desenvolvê-lo. Em um caso, por exemplo, ele enviou uma mensagem a todos da GE quando deu o maior bônus percentual da empresa a um líder de unidade de negócios que não conseguira atingir suas metas. Por quê? O líder superou um terrível ambiente de negócios melhor do que qualquer outro no setor. "O que Welch mais gostava era o que chamávamos de promoções no campo de batalha, que concedíamos rotineiramente em avaliações da Session C, destacando uma estrela futura da multidão e promovendo-a na hora", diz Conaty.

Welch também descentralizou a Session C, transferindo-a da matriz para reuniões em cada um dos negócios. A ideia era que os avaliadores pudessem ver mais pessoas em cada negócio, e mais líderes nos negócios seriam envolvidos no processo. Ele sabia que, quanto mais pessoas pudessem testemunhar sua intensidade e paixão no que se refere à sucessão de desenvolvimento da gestão, mais rapidamente isso seria institucionalizado na empresa. Os líderes de negócios por toda a empresa se surpreenderam com seu jeito de investigar e questionar profundamente seus pontos de vista em relação aos talentos da GE. "Você tinha esse líder meio enlouquecido e apaixonado no topo dizendo: 'Vou levá-los comigo para o topo da montanha, independentemente de vocês quererem ir ou não'", diz Conaty. "Ele estava dando o exemplo, construindo a nova cultura e institucionalizando o rigor ao redor da gestão de talentos."

INCORPORANDO A OBJETIVIDADE ÀS HABILIDADES SUBJETIVAS

O estilo desenvolvido por Welch é o alicerce do que faz a Session C da GE ser tão especial. Afinal, não há nada de notável no programa em si; ele cobre as questões que praticamente qualquer empresa tenta abordar em uma avaliação de pessoal:

- questões de negócios e seu contexto externo;
- desempenho global e avaliação de valor para todo o pessoal-chave;

- o plano de sucessão (possíveis substitutos para posições-chave), preparado inicialmente pelo CEO e o líder de RH de cada negócio;
- identificação dos líderes de mais alto potencial;
- uma avaliação da diversidade em cada negócio;
- nomeação de pessoas para participar de cursos para altos executivos em Crotonville;
- análise dos resultados de pesquisa de opinião sobre o CEO, incluindo uma avaliação do progresso no envolvimento de empregados – a satisfação geral das pessoas com o empregador.

Por trás desse programa, há um foco singular, uma vitalidade e uma profundidade das discussões. Todas as Session C começam com uma avaliação da situação do negócio e quais são as possibilidades futuras. Depois esses fatores são vinculados à liderança. De acordo com Bill Conaty: "Quando saímos em campo para realizar uma Session C e o negócio está diante de alguma turbulência, não dizemos 'Olhe, estamos aqui hoje só para falar sobre pessoas.' Nós começamos com 'Ei, o que diabos tem acontecido por aqui? O que está acontecendo com a dinâmica do setor? O que está acontecendo com a concorrência? E o que está acontecendo com as margens e o faturamento?' E passamos um tempo falando sobre essas coisas para ter uma ideia, um consenso melhor desde o começo sobre os problemas, porque, independentemente de quais forem – pode ser o caso de termos um conceito organizacional problemático, uma estrutura problemática ou uma grande mudança nas necessidades futuras do negócio –, normalmente se relacionam diretamente com o lado das pessoas."

Esse vínculo é a razão pela qual a GE realiza a Session C antes da sessão estratégica. A maioria das empresas faz o contrário, com base na teoria de que a estratégia deve vir em primeiro lugar, já que determina a estrutura. A GE sabe que não é bem assim. A estratégia vem da mente e da composição cognitiva das pessoas – sua capacidade de diferenciar o que importa, seu entendimento das tendências do ambiente externo, seu apetite por riscos e sua habilidade de modificar uma estratégia diante de mudanças. Uma estratégia só pode ter sucesso quando concebida e executada pelas pessoas certas. Os líderes da Session C estão sempre atentos a erros passados na substituição de pessoas. Eles não têm medo de confrontar a realidade de que todo mundo comete erros; o pior engano é deixar de remediar os erros já cometidos. Os líderes investigam profundamente as causas do erro e desenvolvem opções apropriadas para a pessoa e a empresa. O banco de dados de observações acumuladas sobre a pessoa e o conhecimento dos negócios por toda a empresa traz precisão às decisões sobre as pessoas – por exemplo, se uma pessoa precisa ser retirada de uma função; se uma pessoa deve receber ajuda em razão de uma necessidade de desenvolvimento; se a função precisa ser modificada para se beneficiar mais do indivíduo; ou se a pessoa precisa sair da empresa porque seus valores e habilidades não se encaixam mais.

Jeff Immelt, o CEO atual, acrescentou um novo elemento à Session C: o equilíbrio e a química entre o CEO, o CFO e o líder de RH de cada negócio. Suas metas são uma diversidade de pensamento e características, além de disposição de trabalhar em colaboração. Nenhum negócio, por exemplo, deveria ter líderes uniformemente conservadores e não dispostos a correr riscos (ou, pelo contrário, só líderes que gostam de correr riscos). Nem deveria ser administrado somente por sujeitos teimosos. Como Bill Conaty explica: "Immelt está em busca do equilíbrio entre 'objetivos' e 'subjetivos', e a principal questão é se o líder de RH é forte o suficiente para enfrentar um CEO e um CFO durões como um verdadeiro representante dos empregados, sem ser dominado." Conaty inicialmente argumentou que esse foco em particular não era necessário, já que a GE já realizara avaliações funcionais. Mas Immelt disse: "Bill, só faça o que estou pedindo." E Conaty fez. "E, para minha surpresa, descobrimos que tínhamos alguns problemas. Havia casos em que todos os três líderes eram excessivamente críticos, de forma que os empregados não tinham chance alguma. Então fizemos as alterações necessárias para alcançar o equilíbrio correto."

A cultura de franqueza e de investigação implacável das respostas garante discussões e conversas que instigam a criatividade e melhoram o senso crítico dos líderes em relação aos outros líderes. O que um líder em discussão conseguiu realizar? Quais são seus pontos fortes e fracos, qual é o seu potencial, qual ajuda de desenvolvimento lhe possibilitaria atingi-lo? Essas discussões estabelecem o tom para todas as outras discussões de liderança na

GE. Lembre-se, por exemplo, das reuniões depois da renúncia de Johnston e Calhoun: foram rápidas Session C informais.

A Session C, com seus acompanhamentos, constitui a essência de cerca de meia dúzia de reuniões e processos espalhados ao longo de cada ano que impulsionam e orientam o sistema da GE. Os dois outros componentes que desempenham importantes papéis no desenvolvimento dos líderes são o S1 (hoje chamado de Growth Playbook – algo como manual de estratégia de crescimento), que é a avaliação da estratégia realizada no verão, e o S2, a avaliação do plano operacional realizada em novembro, combinada com um acompanhamento da Session C chamado C2.

Quando os líderes falam sobre um negócio na avaliação de estratégia, envolvem-se em discussões acaloradas das pessoas cujo trabalho é projetar e executar a estratégia do negócio avaliado. A mesma interconexão ocorre durante a avaliação operacional e também nas avaliações de desempenho trimestrais.

ACOMPANHAMENTO E RECALIBRAGEM

A Session C tem uma cauda longa. Como explica Bill Conaty: "Há três momentos no decorrer do ano em que o processo é recalibrado, e são todos orientados por ações. As coisas acontecem o tempo todo. A pergunta que sempre fazemos é: 'Quais são as novidades desde a última vez que nos reunimos?' Talvez Charlie das Turbinas não seja exatamente o que achamos que ele fosse. Ou um concorrente na indústria de aeronaves está subitamente tentando contratar nossos talentos, de modo que precisamos colocar alguns ganchos de retenção especiais em uma dúzia de pessoas-chave. Não era um problema em abril, mas é uma grande questão agora em outubro. Então a discussão continua: 'Ok, precisamos colocar alguns ganchos de retenção especiais em uma dúzia de pessoas-chave. Vamos fazer isso.' As propostas são implementadas e essas pessoas selecionadas sabem que receberam um reconhecimento especial e que a GE deseja mantê-las no longo prazo."

O processo de acompanhamento das avaliações em campo da Session C começam quando o CEO, o líder do RH corporativo e o vice-presidente de desenvolvimento executivo estão no avião após suas reuniões. O vice-presidente de desenvolvimento fez anotações na reunião e as resumiu. Trabalhando com os resumos, o grupo se concentra em pessoas que merecem reconhecimento especial ou que podem ter necessidades de desenvolvimento – por exemplo, o líder que precisa exigir mais dos subordinados e tender menos a solucionar os problemas sozinho. Ou podem decidir acelerar o desenvolvimento de alguém ao lhe proporcionar experiência no mercado chinês, já que mais líderes serão necessários lá no futuro. Eles aguçarão seu insight sobre as pessoas comparando-as e contrastando-as em diferentes estágios de desenvolvimento. Os resumos das discussões da Session C são enviados no dia seguinte na forma de bullets ao CEO e líder de RH do negócio para serem avaliados e para ações de acompanhamento.

Essas observações se tornaram a base das avaliações de atualização, a começar com o Corporate Wrap-up – algo como resumo corporativo – no fim de maio, em que o CEO, o vice-presidente sênior de RH e o vice-presidente de desenvolvimento executivo consolidam todos os dados em todos os negócios com base nas avaliações em campo da Session C e decidem quaisquer realocações entre negócios que a empresa precisa promover. Eles também realizam a Corporate Organizational Vitality Assessment – avaliação de vitalidade organizacional corporativa – , que agrega líderes seniores nas categorias de "grande talento", "altamente valorizado" e "menos eficaz" e decide quais líderes participarão de quais cursos do nível executivo em Crotonville. No Session C Follow-up – o acompanhamento da Session C, na forma de uma videoconferência em julho com todos os negócios –, os documentos das avaliações em campo servem como um quadro de referência para a discussão e a avaliação das ações: "O que vocês fizeram em relação a essas questões e planos de ação?" Os líderes relatam se alguma coisa mudou desde abril – ambiente de negócios, talentos-chave, planos de sucessão ou questões de retenção críticas.

Quaisquer ações recomendadas na Session C – por exemplo, enviar alguém de uma unidade de negócios a outra; retirar alguém de uma função; mudar a estrutura da organização; constatar a necessidade de se fazer um recrutamento externo – são revistas antes da sessão de estratégia. Em novembro, quando os líderes dos negócios e suas equipes se reúnem para a avaliação operacional S2 de dia inteiro na matriz, os primeiros 90 minutos do dia são chamados de Session C2, completamente focada nas questões de pessoal, de desempenho e retenção a promoções.

O comprometimento com identificação, desenvolvimento e alocação dos talentos é contínuo. Tudo remonta às "pessoas em primeiro lugar". Jack Welch costumava dizer a seus líderes: "Eu tomei mais decisões operacionais críticas nas Session C do que nas próprias avaliações operacionais."

INTIMIDADE NO PLANEJAMENTO DE SUCESSÃO

A intimidade que a GE desenvolve com seus líderes se estende ao conselho de administração, o que torna sua capacidade julgamento em relação a possíveis futuros líderes excepcionalmente aguçada. Eles recebem relatórios sobre o panorama geral de talentos da empresa bem como sobre líderes individuais. Mas, de maneira característica da GE, eles recebem alguns de seus melhores insights ao conversarem informalmente e com frequência com os líderes e sobre eles no contexto dos negócios que administram. O CEO e o Chief Human Resource Officer mantêm os membros do conselho atualizados sobre o progresso dos líderes abaixo dos subordinados diretos do CEO e fazem questão de ter o máximo possível de contato um a um. Além do que veem nas apresentações dos líderes na sala do conselho sobre seus negócios, passam muito tempo com esses líderes em situações sociais — por exemplo, no jantar na noite anterior à reunião do conselho de administração. Também são solicitados a visitar líderes em campo, onde podem vê-los em ação. Observações em primeira mão desse tipo aprofundam a visão que os membros do conselho têm dos indivíduos.

Conhecendo a profundidade e a extensão dos talentos da liderança, o conselho de administração não reduz cedo demais seu foco de sucessão. Mesmo durante a sucessão de Welch, observada com extrema atenção, o conselho de administração manteve suas opções abertas até o momento do anúncio. À medida que a sucessão se aproximava, três fortes candidatos surgiram — Bob Nardelli, Jim McNerney e Jeff Immelt. Esperava-se que cada um continuasse liderando seu negócio e não transformasse o processo de

A ARTE DE CULTIVAR LÍDERES | 53

sucessão em uma corrida: mergulhar em atividades internas ou externas de lobby pelo cargo seria o beijo da morte. Enquanto isso, o conselho de administração analisou cada um deles mais meticulosamente durante as visitas de campo e outras avaliações do conselho.

No momento da decisão, o conselho de administração precisou incluir na análise sua avaliação das necessidades emergentes dos negócios. Em novembro de 2000, os membros do conselho e Welch – cuja opinião teve muito peso na decisão – analisaram em tempo real os desafios de negócios impostos pelo cenário externo emergente:

- A empresa estava se globalizando mais, com maior proporção de faturamento e emprego fora dos Estados Unidos.
- Os negócios industriais e serviços financeiros da GE precisariam ter o equilíbrio correto.
- Grupos externos em defesa de interesses sociais e ambientais estavam ganhando voz.
- O ativismo dos acionistas estava em ascensão, particularmente referente a questões de remuneração e governança.
- A liderança na crise era importante (a sucessão se deu antes do 11 de Setembro, que ocorreu no segundo dia de Immelt como CEO).
- A dinâmica da força de trabalho estava mudando, com questões referentes a casais que trabalham fora, horários flexíveis, trabalho em casa e diversidade.
- Expandir uma empresa já grande implicava desafios especiais.

Essa avaliação teve importante papel na decisão final. Outra ferramenta útil foi um perfil do "CEO ideal" elaborado cerca de cinco anos antes por Welch, Conaty e Chuck Okosky, vice-presidente de desenvolvimento executivo. Apesar de todos saberem que ninguém conseguiria atender a todos os critérios, a lista definia qualidades a serem observadas e proporcionava um modelo com o qual comparar as pessoas. Você pode ler a lista completa no "Kit de Ferramentas dos Mestres em Talento".

Welch e o conselho de administração sabiam que, quando um sucessor fosse anunciado, os outros dois líderes certamente sairiam da empresa.

Afinal, eles eram muito solicitados e ambicionavam ser CEOs. Dessa forma, Welch deixou claro aos candidatos seis meses antes que a empresa esperava que os dois que não fossem escolhidos saíssem e eles deveriam dar início ao processo de passar o bastão a seus sucessores. Isso deu aos líderes bastante tempo para preparar os substitutos dos candidatos e para a GE observar o desempenho de cada candidato a CEO em assimilar seu sucessor. Essa abordagem ousada deu muito certo. Em questão de dias depois do anúncio, Nardelli aceitou uma oferta para ser o CEO da Home Depot, e McNerney se tornou o CEO da 3M. A GE lhes desejou sorte e manteve relacionamentos positivos com ambos. Enquanto isso, cada um dos negócios anteriores deles se manteve em mãos capazes e a empresa não perdeu tempo na transição.

CROTONVILLE, O CRUZAMENTO DA CULTURA

Da mesma forma que o sistema de gestão de talentos como um todo da GE, Crotonville é muito admirado e é uma referência constante – além de ser frequentemente incompreendido por alguns observadores que o veem apenas como uma instituição de educação gerencial. De fato, Crotonville é oficialmente chamado de John F. Welch Learning Center – centro de aprendizado John F. Welch – e oferece cursos básicos e de nível executivo para estrelas em ascensão, mas esse é apenas um de seus propósitos. Ele é um impulsionador e um orientador da inovação da gestão, mudança e adaptação, um cadinho na união de pessoas e negócios – e a estação de transmissão central da cultura e valores da GE.

Localizado em Ossining, Nova York, a cerca de uma hora de carro da matriz da GE, Crotonville abriga uma série de encontros corporativos, incluindo as reuniões trimestrais de dois dias do Corporate Executive Council – o conselho executivo corporativo – e a reunião anual dos officers da empresa. É lá que a GE apresenta grandes iniciativas corporativas como o Workout. E também é um local para traduzir a estratégia da empresa em ações de curto prazo por meio de exercícios elaborados para executar ideias visando melhorar o desempenho dos negócios. Ele também é utilizado para que equipes de clientes-chave trabalhem em conjunto com equipes da GE a fim de solucionar problemas reais de negócios e fortalecer relacionamentos.

Quando a GE adquire uma empresa, muitas vezes leva as novas equipes de liderança da GE e da empresa adquirida a Crotonville, uma espécie de território neutro, para discutir quaisquer diferenças culturais e o que é esperado na cultura da GE. Quando a GE ocasionalmente contrata de fora um executivo de nível mais alto, enviar alguém a Crotonville é um modo infalível de acelerar a assimilação dessa pessoa.

A maior parte dos quase $1 bilhão que a GE gasta todo ano em educação e treinamento vai para Crotonville. Não é barato, mas a GE considera que vale cada centavo. (Veja a Parte IV, "O Kit de Ferramentas dos Mestres em Talento", para saber como outras empresas conseguem grande parte do mesmo valor a um custo menor.)

A parte de aprendizado de Crotonville não é o que a maioria das pessoas considera "educação executiva". Certamente há cursos para executivos em todos os níveis, de gestores de primeira viagem a líderes experientes, sobre tópicos que variam de desenvolvimento de lideranças a expertise de negócios em geral. Mas são cursos específicos para a GE, dando aos líderes um aprendizado prático e experiencial sobre questões que se conectam diretamente com as prioridades da empresa. Os alunos são um grupo de elite, mil por ano das mais de 300 mil pessoas que trabalham na GE, escolhidas por meio do processo da Session C como merecedoras do significativo investimento em suas carreiras.

Os cursos podem produzir resultados no mundo real. Um exemplo notável vem de um estudo conduzido no fim dos anos 1990 sobre qual papel a GE deveria ter em países como China, Rússia, México e Índia. Durante o Curso de Administração de Empresas, no qual equipes de alto nível da GE viajam e analisam possibilidades para a GE nesses países, Bob Corcoran, participante da função de RH, fez um apelo apaixonado a Jack Welch e ao Conselho Executivo Corporativo para ampliar sua presença no México. Welch não apenas comprou a ideia, como disse a Corcoran: "Já que você é tão apaixonado pelo México, pode nos ajudar com isso." Corcoran aprimorou seu conhecimento da língua espanhola, mudou-se com a esposa e dois filhos para a Cidade do México e passou três anos lá – realizando um trabalho tão bom que, mais adiante em sua carreira, recebeu a liderança de todo Crotonville.

Cerca de 80% dos instrutores são líderes seniores da GE. (Os instrutores externos são os melhores que a GE pode encontrar – pensadores de vanguarda e experts em áreas como estratégia, finanças, marketing e inovação.) Os que ensinam nos mais altos níveis executivos são o CFO corporativo, o assessor jurídico, líder de RH, líder de desenvolvimento de negócios corporativos, presidentes e CEOs dos negócios, vice-presidentes do conselho e CEO da empresa. Não se trata de compromissos casuais; os líderes participam pelo menos uma vez por mês. Eles conduzem sessões de duas a três horas, com diálogos interativos e perguntas e respostas abertas, ao mesmo tempo que avaliam tanto o conteúdo dos programas quanto o calibre dos participantes. Na maioria das empresas, em comparação, a participação da alta administração provavelmente consiste de uma palestra de 20 minutos do CEO sobre a situação da empresa, seguida de uma breve sessão de perguntas e respostas antes de o CEO voltar a seu escritório.

Isso também tem uma lição implícita: ao se exporem dessa forma, os líderes mostram que realmente sabem do que estão falando. Eles são exemplos vivos e concretos do que os participantes sonham em ser um dia. Por outro lado, os líderes podem ter uma ideia melhor do que está acontecendo na empresa: Crotonville os expõe a aproximadamente mil líderes futuros em potencial no decorrer de um ano.

Os instrutores precisam preparar-se bem, já que são avaliados pelos participantes e o feedback é direto e honesto. Durante o segmento de RH, as turmas têm um vislumbre do que ocorre nas discussões sobre carreiras entre o CEO, o RH e os líderes de negócios. Eles veem a importância do feedback franco e como isso é levado a sério, em todos os níveis da empresa.

Cada officer sênior fala sobre a própria área de expertise. O CEO falará sobre o panorama geral da empresa, incluindo estratégia e direcionamento futuro da liderança. Por exemplo, ele pode perguntar: "Se você fosse o CEO da GE, o que faria diferente?" Isso tem enorme valor de desenvolvimento para a turma e amplia sua visão, expondo-os a diversos pontos de vista. Enquanto isso, o CEO está avaliando a qualidade da forma de pensar e a perspectiva das pessoas em relação ao tópico.

Como as sessões ocupam o dia inteiro, a maioria dos líderes seniores que se apresentam à tarde fica para os coquetéis, a fim de conversar informalmente sobre o que está acontecendo na empresa, transitando entre grupos e obtendo feedback mais profundo que os ajuda a ligar os pontos. Os alunos têm uma ideia melhor de quem são os líderes seniores e de como pensam, e os líderes, por sua vez, têm uma ideia do que acontece na organização. Essas interações constituem vínculos de valor inestimável entre o topo da empresa e os níveis organizacionais mais baixos.

Naturalmente, Bill Conaty falava sobre o RH e conduzia a investigação e o debate das questões. Um de seus objetivos foi desmistificar o processo da Session C explicando como os líderes são selecionados, desenvolvidos e promovidos e, por outro lado, alertando os grupos em relação a potenciais armadilhas na carreira. "Seu envolvimento pessoal na Session C desaparece depois do primeiro trimestre de cada ano", ele diria, "mas o que eu quero mostrar a vocês é como ele se desenvolve ao longo do ano. Não é apenas um evento isolado, mas um processo diário".

"Eu apresento o que acontece ao longo de todo o ano", diz Conaty, "explicando os Wrap-ups em maio, as videoconferências de acompanhamento em julho, o processo C2 em novembro antes das avaliações operacionais e nossas interações íntimas com o conselho de administração no decorrer do ano todo. Assim, eles aprendem como esse processo é crítico na GE e a importância dos inputs pessoais nos currículos internos que eles preenchem no início de cada ano. É um processo vivo e dinâmico, muito além da mera burocracia."

APRENDENDO A SE OPOR: A DINÂMICA DE UM CURSO DE DESENVOLVIMENTO DE GESTÃO

Não há lugar melhor para estudar a alma da GE do que no Curso de Desenvolvimento da Gestão, o curso para executivos de primeiro nível e um dos programas de desenvolvimento essenciais da empresa. Não menos importante do que o conteúdo dos cursos é o tom das discussões e a socialização que ocorre ao redor delas. Trata-se de uma imersão completa nos elementos fundamentais da cultura da GE. As aulas são conduzidas em um confortável anfiteatro chamado de "The Pit", com salas de reunião para grupos menores nas proximidades. O centro de hospedagem se assemelha a um hotel de primeira classe, acomodando até 200 participantes, com um refinado restaurante e uma academia de ginástica de primeira categoria. Nas proximidades, há um local de recreação conhecido como a "White House", com um bar aberto, para socialização.

A GE conduz cerca de 10 Cursos de Desenvolvimento de Gestão por ano, com 80 a 90 pessoas em cada turma. Os critérios para a participação no curso são: o participante precisa ter atingido o status de executivo ou ter o potencial de se tornar um no futuro próximo. O participante normalmente tem entre 30 e 45 anos, com 8 a 10 anos na empresa. Cerca de 40% da turma é de fora dos Estados Unidos. Normalmente três ou quatro alunos serão de determinado negócio, apesar de um negócio como Serviços Financeiros, em razão de seu porte e escopo, poder enviar mais participantes. É uma medalha de honra – os poucos seletos são considerados profissionais com significativo potencial de crescimento e contam com o endosso do CEO do negócio e o vice-presidente de RH.

Os alunos aprendem boas bases em finanças, marketing e outros temas, mas o conteúdo é em grande parte centrado em dar às pessoas profundo conhecimento dos valores, da liderança e da cultura da GE. Por exemplo, como observa Conaty, "os participantes se surpreendem com a franqueza dos apresentadores e o fato de nem sempre concordarmos 100% uns com os outros. Naturalmente, estamos todos avançando filosoficamente na mesma direção, mas não estamos marchando como soldados de brinquedo: podemos ter diferenças de opinião, o que é valorizado na GE. Eles descobrem que isso é extremamente energizante e revigorante".

Colocados juntos durante três semanas, socializando entre as sessões de aprendizado, na academia e no bar, o grupo de alunos se transforma em uma comunidade. À medida que as sessões progridem, eles aprendem a se expressar cada vez com mais franqueza em relação a seus negócios e a empresa. Eles são incentivados a se opor e questionar os instrutores. Eles acabam não apenas se sentindo à vontade com isso, como também aprendem a apreciar a oposição. Poucos saem inalterados pela experiência.

A ARTE DE CULTIVAR LÍDERES | 59

"Uma das maiores experiências dos participantes é ver sua rede social interna da GE se expandindo exponencialmente. Eles chegam com uma rede social bastante reduzida. Eles inicialmente socializam só com as pessoas do próprio negócio e a rede deles vai se expandindo em sessões de estudos de caso em grupos menores e na White House. No fim, o curso acaba sendo uma experiência catártica, comunal, e, depois que se formam, eles continuam em contato uns com os outros. Por exemplo, eu participei de uma turma em 1980 e ainda me lembro de quem foram meus colegas de turma e de quarto. Na verdade, quando participei, o centro de hospedagem mais se parecia com um dormitório, com três a quatro pessoas dividindo cada quarto. Um dos meus colegas de quarto que continuou um amigo muito próximo foi Lloyd Trotter, que também se aposentou recentemente na GE como vice-presidente do conselho, uma das cinco pessoas mais seniores da empresa. Então, acho que ele foi mais esperto do que eu."

"Na última semana do curso", Conaty prossegue, "quando o CEO e o vice-presidente sênior de HR são incluídos na programação, a turma já teve três semanas de convivência, foi exposta a todos os líderes mais seniores da empresa e está se sentindo muito confiante. Eu trazia comigo meu vice-presidente de desenvolvimento executivo – eu trabalhei com três excelentes ao longo de 15 anos, Chuck Okosky, Bob Muir e Susan Peters. Passávamos cerca de duas horas cobrindo o conteúdo e uma hora em perguntas e respostas com o grupo. Eu sempre preferia que minha sessão fosse agendada para a tarde, para que pudéssemos terminar e passar uma hora e meia em um coquetel com eles do lado de fora do Pit. Nessas ocasiões, eles já sabiam que queríamos saber o que realmente pensavam e eu queria me certificar de que fossem o mais francos possível. Durante a sessão eu dizia: 'Serviremos o soro da verdade mais tarde, então, se vocês não conseguirem se expressar agora, tenho certeza de que conseguirão quando sairmos para um drinque.' Todos riam e apreciavam a oportunidade de falar abertamente."

"Muitas vezes, eu levava comigo pessoas de RH de nível júnior, de forma que elas pudessem se incluir nos diálogos após a sessão. Elas eram contemporâneas dos participantes do curso e podiam acrescentar um ponto de vista do mesmo nível ao diálogo. Quando a sessão no Pit terminava e nós subíamos para o outro andar, os círculos se formavam – você pegava uma bebida e, bam!, havia 20, 30 pessoas a seu redor. Então nós circulávamos, tentando nos certificar de conversar com todos os participantes. Nesses diálogos, eles falavam em um nível mais pessoal, normalmente sobre ideias para melhorar os próprios negócios em particular e a empresa como um todo."

"Nós queríamos dotá-los de empowerment para que falassem abertamente sobre o que pensavam. Por exemplo, uma reclamação comum era a falta de clareza em relação a promoções para o nível executivo. Alguém dizia: 'Bill, você mencionou que os negócios têm controle sobre quantas posições executivas alocam, mas os líderes no nosso negócio nos dizem que quem faz isso são vocês, em Fairfield.' Outros diziam: 'É a mesma coisa no meu negócio.' A partir de então, o diálogo avança. Eu digo: 'Olhe, é fácil culpar a matriz e a maioria das pessoas comprará esse argumento, mas não é verdade. Vocês podem voltar e dizer a todos que não é assim que funciona. E vocês têm a obrigação de se opor a nós se estivermos fazendo algo idiota e desmotivando as pessoas que estamos tentando energizar.'"

"Outros podiam nos contar sobre um líder que consideram excelente e que merece mais reconhecimento da matriz – ou alguém que acham que é um imbecil. Eles eram incrivelmente gratos pela atenção, e todas essas discussões expandiam nosso banco de dados corporativo de conhecimento sobre pessoas e liderança – tanto bons líderes que não estavam recebendo reconhecimento suficiente quanto aqueles que, segundo a avaliação deles, deveríamos observar com mais atenção."

Conaty lembra que, "quando Welch costumava subir ao palco, sempre agitava as coisas. Ele era um mestre em linguagem corporal e observava atentamente cada pessoa na sala, independentemente de elas saberem ou não disso. Se alguém estivesse revirando os olhos de tédio ou em tom de desaprovação, ele dizia: 'Você não parece acreditar no que estou dizendo.' A turma toda se virava e de repente um dos participantes se via sob os holofotes. O participante podia dizer: 'Eu estou ouvindo, Jack, mas quer saber, essas coisas que vocês falam aqui em Crotonville não funcionam assim no meu negócio. O meu chefe é uma espécie de homem das cavernas e não entende; ele não acredita nessas coisas.'"

"Welch ia direto ao ponto dizendo: 'Não quero você aqui se achando vítima. Você tem uma escolha. Conserte as coisas mudando o jogo, porque você tem a obrigação de se opor ao sistema quando as coisas não estão dando certo.' Eu me lembro de um cara que ficava reclamando e Jack finalmente disse: 'Quer saber o que eu faria no seu lugar?' Quando viu que todas as pessoas do grupo se inclinaram para a frente em expectativa, ele disse: 'Eu pediria demissão. Eu jamais trabalharia no tipo de ambiente que você está descrevendo.' O sujeito achou que Welch ficaria lá levando a surra. Ele esperava que Jack dissesse: 'Em que negócio você trabalha? Quem é o seu chefe? Vou falar com ele.' Sem chance. Se você não puder pegar suas reclamações e utilizá-las para influenciar ou persuadir, então precisa cair fora."

"E o resto da turma adorou, porque era sempre o sujeito que monopolizava as sessões de perguntas e respostas e achava que sabia mais do que os professores. Você normalmente identifica esse tipo nos três primeiros dias e ignora a maior parte do que eles têm a dizer, embora seja possível dizer que há muito menos desses caras nas turmas hoje em dia do que nos meus primeiros anos na GE."

Interagir com as estrelas em ascensão da GE implica enorme dedicação de tempo, mas o que se tem em troca é muito maior do que a interrupção na agenda dos líderes seniores. As evidências são claras: o tempo gasto cultivando os talentos cria uma intimidade que mais do que compensa em termos de desempenho da empresa. "Nos cursos de três semanas de duração, temos uma boa visão das pessoas e elas têm uma excelente perspectiva da liderança sênior da empresa", Conaty diz. "Podemos identificar alguém em sala de aula ou em um happy hour que é verdadeiramente brilhante; armazenamos isso no nosso banco de memória e isso expande nosso conhecimento para as discussões da Session C. Antes de visitar a turma em Crotonville, eu conversava com outros líderes seniores em um almoço na matriz e informava que estava indo a Crotonville naquela tarde para falar com os participantes do Curso de Desenvolvimento da Gestão. Eu perguntava quem já havia conversado com a turma, o que achava deles e sobre o que eu poderia falar para agregar algum valor. Essas discussões só melhoraram ao longo dos anos – por exemplo, 'uma turma impressionante', 'muito animados', 'uma das melhores turmas que já vi'. Nós muitas vezes dizíamos 'Não sei como podemos superar essa turma', só para descobrir que a próxima era ainda melhor."

Immelt lançou um novo curso em 2007, chamado Liderança-Inovação--Crescimento, que leva equipes inteiras de liderança sênior de negócios a Crotonville para aprender em grupo e aplicar as lições às suas questões e aos seus desafios de negócios, por exemplo, equilibrando resultados de curto prazo com o crescimento de longo prazo. No fim da sessão, cada negócio tem a tarefa de escrever uma "carta de comprometimento" a Immelt detalhando os resultados de seu aprendizado e um plano de ação para melhoria. Isso impede que a chama do entusiasmo se apague quando as pessoas voltam a seus escritórios. "Obviamente é um enorme investimento tirar do trabalho em campo um punhado de líderes da mesma unidade de negócios", diz Conaty, "mas o esforço vale a pena ao ajudá-los a aplicar o que aprenderam ao negócio como uma equipe unida. Por exemplo, as equipes de liderança sênior dos negócios de Aviação, Saúde e Energia podem se unir em um grupo para aprender com um professor de uma faculdade de Administração de primeira linha, e Omar Ishrak, presidente e CEO dos Sistemas de Saúde da GE, sobre análise e dinâmica de mercado. Trabalhando como uma unidade e em grupos menores, a equipe capitalizava o que aprendeu para aumentar a produtividade e competitividade de seus negócios".

Apresentar-se em Crotonville é, por si só, uma experiência de aprendizado, como Bill Conaty exemplifica: "Isso certamente melhorou meu jogo. Quando fiz minha primeira apresentação a uma turma de um Curso de Desenvolvimento da Gestão em 1993, recebi feedbacks sinceros sobre o que eles gostaram e não gostaram na apresentação. No início, aquilo me deixou um pouco irritado. Mas, quando pensei a respeito, eles estavam certos; eu fora cauteloso demais nas minhas respostas. Depois daquilo, eu não podia esperar para me ver diante desses grupos e dizer sinceramente: 'Ok, vamos lá, o que vocês estão pensando? Alguma observação, rumores, perguntas, qualquer coisa? Vale tudo. Esta é a sua grande chance de falar o que quiserem.'"

Crotonville também atua como um gancho de retenção. As pessoas escolhidas para participar de um curso de nível executivo, sabendo que são consideradas entre melhores e mais brilhantes da empresa, jamais sonhariam em sair da empresa nesse momento ou em qualquer momento logo depois de concluírem o curso.

VALORES DO DIA A DIA

Praticamente toda empresa tem um conjunto declarado de valores. A GE tem valores na prática – o tipo de valores que de fato influencia o modo como as pessoas produzem os resultados. Eles constituem uma parte da linguagem do dia a dia: "Ele tem os valores da GE", essa é uma afirmação de rotina tanto quanto "Ele realizou um excelente trabalho". As pessoas não são promovidas se não apresentarem esses valores e todos os líderes são recompensados em parte pela forma como os colocam em prática. O desempenho – produzir resultados – é visto como o bilhete de entrada; ele é esperado como algo de rotina. Mas os valores de liderança decidem se a pessoa subirá ou não na organização.

Nem sempre foi assim. Bill Conaty lembra: "Quando entrei na empresa, em 1967, não me lembro de ouvir alguém dizendo 'É isso que esperamos de você'. É verdade que havia um código de ética e algumas coisas que deviam e não deviam ser feitas, mas elas não eram nem aspiracionais nem inspiradoras. Mais tarde na minha carreira, ficou claro que, se você quiser ter uma cultura de desempenho, deve haver um conjunto claro de valores da empresa para impedir que as pessoas percam o rumo em termos éticos ou comportamentais."

Em 1993, Welch encarregou uma equipe corporativa de desenvolver um conjunto de valores que pudessem ser colocados em prática. Os valores finais foram impressos em um cartão plastificado e distribuídos a cada empregado da GE. Eles articularam quais comportamentos seriam tolerados e quais comportamentos não seriam. Eles deixaram totalmente claro a todos os empregados o que se esperava deles e o que poderiam esperar da empresa. A integridade, é claro, encabeçou a lista; Welch deixou claro que um erro poderia tirá-lo do jogo. Um valor mais distintivo foi o conceito de "superação dos limites" ("*boundarylessness*") de Welch. Muitos outsiders podem ter ficado perplexos com o conceito, mas ele foi claramente compreendido na GE. Welch queria dizer que não deveria haver limites impedindo o compartilhamento de informações e a colaboração entre diferentes silos, organizações e níveis – desde o topo até o chão da fábrica. Ele salientou que a "superação dos limites" era necessária para tomar as melhores decisões rapidamente, e o conceito colocava o bem maior da empresa à frente da proteção de territórios. Ele também era aplicado ao fluxo desembaraçado de pessoas de um negócio a outro, o que é essencial para proporcionar aos líderes uma variedade de oportunidades de desenvolvimento. Não é mais tão frequente ouvir esse termo pela empresa porque não há mais necessidade disso: ele já faz parte da cultura.

Para se certificar de que os valores da GE sejam levados a sério, diz Conaty: "Jack fez um grande estardalhaço no encontro anual de liderança global com os 500 principais líderes da empresa" e conduziu um levantamento com os empregados para ver como os valores estavam sendo colocados em prática. Welch o chamou de o "levantamento do CEO", para lhe dar mais peso, e fez questão de pedir que as pessoas participassem. Outra maneira de lembrar às pessoas que os valores são tão importantes quanto os números era incorporar os resultados do levantamento do CEO à programação da Session C, em que cada negócio salientaria as forças e fraquezas e explicaria o que pretendiam fazer em relação aos pontos fracos.

A GE também incluiu os valores em uma ferramenta analítica que compunha o processo de avaliação da gestão: uma simples matriz de quatro blocos, com desempenho no eixo horizontal e valores no eixo vertical. Isso transmitiu a mensagem de maneira clara e simples: se você não tiver os valores e não estiver produzindo os resultados, estará a caminho de sair da empresa. Se você tiver tanto os valores quanto os resultados, estará no caminho da glória. Se você tiver os valores, mas estiver com problemas de desempenho, a GE tentará ajudar a elevá-lo para o quadrante superior direito da matriz com treinamento adicional, mais recursos ou uma reestruturação da função.

A categoria mais difícil a ser confrontada, diz Conaty, "era o quadrante inferior esquerdo – 'Estou entregando os números, então que se danem seus valores; enquanto eu estiver apresentando resultados, nunca serei demitido!' Esse era o grupo que Welch identificou como gestores do Tipo IV – informalmente, nós os chamamos de grupo que beija os de cima e chuta os de baixo. Nós usamos o feedback da Session C, bem como avaliações de desempenho de 360 graus, para identificar esse grupo. Nós os alertamos para mudar de atitude, mas acabamos demitindo cerca de meia dúzia de líderes em meados dos anos 1990 que não acreditaram que estávamos falando sério. Welch fez um grande estardalhaço em uma das grandes avaliações para explicar o porquê de 'soldados perdidos em combate' – isto é, pessoas que foram removidas. Era possível dizer que a atitude não era tanto de intimidação, mas, se você não acreditava na importância dos valores antes daquela reunião, certamente passaria a acreditar depois".

Hoje em dia, os valores estão tão arraigados na cultura que é muito difícil ouvir falar que um líder foi removido por deixar de colocá-los em prática. Com efeito, logo depois que Jeff Immelt assumiu como CEO, ele os reformulou e os simplificou para refletir desafios mais contemporâneos. Os novos valores se incluem sob um dos quatro temas mais amplos: "imagine", "solucione", "construa" e "lidere".

CONCLUSÕES

O sistema de gestão de talentos da GE é uma mistura complexa de elementos "soft" e "hard". Mas, quando ele é reduzido a seus componentes-chave, a lista resultante é relativamente simples. E o mais importante: ela é viável e customizável. Você pode começar pensando em como implementar esses elementos na própria organização, no seu próprio estilo.

- **Um mecanismo formal de avaliação** (Session C) seguido de acompanhamento (Session C2). Isso é fundamental para desenvolver os talentos de uma empresa. Outras empresas ao redor do mundo captaram a ideia e criaram as próprias variações.
- **A busca de um conhecimento preciso sobre os indivíduos.** Esse conhecimento não vem à tona apenas em avaliações e reuniões formais, mas continuamente. Os líderes passam a conhecer os talentos naturais de seu pessoal e aperfeiçoam coletivamente seu senso crítico por meio da verificação cruzada de variadas observações através de diversas lentes.
- **Feedback oportuno e construtivo oralmente e por escrito,** dado ao longo do ano. É assim que a GE derruba a maldição da

avaliação típica, um evento com tanta frequência insatisfatório e até mesmo inútil em muitas empresas. Raramente há surpresas nas sessões formais.

- **Conexões entre pessoas e números** em cada avaliação e vinculadas a causas e resultados.
- **Autoavaliação.** Todos os anos, cada líder deve apresentar uma ou duas necessidades cruciais de desenvolvimento pessoal e um plano de ação associado para lidar com elas.
- **A responsabilidade dos líderes de desenvolver outros líderes.** Seu desempenho nesse ponto influencia suas possibilidades de promoção e remuneração.
- **A prática dos valores da GE.** Os líderes não podem avançar se não viverem de acordo com eles.

Chame o sistema da GE de "humanitário", e as pessoas que não o conhecem vão olhar torto para você. Mas, no fim das contas, esse é um de seus maiores pontos fortes. Não é possível ser mais humanitário do que analisar com muita atenção o desenvolvimento dos seres humanos individuais. O próximo capítulo mostrará exatamente o que estamos falando.

Capítulo 4

COMO A INTIMIDADE COMPENSA:
Cultivando a Carreira de Mark Little e Omar Ishrak

Com seu conhecimento cumulativo dos indivíduos, os líderes da GE vão além de apenas se familiarizar com seu pessoal: eles os conhecem intimamente. Neste capítulo, veremos dois exemplos de como a rigorosa intimidade incorporada ao sistema de talentos da GE funciona na prática.

Nossa primeira história é sobre um homem que se viu em uma função que subitamente ficou maior do que ele tinha condições de lidar. A maioria das empresas tem um modo simples de solucionar esse tipo de problema: livram-se do líder. Com muita frequência, isso leva a um terrível desperdício de talento. O sucesso raramente é uma linha reta. Com efeito, muitas vezes os maiores talentos são aqueles que progrediram por caminhos tortuosos e difíceis. Um contratempo é um teste, e sua reação a ele diz muito sobre seu caráter. Se você aprender com a experiência, ela o fortalece emocionalmente e aumenta sua capacidade de lidar com o desconhecido e a adversidade. Então, quando os mestres em talento veem uma pessoa reconhecidamente talentosa tropeçar, analisam as razões para o fracasso, avaliam sua reação e o redirecionam para que seu talento possa ser desenvolvido. Algumas vezes, eles descobrem que o problema não é do próprio líder, mas da adequação entre seus talentos e os novos desafios impostos por uma mudança no negócio ou em seu contexto.

UM RENASCIMENTO NO MEIO DA CARREIRA

"Foi a pior coisa que já me aconteceu", diz Mark Little, hoje líder do Centro de Pesquisas Globais da GE, com a voz rouca. "Eu ainda me emociono ao falar sobre isso." Em 1995, aos 41 anos, ele fora promovido a officer da empresa — vice-presidente de engenharia no grupo de Sistemas de Energia da GE, um negócio de $5 bilhões que incluía toda a geração de energia. Ele não apenas era um tecnólogo fora de série, como também provou em vários cargos de P&L que era capaz de administrar um negócio. Isso o colocava entre os 125 líderes do topo da pirâmide da GE e ele parecia destinado a subir ainda mais.

Então, o Sistema de Energia deixou de atingir suas metas — não apenas uma, mas três vezes consecutivas, um grave fracasso em qualquer empresa e mais ainda na GE de Jack Welch. Os muitos talentos de Little não desapareceram, mas o negócio precisava de uma expertise específica que ele não tinha. Seus chefes dividiram a função de forma que um executivo mais experiente pudesse entrar em cena para solucionar os problemas, deixando Little com a administração de uma parcela menor da função de tecnologia. "Aquilo provocou todas as emoções que você esperaria", Little lembra. "Eu fiquei magoado, discordei de como eles haviam chegado àquela conclusão e fiquei furioso." Pior de tudo: Little suspeitava que sua carreira na GE havia chegado ao fim.

Mas não era verdade. Hoje ele é o vice-presidente sênior encarregado do centro de P&D corporativo, um dos 25 mais altos executivos da empresa. Os detalhes de como isso aconteceu revelam como um mestre em talento equilibra a solução de um problema de negócios, ao mesmo tempo que preserva seus preciosos talentos.

A GE recrutou Little como engenheiro de pesquisa em 1979, na Northeastern University, onde ele acabara de concluir seu mestrado. Conversando com ele, você vê que ele era um homem que começou a carreira com mais talentos do que conseguia perceber. Com efeito, ele admite que, na juventude, "não sabia o que queria fazer. Eu tinha uma noção de que gostava de ciências e matemática, mas isso só ficou mais claro depois que comecei o mestrado".

Ele trabalhou por cerca de um ano no negócio de Turbinas da GE em Lynn, Massachusetts, e depois — com o pleno apoio de seus chefes — tirou uma licença para fazer o doutorado no Rensselaer Polytechnic Institute. Mas, quando voltou à GE, percebeu que o negócio de Turbinas não ofereceria o tipo de trabalho de pesquisa avançada que ele se imaginava fazendo. Ele pediu para ser transferido para o lado industrial como um engenheiro de design, esperando que a nova função lhe oferecesse desafios mais amplos. Mais uma vez, a GE consentiu: eles já o haviam identificado como alguém com um talento excepcional, um profissional a ser retido.

Little continuou trabalhando em pesquisa, mas, pouco tempo depois de ter retornado com seu diploma de PhD, seus chefes o escolheram para o Curso de Desenvolvimento da Gestão em Crotonville, uma honra concedida apenas a pessoas que a GE via como detentoras de um grande potencial de liderança. Ao final do curso de quatro semanas (atualmente o curso tem três semanas), para sua surpresa, sua turma o elegeu a pessoa "com mais chances de ser um administrador-geral". À medida que ele progredia por uma série de funções em engenharia, a ideia de administrar o atraía cada vez mais. "Eu informei a eles que tinha interesse", ele diz. "Quando recebi minha primeira função de gestão, liderando um grupo de 10 engenheiros, foi uma excelente oportunidade de trabalhar em uma posição interfuncional e eu adorei."

Em 1989, apreciando plenamente a administração, ele pediu para ser considerado para uma função de P&L. Não levou muito tempo para que a liderança do grupo de Sistemas de Energia encontrasse para ele um cargo do qual eles achavam que ele daria conta e que também o desenvolveria. O telefonema veio de Dennis Donovan, então líder de RH do negócio, e logo ele estava em Schenectady, New York, como líder de linha de produtos para o negócio de Geradores. "Então eu passei de um cara altamente técnico a administrador de uma P&L pela primeira vez, o que era realmente empolgante. Eu me familiarizei com o sistema operacional corporativo e passei a enxergar o panorama mais amplo."

Outra ligação veio de Donovan em 1994, dessa vez trazendo notícias completamente inesperadas. "Dennis me disse que a liderança de engenharia dos Sistemas de Energia precisava de uma mudança e que os líderes de negócios queriam que eu me tornasse vice-presidente da engenharia. Eles acreditavam que eu poderia levar trabalho em equipe e foco à função." Apesar de a função de vice-presidente de engenharia dos Sistemas de Energia o retirasse do percurso de P&L e o colocasse de volta a um papel funcional

— "uma virada interessante", na caracterização de Little —, ele ficou eufórico. Companhias de serviços públicos estavam investindo substancialmente em novas instalações na época e o grupo Sistemas de Energia estava em alta, com um crescimento de faturamento e lucros líquidos maiores do que qualquer outro negócio industrial na GE.

Quando o próprio Jack Welch ligou para Little, ficou claro que ele era uma das estrelas em ascensão da GE. Ele passsou pela camada executiva, que inclui os 5 mil mais altos executivos da GE e entrou na camada de executivos seniores – os 500 mais altos executivos na época. Nessa camada, Welch e Conaty se envolviam profundamente em acompanhar as carreiras individualmente, observando meticulosamente durante Session Cs e avaliações operacionais. Eles concordaram prontamente com a recomendação do líder corporativo de promover Little a officer da GE. Com a mudança de posição, Little entraria no grupo de elite dos principais líderes da GE, cerca de 125 na época, e ocuparia posição de destaque na maioria das reuniões corporativas que envolviam o grupo de Sistemas de Energia.

"À BEIRA DA MORTE PROFISSIONAL"

"Foi quando as coisas começaram a degringolar", ele diz. O carro-chefe dos Sistemas de Energia era a Turbina F, enormes máquinas de 200 megawatts vendidas por cerca de $40 milhões cada e que rendiam a seus proprietários um belo retorno em receitas de prestação de serviços. Seis meses depois de Little ocupar o novo cargo, os rotores começaram a falhar nas usinas dos clientes.

Eram grandes falhas técnicas, as maiores que a GE já havia vivenciado. "Foi um golpe enorme para nossa reputação no mercado e, ao longo de vários anos, causou enormes perdas financeiras. Estávamos enviando rotores de reposição de turbinas ao redor do mundo, com aeronaves russas, que eram a única coisa grande o suficiente para transportá-los; alguns de nossos clientes tiveram de fechar as portas por meses a fio. Foi absolutamente horrível. O *The Wall Street Journal* publicava artigos negativos a nosso respeito. Eu me lembro de ter ido a uma reunião de officers da GE em Crotonville e todo mundo dizendo 'Nossa, você nunca mais vai conseguir vender outra daquelas turbinas'."

Mais ou menos na mesma época, o negócio estava entrando em retração cíclica. O negócio deixou de atingir suas metas financeiras mais uma vez e a GE substituiu seu líder por Bob Nardelli, que realizou um excelente trabalho ao recuperar o negócio de Transporte Ferroviário. (Mais tarde, Nardelli foi um dos três candidatos para substituir Welch como CEO, atuou como o CEO da Home Depot e da Chrysler e hoje trabalha na liderança sênior do grupo de private equity Cerberus.)

Nardelli chegou com otimismo e empolgação para recuperar a glória dos Sistemas de Energia. Mas o negócio continuava se arrastando abaixo das projeções. "Então nos transformamos em um desastre financeiro, ao mesmo tempo que ainda estávamos lidando com o pior problema de produto da nossa história. Nós fracassamos feio no nosso planejamento financeiro uma segunda vez."

"Fomos à matriz da GE para falar com Welch. Eu me lembro como se fosse ontem – ele acabara de voltar de uma cirurgia cardíaca – e nós estávamos lá informando que não cumpriríamos o planejamento financeiro. Ele gritou e berrou, e nós saímos daquela reunião pensando: 'Ok, sobrevivemos, aquilo foi o pior que poderia nos acontecer.' E voltamos a Schenectady e dissemos: 'Tudo bem, agora vamos nos recuperar.'"

"Então, talvez três meses mais tarde – eu também jamais me esquecerei disso –, eram mais ou menos 19h30 de uma quarta-feira e eu estava na minha sala com Steve Bransfield, vice-presidente de operações, quando Ron Pressman, vice-presidente das Usinas de Energia, entrou totalmente pálido, dizendo que estávamos abaixo do nosso plano financeiro em $100 milhões, o que, na época, era uma grande quantia. Eu disse: 'Isso não pode estar certo', mas estava e precisávamos informar Bob. Então, Bob perdeu a confiança em todo o pessoal e, bem, foi a coisa mais feia que você poderia imaginar."

Ninguém estava culpando Little pelos problemas, mas as circunstâncias transformaram sua atribuição de desenvolvimento de carreira em uma missão impossível. Nardelli argumentou que o problema com as turbinas requeria a melhor expertise disponível, e Welch e Conaty concordaram. Na primavera de 1996, Nardelli trouxe Jon Ebacher, um expert em turbinas a gás, para administrar a maior e mais importante parte da engenharia do negócio de Sistemas de Energia. Ebacher passara mais de duas décadas trabalhando com a avançadíssima tecnologia de turbinas a gás no negócio de Aviação da GE e liderava as Operações de Tecnologia Avançada de Aeronaves. Ele desenvolvera a reputação de um apagador de incêndios na GE em questões tecnológicas; entre outras coisas, fora enviado ao negócio de Eletrodomésticos da GE para solucionar um sério problema de compressor de refrigeradores e aos Motores para lidar com questões de design e produtividade.

Nardelli pediu que Little permanecesse no grupo e administrasse a função menor de engenharia de turbinas a vapor. "Com isso, passei de administrar toda a função de engenharia a uma parcela menor da função. Eu entendia racionalmente a decisão", Little diz. "Mas emocionalmente eu a odiava – e ainda me sinto mal só de pensar a respeito."

Solucionar um problema de negócios criou um problema de pessoal. Conaty lembra: "Tínhamos acabado de promover Mark a officer e precisamos desviar rapidamente sua carreira. Teria sido compreensível se ele tivesse saído. É embaraçoso e desmotivador perder o que você conquistou e isso normalmente significa que suas chances de voltar ao caminho da rápida ascensão são reduzidas. Além disso, não é possível ignorar os danos psicológicos – o golpe na autoconfiança que prejudica sua capacidade de liderar."

"Mas nós adorávamos o Mark", Conaty prossegue. "Ele era um tecnólogo brilhante e realmente conhecia o negócio. E o mais importante: tinha a ética e os valores nos quais acreditávamos, de forma que fizemos o possível para mostrar a ele que queríamos mantê-lo na empresa."

ENCORAJAMENTO DO CEO

Nardelli reassegurou Little de que ele ainda tinha futuro na empresa e disse que Welch e Conaty queriam vê-lo na matriz da GE. Eles sabiam que uma mensagem de encorajamento seria mais convincente se viesse diretamente deles. De acordo com Conaty: "Se você não sentir que realmente tem esse apoio íntimo do escritório corporativo, a maioria dos líderes da GE não se convencerá. No sistema da GE, dizemos que os 600 mais altos executivos são nossos – eles são ativos sociais. Enquanto seu desempenho, reconhecimento e carreira imediatos são impulsionados pelo negócio no qual você está, sua verdadeira carreira e seu futuro estão mais nas mãos do CEO da corporação."

Little saiu da reunião de Fairfield depois de ter entendido a mensagem, mas estava sendo difícil aceitá-la. "Eu confiava o suficiente no sistema para saber que esses sujeitos levavam a sério o que diziam", Little explica. "E isso importava muito. Mesmo assim, já era embaraçoso e constrangedor estar ouvindo aquilo; eu odiei a coisa toda. Então imaginei que a mudança de cargo provavelmente não daria certo para mim."

Mesmo assim, ele se manteve firme. "Eu queria ficar e pelo menos aguentar parte do tranco", ele diz. Além disso, ele receberia algum dinheiro no próximo ano sob o Plano de Incentivo de Longo Prazo da GE – uma remuneração além do salário-base, bem como um bônus pago após três anos. "Depois disso, eu poderia fazer o que quisesse."

Ele manteve o turbilhão interno para si mesmo e sua família. "Foi uma época emocionalmente terrível para mim, mas meu foco foi totalmente direcionado a me certificar de que a equipe que eu estava liderando – e era uma equipe de tamanho considerável – sentisse que faríamos algo incrível com aquela situação."

"Eu eu me empenhei para me certificar de que Jon Ebacher se sentisse à vontade ocupando o cargo, para que tudo fosse fácil e corresse sem percalços para ele. Eu tinha muitos amigos no negócio e não queria que achassem que ele era um mal sujeito em qualquer sentido. Nunca houve indisposição alguma entre nós. E eu sei muito bem que as equipes sentem esse tipo de coisa."

Observando Little nas Turbinas a Vapor, Nardelli e o escritório corporativo se impressionaram tanto com a qualidade de seu trabalho quanto com sua maturidade diante da adversidade. E, à medida que desenvolvia seu histórico de desempenho, Little aos poucos conquistava confiança suficiente para pedir um cargo de linha. Quando ficou sabendo de uma vaga para liderar as Usinas de Energia, Little reuniu coragem para abordar Nardelli. "Depois de me sentir à beira da morte profissional, era um momento emocionalmente carregado dizer a Bob: 'Ei, eu gostaria de ter essa grande função.' Ela envolvia todos os novos produtos de turbinas a gás, turbinas a vapor e turbinas hidráulicas. Nós construíamos todas as usinas de energia no mundo todo."

Na análise de Nardelli, Little tinha tanto a formação técnica quanto a experiência de liderança de negócio necessárias para o cargo – um poderoso voto de confiança de um dos líderes operacionais mais fortes da empresa. Welch e Conaty vinham acompanhando Little com atenção e foram rápidos em concordar. Foi uma história empolgante de vitória: um líder volta da beira da morte profissional para liderar um negócio significativo de P&L. O que mais impressionou a todos, diz Conaty, "foi a forma como Mark mostrou suas características de liderança e valores ao lidar com o contratempo".

"Eu nunca me esquecerei da satisfação que foi para mim", Little conta. "Foi um renascimento."

Por sua vez, Ebacher reconhece que foi estranho no começo compartilhar a responsabilidade geral de engenharia com o homem que antes a detinha. Mas, quando chegou, ele diz, "Mark me recebeu muito bem e fez com que eu sentisse que o resultado seria um bom relacionamento no trabalho." Quando Little conseguiu a posição de P&L, Ebacher recebeu toda a organização de engenharia. "Nós dois fomos recompensados por nossos esforços", ele conta. "Continuamos a ter um relacionamento profissional incrível que nos permite alavancar nossas habilidades para lidar com oportunidades emergentes de crescimento dos negócios."

Não faltavam desafios na nova fusão nas Usinas de Energia. "Estávamos perdendo algumas centenas de milhões de dólares na época", diz Little. "O segmento de serviços no mercado de reposição era a queridinha do negócio, gerando muito dinheiro. Nós éramos a parte menos visada. Então nos impomos a meta de nos tornar lucrativos até o ano 2000, e ninguém fazia ideia de como conseguiríamos atingir essa meta."

"Mas os problemas da Turbina F estavam prestes a ser solucionados. Eu me lembro de ter ido a Fairfield nos primeiros dias, quando ainda estava na função de engenharia, e ter de explicar a Jack Welch como aquelas belas turbinas estavam quebrando por toda parte. Não era só um problema; era um conjunto de problemas extremamente difíceis de identificar. Ele me disse: 'O que preciso que você faça é pegar todos os recursos que puder, gastar o quanto precisar, mas só se certificar de que no fim nossos clientes digam: 'Nossa, foi um problema cabeludo, mas ainda bem que aconteceu com essa empresa, porque eles darão um jeito.'"

"E foi exatamente o que fizemos. Ficamos do lado desses clientes, e os ajudamos de todas as maneiras possíveis. Nós sofremos muito para fazer isso, mas, no fim das contas, eles acabaram saindo exatamente com esse sentimento. Ao longo do caminho, tivemos de fazer grandes aquisições globais – por exemplo, integrando com sucesso o grande negócio francês que adquirimos. Fizemos tudo isso antes de o mercado realmente aumentar, de modo que tínhamos capacidade e uma grande equipe para nos ajudar a executar. E então, no fim da história, pegamos o negócio de turbinas eólicas, que era um desastre na época, e hoje é um triunfante negócio da GE."

"Quando o mercado cresceu, particularmente nos Estados Unidos, conquistamos uma participação gigantesca, aumentamos o preço e reduzimos os custos. Tudo estava exatamente como se desejaria em um negócio e nos beneficiamos disso da melhor forma possível. Conseguimos nos tornar lucrativos em 2000 e, em 2002, tivemos lucros operacionais no valor de $4 bilhões. Tornamo-nos uma das partes mais lucrativas da empresa. Hoje temos uma base instalada que é realmente a essência da lucratividade da unidade de negócios de Energia."

UMA PROMOÇÃO INESPERADA

Little foi encarregado de administrar parcelas cada vez maiores de P&L do negócio de energia. Então, em 2005 a GE lhe ofereceu uma promoção inesperada para liderar o Centro de Pesquisas Global (CPG), onde trabalhava a maioria dos melhores cientistas com PhD da GE. Aquilo provocou em Little um momento de ansiedade: voltar ao staff? Mas a GE não transfere líderes sem muita consideração e reflexão. Encontrar o encaixe perfeito é fundamental e ninguém se adequava melhor do que ele. Na GE, a liderança funcional e de linha não são tão distantes quanto na maioria das empresas.

Jeff Immelt considera os líderes de staff participantes dos negócios, no mesmo nível no sistema corporativo que os líderes de linha. Com isso, Little passaria a fazer parte do círculo íntimo da GE, os cerca de 12 mais altos executivos que reportam diretamente a Immelt. E o cargo o colocaria no centro da visão de Immelt para o futuro da GE.

O centro de P&D estava no meio de uma grande mudança de foco, sob o comando de Scott Donnelly. No passado, ele funcionara como a maioria de organizações similares, às quais os negócios recorriam em busca de ideias e produtos úteis. Mas Jeff Immelt, que assumira o cargo de CEO em 2001, sentiu que o futuro da GE estava na inovação tecnológica que geraria soluções para algumas das maiores necessidades do mundo, desde energia limpa até água abundante e melhores cuidados médicos. A missão da GE, ele declarou, seria "redefinir o possível". Ele alocou $100 milhões para atualizar as instalações do centro nas proximidades de Schenectady, Nova York e Bangalore, Índia, e abrir novos centros em Xangai, China e Munique, na Alemanha. (Um centro no Oriente Médio também está sendo levado em consideração.)

Donnelly administrou todas essas melhorias e também virou o antigo modelo operacional de cabeça para baixo. Ele trouxe um foco no cliente, fortalecendo o feedback dos negócios em relação às atividades do centro. Uma coisa que ajudou a aproximar os negócios da tecnologia foi um novo centro residencial, similar a Crotonville, com vistas para o Rio Hudson, ao lado dos laboratórios de pesquisa nas proximidades da cidade de Schenectady. Líderes de negócios podiam pegar seu pessoal e trabalhar com os tecnólogos em questões relacionadas a seus negócios; os clientes, algumas vezes em colaboração com as equipes de negócios, podiam ver e tocar o que estava sendo realizado no centro de P&D. De acordo com Conaty: "As instalações trouxeram um novo senso de orgulho aos cientistas e tecnólogos da GE – com isso, eles puderam se pavonear e mostrar o que faziam. É extremamente motivador para eles ver líderes de negócios da GE levando toda a sua equipe para lá, a fim de explorar novas possibilidades tecnológicas. Eles dizem: 'Nossa, temos esses grandes líderes de negócios vindo nos visitar hoje. E precisamos nos certificar de mostrarmos a eles que podemos lhes dar o que precisam para melhorar seus negócios.'"

A ARTE DE CULTIVAR LÍDERES | 77

Donnelly realizou um excelente trabalho, mas a GE queria encarregá-lo de um grande P&L, os Motores de Aeronaves, para testar seu pleno potencial na empresa. Limitar-se a fazer uma listagem de fatos relativos às mudanças executivas raramente identifica as forças e os fatores que as determinam, e a própria história de Donnelly ilustra os vários elementos que a liderança da GE pode precisar levar em consideração. Como primeira pessoa sem um diploma de PhD a liderar o centro, ele originalmente não se interessava pelo cargo – ele esperava ser encarregado de um P&L. Conaty e Immelt, contudo, sentiam que ele era a pessoa certa para liderar o centro durante a transição e lhe asseguraram que, se ele realizasse um trabalho espetacular, eles lhe encontrariam uma grande função de P&L.

Então finalmente chegou o momento de Donnelly... e ele empacou. De acordo com Conaty: "Ele ainda é novo e nós o sondamos para o cargo nos Motores de Aeronaves, um enorme P&L – e ele não quis ir! 'Sim, eu sempre quis um P&L', ele disse, 'mas, quer saber, realmente acho que teria mais valor para a empresa aqui no centro de P&D'. Eu perdi as contas de quantas conversas tive com ele. Mas acabamos convencendo-o de que tanto ele quanto a empresa ganhariam se ele aceitasse a transferência. E foi isso que aconteceu. Depois de uma gestão bem-sucedida nos Motores de Aeronaves, Scott saiu para se tornar COO da Textron e depois foi nomeado presidente do conselho e CEO."

"Tudo isso faz parte do processo de desenvolvimento da GE e nunca nos sentimos mal por muito tempo quando um de nossos executivos consegue um grande cargo fora da empresa."

Normalmente, o sucessor de Donnelly no Centro de Pesquisas Global teria vindo do próprio pessoal de P&D, e Little teria sido transferido para um cargo maior, em P&L. Mas as mudanças que Immelt tinha em mente demandavam repensar os critérios centrais para a P&D. Ele queria que a missão do centro fosse solucionar os problemas técnicos mais essenciais e difíceis do mundo – por exemplo, energia, água e problemas ambientais. Ele também queria que o centro fosse proativo na concepção de produtos que pudessem abrir novos segmentos para o crescimento. Para isso, o centro deveria ser um parceiro ainda mais próximo dos negócios. Isso demandaria um líder capaz de conversar facilmente tanto com tecnólogos quanto com líderes de negócios e capaz de pensar de forma ampla o suficiente para fazer da tecnologia da GE a base para a estratégia de crescimento vislumbrada por Immelt. Dos vários candidatos analisados nas avaliações naquela primavera, só Little atendia plenamente a todos os critérios. Suas credenciais técnicas eram impecáveis e, tendo liderado o maior centro de lucros dos negócios industriais da GE, ele tinha enorme credibilidade pessoal com os negócios.

Sob a liderança de Little, o CPG está trabalhando para atingir a meta de Immelt de se tornar um poderoso impulsionador de inovação e crescimento. "É provavelmente o trabalho mais intelectualmente estimulante que alguém poderia ter", Little diz, "porque você está tentando ligar uma tecnologia de ponta a desafios e questões de negócios do mundo real. Nossas equipes técnicas estão profundamente envolvidas em todas as grandes novas coisas que acontecem em todos os negócios da empresa. Trazemos ao jogo profundidade técnica e profundidade de know-how. E é muito divertido".

"Se você for um tecnólogo nesse tipo de cultura, normalmente estaria em uma situação na qual os caras dos negócios lhe dão orientações e você se reportaria a alguém dos negócios. Ter um papel tão útil quanto alguém dos negócios é psicologicamente relevante em nossa cultura. Então eu não me intimido com os líderes de negócios. Eu sei com que tipo de questões esses sujeitos lidam e tinha um sólido relacionamento com eles como um colega de negócios antes de vir para cá."

"Então nunca me senti desligado dos negócios quando vim para a CPG. O que senti é que ganhei uma dúzia de outros negócios."

Será que o CEO e o principal líder de RH de *sua* empresa conduziriam pela mão um sujeito dois níveis abaixo cujo chefe decidiu que sua função era grande demais para ele? Não, nós achamos que não. Em muitos lugares, até o chefe dele não teria ajudado, temendo contrair os germes do fracasso. Por que, então, Jack Welch e Bill Conaty se empenharam tanto em incentivar Mark Little e tentar recuperar sua confiança depois de ele ter caído em desgraça?

Em primeiro lugar, a GE sabe que grandes líderes provavelmente sairão mais fortes das quedas. Em segundo lugar, a GE realmente conhece seus maiores talentos. A disciplina e o rigor dos sistemas operacionais da GE concentram as pessoas com maior talento, analisando-as de várias maneiras no decorrer de um ano. Muitas pessoas, não apenas seu chefe ou o diretor de RH, sabiam que tipo de líder Mark Little era e tudo o que havia passado por meio das avaliações que eram realizadas ao longo do ano (Session C, avaliações operacionais, de orçamento, da estratégia de longo prazo), bem como conversando pessoalmente com ele em Crotonville e outros encontros de liderança global da GE ao redor do mundo.

De acordo com Conaty: "Mark não era só um nome em nossa lista, mas um sujeito que conhecíamos profundamente. Nós sabíamos o que ele estava passando. Tentamos nos colocar na pele dele e dissemos: 'Como nos sentiríamos se isso estivesse acontecendo conosco?' E, como achávamos que ele era esse sujeito incrível e que incorporava os valores da GE, queríamos nos sentar cara a cara com ele e dizer que realmente queríamos que ficasse na empresa e continuasse a crescer e se desenvolver e que lhe daríamos todo o apoio. Se essa mensagem tivesse vindo apenas do negócio, sem esse toque pessoal da matriz de Fairfield, ele teria ido embora."

TRAZENDO UM OUTSIDER PARA A CULTURA

Até a melhor produtora de talentos não tem como satisfazer internamente todas as suas necessidades de liderança. O truque é recorrer a todos os meios possíveis para ajustar o recém-chegado a ter sucesso. Muitas organizações que trazem um novo líder se satisfazem em assinar os papéis e colocá-lo para trabalhar. Se tudo correr bem, excelente. Caso contrário, eles o demitem. Por outro lado, os líderes seniores da GE reconheceram que qualquer outsider que entrasse em sua cultura altamente institucionalizada e coesa precisaria de um ponderado patrocínio e se mantiveram abertos para que ele questionasse as vacas sagradas da empresa. Quando contrataram Omar Ishrak por seu conhecimento especializado do negócio de ultrassom, todo o sistema entrou em ação para "GE-izar o Omar", orientando-o e instruindo-o nas práticas e práticas da GE – em resumo, fazendo tudo o que fosse necessário para replicar a experiência de uma carreira na GE, inclusive desenvolver intimidade e confiança o mais rapidamente possível.

PREENCHENDO UMA LACUNA DE LIDERANÇA

Em meados dos anos 1990, os Sistemas Médicos da GE estavam passando por um problema. Em geral, o negócio estava entre os maiores sucessos da empresa. Seus negócios de raios X, Imagiologia por Ressonância Magnética e Tomografia Computadorizada – chamados de "modalidades" no jargão dos Sistemas Médicos – eram líderes dos respectivos setores, cumprindo a exigência de Jack Welch de que qualquer negócio deve ser o número 1 ou 2 em sua área ou ser consertado, fechado ou vendido. Mas uma modalidade, o Ultrassom, se arrastava muito atrás, muito abaixo dos principais participantes do setor. A maioria dos líderes da GE que tentaram revitalizar o negócio era composta por líderes do staff de auditoria corporativa, de alto potencial e rápida ascensão, com intenso treinamento financeiro e de liderança. Eles normalmente concluíam seu programa e passavam rapidamente por uma série de atribuições de gestão cada vez mais desafiadoras. Mas o Ultrassom era um enigma para todos eles; apesar de todo o talento e treinamento deles, a expertise do negócio estava fora de sua área de conhecimento. Depois de várias tentativas, a GE decidiu que precisava de um expert em tecnologia de ultrassom, alguém que conhecesse o setor. Chegara a hora de procurar a pessoa certa fora da empresa.

Omar Ishrak, então na Diasonics, pequena fabricante de aparelhos de ultrassom na região da Baía de San Francisco, tinha profundo conhecimento do setor, era tanto um tecnólogo quanto um executivo – uma pessoa técnica capaz de falar em termos não técnicos – e tinha uma personalidade cativante. Acima de tudo, era motivado por um apaixonado senso de propósito: ele queria construir o maior negócio de ultrassom do mundo.

A paixão de Ishrak fazia dele um candidato incomum. Diferentemente da maioria dos contratados de fora, que, em grande parte, estavam mais interessados em quando poderiam ser promovidos e assumir o cargo do chefe, seu foco era no negócio em si. "A GE realmente levava a sério a meta de fazer do Ultrassom o número 1 do setor? Até que ponto?", ele perguntou. "Porque temos muito trabalho a fazer se vocês realmente quiserem fazer isso e eu precisarei de muito apoio de vocês."

Contudo, ele tinha suas razões para ver com cautela a possibilidade de entrar em uma empresa gigantesca. Ele havia trabalhado em uma grande organização antes e a considerava burocrática e não comprometida o sufi-ciente no setor de ultrassom. Mas pôde ver que a GE levava muito a sério sua intenção e lhe foi assegurado que ele teria carta branca para realizar seu trabalho como considerasse melhor. Segundo Ishrak, "Jack Welch e a equipe de liderança em geral deixaram claro que eu estava sendo contratado com carta branca para fazer o que precisava ser feito".

SEM PAPAS NA LÍNGUA

Ishrak tinha uma boa ideia do que estava errado no Ultrassom da GE mesmo antes de começar, e expôs sua opinião abertamente. Os produtos eram caros demais, repletos de penduricalhos desnecessários, e a força de vendas dos Sistemas Médicos não sabiam como vendê-los. Vender aparelhos de raios X, imagiologia por ressonância magnética e tomografia computadorizada nor-malmente envolvia convidar um cliente para demonstrar o funcionamento. Era diferente com o ultrassom. As empresas especializadas em equipamen-tos de ultrassom o levavam para os clientes e muitas vezes se envolviam em concorrência direta entre si. "Você leva seu sistema para o cliente e faz uma demonstração em uma espécie de torneio com um concorrente: você diag-nostica um paciente utilizando sua tecnologia, eles diagnosticam um pacien-te utilizando a deles e a comparação leva a um evento bastante dramático", explica Ishrak. "As pessoas usam a psicologia e é um dia intenso. Mas a GE esperava receber os clientes em Milwaukee, mostrar a máquina e fechar um pedido, o que estava fora da realidade do mercado. Não demorava para algum concorrente passar a perna na empresa. As empresas especializadas em ultrassom logravam facilmente a GE."

"Os ativos básicos estavam todos lá, mas não estavam sendo utilizados corretamente e não estavam sendo direcionados de modo a virar o mercado de cabeça para baixo. Parecia que antes foram montados comitês e grupos de pessoas, mas ninguém sabia ao certo; alguém queria fazer um levantamento de mercado, alguém queria fazer isso ou aquilo e ninguém conseguia fazer nada. Eu não hesitei. E disse: 'Ei, é isto que precisamos fazer e é assim que faremos.'" Críticas duras de um sujeito que acabou de entrar, mas as pessoas ouviram respeitosamente. "Parecia que todo mundo meio que estava esperando que alguém dissesse aquilo. E eles me deram todo o apoio."

Durante os seis primeiros meses de Ishrak na GE, seus colegas dos Sistemas Médicos lhe proporcionaram uma importante rede de apoio. "Eu fiquei meio perdido no começo, nesta grande estrutura, mas logo descobri que podia aprender muito com as outras modalidades, inclusive o fato de aqueles negócios serem tão bons. A Tomografia Computadorizada, por exemplo, era um negócio lucrativo de $600 milhões, ao passo que o Ultrassom era um negócio de $130 milhões que vinha perdendo dinheiro. Estava bastante claro para mim que eu precisava descobrir como aqueles negócios conseguiram ter sucesso. E quando fui perguntar, meus colegas foram amistosos, solícitos e realmente explicaram seus negócios para mim. Eles foram muito prestativos, todos eles, e eu vi que eles realmente queriam que eu tivesse sucesso e me deram conselhos muito bons."

Ishrak também teve um bom mentor na pessoa de John Trani, CEO do negócio, que o ajudou a melhorar seu entendimento de finanças, corte de custos e produtividade. Trani viu que Ishrak era excelente no desenvolvimento de produtos. O que ele precisava aprender é como vender o Ultrassom de forma lucrativa, entender o plano plurianual de produtos e como fazê-lo evoluir com o tempo. Seu tino para os negócios se desenvolveu rapidamente.

Leva um tempo para as pessoas se acostumarem com a cultura da GE, com sua franqueza sem papas na língua e constantes sondagem e repetição. À medida que Ishrak entrava nos processos gerenciais e sociais, incluindo as rigorosas sessões de avaliação da GE, Trani o orientava sobre como trabalhar no sistema. "Quando você entra em uma reunião com Jack Welch ou passa por uma avaliação de estratégia ou operações, é como entrar em um jogo pelo campeonato e é melhor estar pronto", Trani explicou. "Não espere uma conversa amorosa e, algumas vezes, pode até envolver um pouco de guerra. E você precisa aprender coisas e colocá-las em um contexto que talvez você nunca tenha considerado antes. Com o tempo, Omar aprendeu a intensificar seu jogo."

Um elemento aparentemente pequeno consistia em dominar a linguagem de negócios da GE. "Eu tinha todas essas ideias e elas provavelmente estavam corretas, mas eu não sabia realmente como comunicá-las na linguagem da GE. Eu sabia o que precisava ser feito, mas John me ajudou a traduzir isso para a linguagem certa. Era mais do que dominar o jargão. A linguagem dava um contexto de negócios e uma visão sistemática de como as iniciativas poderiam ser implementadas e de repente tudo ficou mais claro para mim."

O rigor dos processos da GE funcionou muito bem para Ishrak, cuja natureza e visões pessoais sobre como os negócios devem ser operados se alinhavam com a forma de pensar da GE. Ele diz: "Foi extremamente útil comparecer a diferentes reuniões e fazer parte dos mecanismos operacionais uma vez por trimestre, uma vez por mês e ouvir como os outros negócios trabalhavam, receber feedback de John, bem como ser confrontado com perguntas quando era eu quem estava apresentando. Aquele casamento de expertise no setor com disciplina no processo realmente me pegou."

Participar de uma sessão de desenvolvimento executivo de quatro semanas em Crotonville deu a Ishrak a chance de desenvolver relacionamentos fora do negócio médico e ver toda a extensão da GE. Naquelas sessões, ele fazia parte de uma equipe cujos membros vinham de diferentes negócios da GE. Encarregada de realizar um projeto que no final seria apresentado a Welch, a equipe viajou para várias instalações da GE. Segundo ele, essa experiência expandiu seu conhecimento da GE e o ajudou a "valorizar a sistematização da GE".

Mesmo com tudo isso, o apoio do alto da pirâmide continuava sendo crítico para alguém com grandes e ambiciosos planos que contestavam o *status quo*. Na primeira avaliação corporativa à qual Ishrak compareceu com os líderes corporativos e do negócio de Sistemas Médicos, Welch colocou o braço em torno dele e o apresentou a todos: "Quero que vocês conheçam meu amigo Omar." A mensagem ficou clara e Welch a reforçou durante algum tempo em avaliações subsequentes ao deliberadamente pedir a opinião de Ishrak sobre um ou outro assunto. Welch também testou Ishrak. "Nas avaliações ele me fazia perguntas muito incisivas às quais eu tinha dificuldade de responder no começo. Coisas como 'Você está analisando corretamente os custos? Você está dando a seu líder de vendas uma força de vendas especializada? É isso que ele quer.'"

DECIFRANDO O SISTEMA

Não levou muito tempo para Ishrak fazer diferença no Ultrassom. "Em cerca de duas semanas na empresa, eu sabia as cinco principais coisas que precisariam ser feitas. Levaria entre dois a três anos para reduzir os custos e acertar os detalhes da otimização, mas enquanto isso tínhamos produtos fortes no Japão e na Índia. Eram produtos muito bons, o tipo de produto que o resto do mundo desejava. Mas o pessoal de Milwaukee estava fascinado com um produto feito nos Estados Unidos, que, na verdade, era caro demais e não muito otimizado.

"O produto japonês era extremamente bom. E imediatamente percebi seu valor, fiz alguns ajustes e comecei a vendê-lo agressivamente ao redor do mundo. Isso levou imediatamente a um crescimento e algumas vitórias no negócio. Depois fiz mais alguns ajustes e o vendi também nos Estados Unidos, o que perturbou um pouco o mercado e acabou nos ajudando", ele disse, com sua modéstia característica. O Ultrassom saiu do vermelho e gerou lucros no fim do primeiro ano dele no negócio, a primeira vez em anos.

A segunda grande mudança levou mais tempo e dependeu substancialmente do apoio tanto de Welch quanto de Immelt, que assumiu os Sistemas Médicos em 1996. Foi uma reformulação completa da organização de vendas. Os Sistemas Médicos tinham uma força de vendas que vendia todos os seus produtos, de raios X e tomografia computadorizada a ultrassom, mas o pessoal de vendas não se empenhava muito com os produtos do Ultrassom: eles não eram muito populares e era difícil entender a proposição de venda. Ishrak sabia, por experiência própria na Diasonics, que os clientes de ultrassons estavam acostumados com vendedores de empresas de nicho, com um conhecimento profundo e especializado.

Ele queria criar uma força de vendas distinta, ou paralela, composta dos melhores talentos especializados que pudesse encontrar em cada país. Além disso, queria coordenar as iniciativas deles por todo o planeta. "Eu queria que o Ultrassom fosse um negócio extremamente focado, com um pessoal de vendas especializado e funções de negócios exclusivas, para concorrer com empresas especializadas nisso", ele diz. "Precisávamos posicionar corretamente os produtos e colocar a equipe japonesa em particular, bem como as equipes da Coreia, da Índia e dos Estados Unidos, trabalhando juntas para se voltar em paralelo para o mercado global, e não se limitar a uma abordagem centrada nos Estados Unidos."

Mas a ideia de uma força de vendas paralela encontrou muita resistência interna. Ela contestava os fundamentos com base nos quais outras modalidades dos Sistemas Médicos eram organizadas e atingiram enorme sucesso. Eles tinham uma força de vendas centralizada, o que alavancava economias de escala e mostrava um único rosto ao cliente. O modelo de Ishrak implicava abrir mão das economias de escala a favor de dar mais flexibilidade aos administradores gerais do Ultrassom. Ele acreditava que a velocidade e a capacidade de resposta deles expandiriam a distribuição e aumentariam o faturamento.

Welch apoiou o que Ishrak estava tentando fazer. De acordo com Ishrak: "Ele sentiu isso, mesmo antes de eu dizer qualquer coisa, e realmente me deu um impulso. Na verdade, eu só fiquei sabendo depois do quanto ele me ajudou." E o mesmo se aplicou a Immelt, com sua formação em vendas. "Jeff me ajudou enormemente, primeiro me encorajando, validando que aquela era a estratégia certa, e depois confirmando que era a estrutura organizacional certa e, em terceiro lugar, forçando o negócio em geral a procurar os talentos certos ao redor do mundo e colocá-los diretamente subordinados a mim." Aquilo foi crítico, porque muitas vezes os líderes locais não contratam pessoas que podem ser concorrentes deles, que eram do mesmo nível hierárquico e que, algumas vezes, ganhavam mais do que eles. "Foi necessário contar com o encorajamento e a intervenção de Jeff para que eles fossem contratados. Ele mesmo telefonou para convencer muitas dessas pessoas que queríamos contratar."

A força de vendas paralela seria um golpe estratégico. Com isso, a GE não apenas poderia vender mais que seus concorrentes, como finalmente poderia atingir a agilidade dos concorrentes menores, além de contar com uma artilharia pesada que eles não tinham. "Usaríamos o respaldo financeiro e a escala da GE no mercado global de maneira inteligente, em alinhamento com uma visão precisa do setor de ultrassons", disse Ishrak. "Estaríamos direcionados ao que queríamos fazer e exercitaríamos nossa força, em vez de sair, tentar adivinhar as coisas e tentar investir em coisas novas. Era uma estratégia muito precisa, e não seria possível sem o apoio de Jeff Immelt, especialmente em nível global, porque ninguém conseguiria fazer isso sozinho."

Ishrak comparou a situação dele na GE com seus concorrentes em operações muito menores de manufatura de aparelhos de ultrassom. Um concorrente pequeno tentando montar uma organização de distribuição na China enfrentaria todo tipo de obstáculo, incluindo falta de conhecimento sobre o ambiente cultural e legal e em quem confiar. "Na GE, eu podia ir para a China e ter um exército inteiro de pessoas em um escritório com quem trabalhar", Ishrak se maravilhou. "Eu tinha como saber qual distribuidor era bom, qual era ruim, como verificá-los. Eu tinha uma equipe jurídica capaz de proporcionar as coisas imediatamente. Eu tinha como entender aquela parte e conseguir ajuda da equipe local para implementá-la, sabendo que não estávamos violando lei alguma. Uma pequena empresa jamais teria como fazer isso. E reconhecer e alavancar isso, sem perder a expertise do ultrassom, realmente era a chave para o sucesso aqui."

No terceiro ano de Ishrak no cargo, o faturamento do Ultrassom mais do que dobrou, para $300 milhões.

APRENDENDO COM UM MESTRE

À medida que o foco de Ishrak mudava de ajustar os produtos para montar sua organização paralela de vendas, a habilidade de Immelt em vendas e marketing se tornou cada vez mais importante para ele. Immelt podia ajudar o Ultrassom tanto no nível estratégico quanto operacional. "A pressão era constante", Ishrak recorda. "Sempre havia uma questão: 'Por que vocês têm três equipes de engenharia? Faça uma só e você poupará dinheiro.' Ou 'Para que vocês mantêm esse pequeno posto avançado na Índia?' Eu dizia: 'Eu preciso de engenheiros perto do mercado indiano.' Mas eles diziam: 'Não vale a pena. Consolide-os em Milwaukee e você poupará uma fortuna.'"

"Jeff me ajudou a me defender. Ele entendeu a ideia e era muito intuitivo a respeito e tinha uma noção muito aguçada de como apresentar esse tipo de coisa na GE. Ele me ajudou a articular como a duplicação proporcionava

A ARTE DE CULTIVAR LÍDERES | 87

velocidade, e velocidade na margem final, e que isso renderia mais dinheiro e mais alavancagem do que apenas cortar custos. Ele me ajudou a otimizar essa equação em questões como quando reduzir o custo e quando duplicar e obter velocidade."

Immelt tinha muito a ensinar sobre a arte de vender e o fez passando mais tempo no trabalho com seu protegido. Parte do aprendizado mais intensivo foi proveniente do que Ishrak chama de "o tempo informal" passado observando Immelt atuando na linha de frente. "Ele passava dois dias por ano em visitas no campo comigo. Pode não parecer muito, mas, se você levar em consideração a agenda lotada dele, é muito tempo – dois dias por ano dedicados a mim e à equipe de vendas."

"Então, percorremos os Estados Unidos e visitávamos clientes. Aprendi muito só observando enquanto ele investigava como ia o negócio, não tanto em uma avaliação, porém mais informalmente: 'Como esta coisa funciona? O que esses clientes querem? No que são diferentes? Como funciona o processo de vendas? Como foi feita a demonstração?' Eu via a interação, a formação de vínculos com a equipe de vendas em campo, o CEO do negócio conversando à vontade com uma pessoa de aplicações realizando uma demonstração. E Jeff também sempre vinha com novas ideias. Ele estava sempre pensando em como a GE poderia fazer algo que outras empresas não eram capazes de fazer."

Ishrak também fez visitas a clientes na companhia de Immelt. "Nós costumávamos visitar talvez oito, nove clientes de uma cidade à outra, toda uma variedade deles, todo tipo de áreas diferentes, conversando com os usuários, desde os ultrassonografistas até o CEO do hospital. Vê-lo fazer isso – e aprender com ele – significou muito para mim. Desde então, faço isso sozinho nos Estados Unidos e ao redor do mundo, uma mistura de formação de vínculos com empregados, com pessoal de vendas e com clientes. E, ao mesmo tempo, proporcionar valor, porque eu podia fazer coisas que percebi que os vendedores locais não podiam fazer. Então, aquilo foi muito importante."

Os executivos da GE são famosos por sua capacidade de destilar a ideia central de uma proposição em uma única página e Immelt orientou Ishrak nessa habilidade. "Ele me deu excelente insights de como vender uma ideia

— como simplificar um argumento e apresentar um conceito com quatro bullets de seis palavras cada. Ele se saía com essas três ou quatro frases curtas que realmente transmitiam a essência do que você estava tentando dizer e depois você podia passar a mensagem adiante."

O que pode ser chamado de o aprendizado de Ishrak na GE foi realizado ao longo dos quatro anos, durante os quais o Ultrassom passou de quase nada até gerar faturamento e lucros significativos. "Depois daquilo, o Ultrassom podia andar com as próprias pernas e eu saí muito mais forte como líder", ele diz. "Eu entendi a GE e aprendi a me encaixar confortavelmente no sistema."

É o que parece. O homem que não estava em busca de promoções se tornou vice-presidente e officer da GE em 1999 e presidente dos Sistemas Clínicos em 2005. Os Sistemas de Saúde, que ele assumiu em 2009, é um negócio de $12 bilhões cuja missão é desenvolver tecnologias inovadoras que melhorem o desempenho clínico e disponibilizar os cuidados médicos a mais pessoas ao redor do mundo. Em 2007, Ishrak também foi incluído no Conselho Executivo Corporativo de elite de Immelt, composto dos 40 principais líderes da empresa que se reúnem trimestralmente em Crotonville para falar sobre as operações e a estratégia geral da empresa. Desnecessário dizer que até a empresa mestra em talento mais sólida sempre deve estar sempre calibrando entre os melhores talentos internos e os melhores talentos externos, onde quer que possam ser encontrados.

CONCLUSÕES

O poder da intimidade. Os líderes da GE fazem o possível para identificar o verdadeiro talento e potencial de uma pessoa. Na cultura de intimidade e confiança, eles podem investigar as causas fundamentais do desempenho, bom ou mau, e ajustar suas opiniões comparando observações. Welch, Immelt e Conaty sabiam que o calcanhar de aquiles de Jim Campbell podia ser na liderança do negócio de eletrodomésticos e, quando Dick Segalini disse que se certificaria de que Campbell assumisse o lado operacional, a palavra valia ouro. Mark Little ficou na empresa apesar de uma transferência decepcionante de cargo porque confiou na palavra de Welch e Conaty; Welch e Conaty convenceram Little a ficar porque o conheciam o suficiente para enxergar seu talento potencial. Omar Ishrak descobriu rapidamente que podia confiar nos colegas e superiores que conheciam seus pontos fortes para ajudá-lo ainda mais a questionar algumas crenças e modelos de negócios bem estabelecidos na empresa.

O poder dos processos sociais. A gestão de talentos se concretiza por meio de processos sociais da GE – isto é, por meio das discussões formais e informais nas quais os líderes incentivam a franqueza e o rigor e conectam pessoas e números. Os mestres utilizam processos sociais para fazer dos negócios e do talento um ciclo contínuo, utilizando outputs de uma avaliação como inputs para outra e mantendo os talentos sempre em mente entre reuniões formais. Com o tempo, os líderes acumulam observações através de inúmeras lentes e testam suas opiniões. Essa profundidade de conhecimento lhes dá confiança para agir com decisão quando a velocidade é necessária, como a reação da GE quando Larry Johnston e, mais tarde, Dave Calhoun pediram demissão ou para "puxar o gatilho" em líderes que não se adaptam mais à empresa.

Intensidade do desenvolvimento de talentos. Os líderes da GE consideram parte importante de seu trabalho desenvolver o talento dos outros. Eles dedicam regularmente tempo e energia mental a essa atividade, não só de vez em quando. Eles dão feedback franco e construtivo em tempo hábil, se concentram nos pontos positivos da pessoa e tentam encontrar maneiras de desenvolvê-los. As atribuições são meticulosamente escolhidas para testar, ampliar e desenvolver o talento, e as pessoas muitas vezes são transferidas de um negócio a outro para serem desenvolvidas e testadas. O resultado é um enorme banco de líderes preparados para assumir posições em uma variedade de negócios.

Aprendizado contínuo. A GE espera que seus líderes se mantenham crescendo. Apesar de sua ênfase no aprendizado pela experiência, a empresa aloca consideráveis recursos para proporcionar outros tipos de estímulo.

Os líderes são expostos a líderes intelectuais de fora da empresa e líderes seniores da empresa em Crotonville com o propósito expresso de expandir sua perspectiva e aprofundar seu entendimento do negócio e de seu contexto externo. Espera-se que os líderes criem um plano anual para o próprio desenvolvimento e o sigam.

É fácil ver por que a GE é tão amplamente copiada: ela representa um modelo para uma abrangente gestão de talentos. Mas observe que não dissemos *o* modelo. Dos muitos outros modelos de sucesso existentes, nenhum é mais diferente do que a Hindustan Unilever, tema do próximo capítulo.

PARTE II

A EXPERTISE ESPECIAL DOS MESTRES EM TALENTO

Apesar de os mestres em talento terem em comum princípios básicos e elementos fundamentais, cada um tem a própria ênfase e, em alguns casos, as próprias ferramentas e técnicas. Cada um dos quatro capítulos a seguir o leva para dentro de uma empresa cujas práticas consideramos incomuns e úteis. A maioria vem desenvolvendo sua maestria em talento há um bom tempo. Eles foram agraciados com vários graus de reconhecimento pelo que fizeram, mas as pessoas de fora geralmente não conhecem claramente as abordagens específicas dessas empresas mestras em talento.

A Hindustan Unilever (HUL), a Procter & Gamble, a Agilent Technologies e a Novartis se destacam pela forma como desenvolvem tipos particulares de gestores: líderes intensamente comprometidos com o desenvolvimento de outros líderes na HUL; líderes globais com um profundo conhecimento do consumidor na P&G; administradores gerais fundamentados em expertise técnica na Agilent. A ampla variedade de práticas dessas empresas pode proporcionar ideias valiosas em sua própria busca pela maestria em talento – como, por exemplo, o "Histórico do Trainee de Administração" que a HUL utiliza para acelerar o desenvolvimento de talentos. Mas mantenha em mente que os princípios são mais importantes do que as aplicações práticas: rigor, disciplina e franqueza constituem as bases da maestria em talento.

Capítulo 5

CONSTRUINDO UM PIPELINE DE TALENTOS ATÉ O TOPO:

O Dia 1 na Hindustan Unilever

A menos que já o conheça de vista, você não imaginaria que o agradável homem de negócios sentado a seu lado em um restaurante na pequena cidade de Salem, no sul da Índia, seja alguém tão eminente. Ele está ouvindo com atenção um jovem gestor descrevendo um trabalho recente. Pelo que você consegue escutar, infere que o jovem gestor acabou de entrar na empresa. A conversa é cordial porém intensa. O executivo sênior escuta com atenção e faz muitas perguntas incisivas. Algumas vezes, parece satisfeito com a resposta. Em outras ocasiões, dá conselhos ou investiga em busca de mais informações, explorando a questão com a familiaridade de uma pessoa experiente no negócio. Você termina seu jantar e sai, e eles ainda estão conversando animadamente.

Se tivesse reconhecido o executivo, contudo, você se perguntaria o que Nitin Paranjpe, o CEO da poderosa Hindustan Unilever (HUL), a controlada indiana de $3,5 bilhões da Unilever e um colaborador cada vez mais importante para a estratégia e o sucesso global da empresa, está fazendo em um lugar tão incomum conversando com um jovem que acabou de sair das fraldas. Mas Paranjpe faz isso cinco ou seis vezes por mês: visita jovens gerentes de vendas, muitos deles trainees de administração que são os promissores líderes da HUL em campo. E todos os gestores seniores da HUL também se dedicam a essa atividade, passando 30% a 40% de seu tempo "desenvolvendo líderes", como eles dizem, para se preparar para os desafios futuros da empresa.

"Quando era presidente do conselho, eu costumava ir a praticamente todos os programas de admissão de trainees de gestão e passar uma tarde lá", diz Vindi Banga, presidente do Conselho da HUL de 2000 a 2005, até recentemente membro do comitê executivo global da Unilever e hoje partner da empresa de private equity CDR. "Eu também costumava viajar para visitá-los em campo o tempo todo por duas razões. Em primeiro lugar, esse é um modo melhor de descobrir o que está acontecendo no negócio do que conversando com os clientes. Em segundo lugar, eu conhecia muitos dos trainees gerentes de vendas. O pessoal sênior precisa romper barreiras hierárquicas para interagir com o pessoal júnior, seja no trabalho, seja em programas de treinamento." Paranjpe mantém a tradição.

Nenhuma outra empresa que conhecemos recruta e treina pessoas desde o primeiro dia com a meta explícita de criar líderes capazes de atingir os níveis mais elevados. E em nenhuma outra empresa que conhecemos os gestores seniores trabalham tão diretamente com esses líderes em ascensão. A HUL acredita que essa é a maneira mais importante de construir e sustentar uma organização, renovando repetidamente sua energia, perspectiva, competências e criatividade. "Não existe investimento melhor do que melhorar a qualidade de seus líderes futuros", diz Banga.

A maioria das empresas procura recém-formados brilhantes, coloca-os para trabalhar por tempo suficiente para que mostrem do que são feitos e testam os mais promissores em cargos de liderança. Isso desperdiça um tempo insubstituível de desenvolvimento para os líderes potenciais. Da mesma forma que os três primeiros anos de vida são críticos para o desenvolvimento de uma criança, os três primeiros anos de uma carreira são críticos para o desenvolvimento de um líder. A HUL acredita que as pessoas nascem líderes, não se tornam líderes; eles veem a liderança como uma competência específica que pode ser identificada e desenvolvida desde o início. O Dr. A.S. Ganguly, que liderou a empresa ao longo dos anos 1980, costumava dizer a repórteres e concorrentes que se espantavam com a sistemática excelência em liderança da empresa: "Não é possível fazer líderes. Tudo o que você pode fazer é procurar, encontrar e lapidar os líderes." Quando as pessoas estão no início da faixa dos 20 anos, mostrarão sinais visíveis – mesmo que sutis – de seu potencial de liderança. A HUL se concentra nesses sinais. Ao longo de décadas, eles desenvolveram técnicas para identificar e lapidar o talento bruto de liderança com ênfase dupla nas qualidades que descrevem como *o quê* e o *como* da liderança. "O quê" da liderança é fazer as coisas acontecerem. O "como" é agir de uma forma que os outros admirarão e buscarão seguir. A HUL quer que seus líderes tenham as duas qualidades em abundância.

Começando com os três primeiros anos críticos, eles colocam os líderes promissores em um pipeline de desenvolvimento especial que vai até o topo. Das aproximadamente 900 pessoas contratadas todos os anos em todos os níveis, o mais importante para o futuro de longo prazo da empresa são os 35 a 50 jovens recrutados para participar do programa de Treinamento de Liderança de Negócios (TLN). A diferença entre os líderes futuros e os outros contratados, de acordo com Paranjpe, é que "não recrutamos esses líderes potenciais para o primeiro ou o segundo cargo que ocuparão. Nós os recrutamos tendo em vista se eles têm tanto a capacidade intelectual quanto a capacidade de liderança de chegar, se não ao topo, muito perto dele".

A HUL encarrega os gestores seniores, individual e coletivamente, da identificação e do desenvolvimento desses líderes de alto potencial a partir do recrutamento. Um departamento de RH sofisticado e capaz apoia o processo, mas ele é liderado pela administração de linha. O RH e os executivos seniores da HUL alocam três dias e meio por ano para cada trainee de administração. Toda essa atenção não prejudica de forma alguma o atingimento dos objetivos de negócios. Pelo contrário, a orientação e o mentoring expandem a capacidade de liderança, fortalecendo o desempenho em todos os níveis da organização e melhorando as transições na liderança. Em consequência, os líderes seniores têm menos incêndios para apagar. O círculo virtuoso de aprendizagem e mentoring desenvolve e renova continuamente a força organizacional à medida que gerações sucessivas de líderes passam de aprendizes a mentores.

Eles passam parte desse tempo com recém-formados que nem foram contratados ainda. Essa responsabilidade é, nas palavras de Paranjpe, "importante demais para ser delegada unicamente ao pessoal júnior". O recrutamento é a fase mais crítica do processo de gestão de talentos, e os líderes seniores, com toda a sua experiência, insight e amplitude cognitiva, estão mais bem equipados do que os gestores juniores para identificar o talento de liderança quando o veem.

RECRUTANDO O TALENTO BRUTO

A concorrência por recém-formados nas faculdades de Administração e institutos técnicos de elite da Índia é tão intensa que muitas empresas não conseguem garantir um lugar no *campus* nos dias de recrutamento, quando os alunos vão de uma sala a outra para falar com representantes das principais empresas da Índia e divisões indianas de multinacionais globais. Apesar de outras empresas aproveitarem a ocasião para oferecer empregos para estudantes bem credenciados, a HUL prefere analisá-los com mais ponderação. A empresa seleciona candidatos a trainees de administração em três estágios – discussões em grupo, entrevista preliminar e entrevista final – reduzindo o número de candidatos em cada fase. Mas a maestria no desenvolvimento de lideranças da HUL lhe deu extraordinária vantagem competitiva no recrutamento dos melhores estudantes de Administração da Índia, muitos dos quais a consideram "a empresa dos sonhos para se trabalhar". Basta que os candidatos entrem no Website da HUL para ver como seu CEO e os membros do comitê de administração subiram rapidamente: todos eles ainda estão na faixa dos 40 anos.

A HUL refinou uma ferramenta particularmente poderosa para avaliar candidatos. A empresa reúne vários candidatos com pessoal do RH e gestores seniores para falar em grupo sobre uma questão específica de negócios. Segundo nossa experiência, essa é uma inovação absolutamente ímpar. As discussões revelam as pessoas que têm "o pacote completo" – não apenas as habilidades funcionais, como também a capacidade de julgamento, integridade e temperamento necessários para tomar boas decisões e desenvolver e manter relacionamentos. Mais especificamente, eles procuram a capacidade de fazer as coisas acontecerem de forma que os outros admirarão e desejarão seguir.

Para entender como isso funciona, imagine que você seja um aluno brilhante do segundo ano de um programa de MBA interessado em trabalhar na HUL. Você foi escolhido (depois de rigorosa análise do abrangente questionário que preencheu) e convidado para participar de uma discussão em grupo de até uma hora com outras pessoas, que podem ser amigos ou concorrentes. Você não tem como deixar de pensar que a discussão será avaliada como um debate e que eles esperam que você ganhe pontos contra os outros estudantes. Você deseja o melhor para eles na busca por um excelente emprego – mas, ao mesmo tempo, não quer perder amizades por isso e gostaria de manter um relacionamento amistoso com todos.

Ao se sentar em uma sala de seminários, você se pergunta se não deveria ter aceitado a oferta de emprego que uma grande consultoria lhe fez logo depois de uma breve entrevista nesta manhã. Mesmo que você consiga o emprego na HUL, ficará em treinamento por 15 a 18 meses, muito mais do que seus colegas de turma em outras empresas.

Um homem bem-vestido na faixa dos 40 anos entra na sala e se senta. Outro homem e uma mulher se unem a ele. Todos parecem muito amistosos e aparentam ser de alto escalão. Você não tem como saber ao certo, mas há alguma coisa na linguagem corporal dessas pessoas. O primeiro homem está conduzindo o encontro. Ele dá as boas-vindas a todos e apresenta a si e aos colegas. Você estava certo quando achou que eles eram do alto escalão – ele é o vice-presidente do RH. Os outros são líderes seniores de vendas e marketing.

Você não tem tempo de pensar nisso agora. O líder do encontro prossegue dizendo: "Nunca perdemos uma chance de aprender com as melhores mentes jovens. Todos vocês tiveram uma formação espetacular e apresentam um desempenho excelente nos estudos. Então, gostaríamos de lhes contar sobre um desafio que nosso negócio está enfrentando atualmente e ver o que vocês acham e se têm alguma sugestão. Trata-se do mercado de cremes dentais em Mumbai e outras grandes áreas urbanas. Como podemos aumentar a participação de mercado do Pepsodent nesse ambiente de vendas tão competitivo?"

Antes de perceber, você se vê olhando para um slide resumindo o mercado de cremes dentais e pensando em uma boa resposta. Conceitos de aulas de marketing passam pela sua cabeça, mas você não sabe como aplicá-los ao problema. Seu coração começa a bater mais rápido enquanto você revira o cérebro em busca de uma solução. O slide mostra uma grande utilização do creme dental por parte da classe média e de consumidores afluentes. Como mais deles poderiam ser convencidos a utilizar o Pepsodent? Você começa a seguir essa linha de pensamento, mas também vê que o gráfico mostra uma utilização relativamente baixa porém crescente por parte de consumidores da baixa renda, a maioria da população. Você se lembra do lema da HUL: "Dar-se bem fazendo o bem." O lema não foi mencionado na apresentação, mas, se mais pessoas comuns, da classe trabalhadora, de Mumbai desenvolvessem o hábito de escovar os dentes com creme dental, todas sairiam ganhando, bem como a Índia e a HUL. Mas como implementar essa ideia e como colocar o Pepsodent no centro de tudo? A HUL estaria disposta a doar seu valioso produto para preparar o mercado?

O breve período de reflexão chega ao fim e o líder de RH pede respostas. Você deveria se apresentar com sua ideia meio acabada antes de qualquer outra pessoa ter a chance de falar? Tarde demais. Outro candidato está falando com autoridade sobre a propaganda urbana e custos por mil impressões. É um discurso impressionante. Você dá uma olhada nos executivos de marketing. Nenhuma reação. Esses sujeitos são frios como gelo.

O líder de RH diz: "Muito bom, obrigado. Mais alguém tem alguma ideia?" Você é tomado pela dúvida e se pergunta se não deveria tentar se sair com algumas ideias específicas para uma campanha de educação para escovar os dentes antes de mencioná-las. O líder de RH passa os olhos pela sala, mas todas as pessoas parecem um pouco intimidadas. Exceto o cara que falou primeiro; ele está louco para falar mais.

Bem, seja o que Deus quiser, você pensa, é agora ou nunca. Você respira fundo, chama a atenção do líder de RH e explica sua ideia. Pelo canto dos olhos, vê os dois executivos de marketing trocando olhares. Foi um sinal de aprovação? Não dá para parar e pensar nisso; outro candidato está sugerindo como convencer grupos comunitários e instituições de caridade a participar da campanha. Os outros 90 minutos passam tão rapidamente quanto os melhores seminários dos quais você já participou. Você sai da sala empolgado, esperando que a HUL o chame para a entrevista.

A qualidade do raciocínio e o estilo interpessoal dos candidatos se evidenciam com clareza enquanto os líderes da HUL observam a discussão se desenrolando. Essa pessoa é meio prepotente. Aquela pessoa é incisiva. Essa outra pessoa é realmente criativa, não tem a resposta, mas é capaz de abrir a mente dos outros. Outra pessoa só pensa em si mesma e não se importa com que os outros acham. Mas aquela outra mostra um dom para desenvolver o consenso ao redor da melhor solução. Os candidatos não têm como evitar o desafio de mostrar quem verdadeiramente são como pessoas e não têm como fingir ser o que não são. Igualmente importante: o fato de haver variadas pessoas da HUL na sala garante que nada importante, por mais fugaz que possa ser, passe despercebido ou seja mal interpretado – um sorriso encorajador de um candidato ao outro, um olhar de desaprovação, um sorriso afetado, um olhar de desprezo.

Nas palavras de Banga, recordando-se de suas experiências como candidato a emprego e gestor sênior: "A discussão em grupo é uma oportunidade de ver o que você acha de um tópico e como interage com os outros. Você domina a conversa? Há uma tendência de ser o primeiro a falar? Isso é importante, mostra iniciativa, mas só se você tiver algo a dizer. Saber o quanto falar também é importante. Você foi agressivo demais? Você deixou que os outros também expressassem o que pensam? Você levou em conta o que os outros disseram ou se concentrou em mostrar o quanto é esperto?"

"O modo como as pessoas desenvolvem o consenso e cultivam o trabalho em equipe é muito importante. Elas intimidam os outros para seguir em uma direção? Ou são capazes de, ao mesmo tempo, liderar pelo poder da argumentação e, também muito importante, serem influenciadas pelos bons argumentos de outra pessoa? Pessoas que são individualmente brilhantes, mas não sabem trabalhar em equipe, são cortadas."

Todo candidato que sobreviver à discussão em grupo passa por duas rodadas de entrevistas com quatro a cinco pessoas da HUL no total, incluindo executivos de RH, um ou dois subordinados diretos do comitê de administração e um membro do comitê. Com base em uma avaliação de todos os dados sobre o candidato, especialmente seu comportamento de liderança durante a discussão em grupo, os executivos da HUL decidem quem ficará encarregado de qual linha de questionamento. Para testar habilidades funcionais, um gestor da HUL pode mencionar o tópico da discussão em grupo ou apresentar uma questão de negócios similar. Para explorar as habilidades de liderança e estilo interpessoal, outros gestores podem perguntar sobre a realização mais significativa do candidato e sua opinião sobre determinado aspecto da discussão em grupo.

A entrevista final inclui colocar o candidato sob pressão. Os entrevistadores forçam um tópico para testar a maturidade do candidato. O ponto mais importante nesse estágio é verificar se o candidato tem os valores certos para se encaixar na cultura da empresa. "Você procura consistência nas respostas e honestidade intelectual", disse Banga. "Procura pessoas que não são facilmente influenciadas e que não tendem a dizer 'Sim, senhor, não, senhor, o que quiser, senhor', pessoas que tenham as próprias convicções."

Nas raras ocasiões em que não é possível conduzir uma discussão em grupo, a HUL conta com várias avaliações por parte de gestores seniores durante as entrevistas.

Membros do comitê de administração tomam as decisões de contratação finais, com base nas diversas observações do pessoal sênior. Se soar muito trabalhoso e dispendioso envolver tantas pessoas no recrutamento – e líderes seniores –, saiba que é uma bagatela se comparado com o custo cumulativo de uma má contratação. A HUL raramente se arrepende de ter contratado alguém.

APRENDENDO DESDE AS BASES

Antes de serem formalmente contratados, todos os líderes futuros precisam se provar em ação. Alguns líderes potenciais altamente promissores participam de um programa de trainees no verão, no qual podem mostrar e desenvolver suas habilidades em lidar com problemas de negócios. Paranjpe se lembra do que aprendeu como estagiário de verão em 1986. "Passei dois meses nos distritos mais atrasados de Maharashtra trabalhando na van de vendas, vendendo sabão de um vilarejo a outro. Também me pediram para apresentar uma estratégia que ampliasse o alcance rural a custo reduzido." A combinação do trabalho diário na linha de frente e o estímulo intelectual de desenvolver a estratégia fez daquele verão uma experiência memorável

A ARTE DE CULTIVAR LÍDERES | 101

e também deu a Paranjpe uma boa ideia das oportunidades de aprendizado oferecidas pela HUL.

Todos os participantes do programa de Treinamento de Liderança de Negócios passam por um treinamento de 15 a 18 meses. O programa acelera o desenvolvimento da carreira deles por meio de uma série de atribuições com a orientação de um tutor (um gestor experiente que avalia e analisa o progresso em cada atribuição), um coach (um gestor muito sênior na área funcional que atua como um ponto de apoio por todo o período de treinamento) e um mentor (um membro do comitê de administração que avalia periodicamente o progresso). Cada atribuição coloca os líderes nas linhas de frente da batalha pela vantagem competitiva e os convida a provar seu valor em trabalhos desafiadores.

As oportunidades de liderança surgem em "atribuições essenciais" na área de especialização de um líder futuro. As "atribuições interfuncionais" mostram como as diferentes áreas funcionais da empresa se vinculam entre si; uma "atribuição internacional" nas operações globais da Unilever lhes proporciona experiência em diferentes culturas. E também há a atribuição de "responsabilidade corporativa". Por várias décadas, a HUL envia todos os líderes futuros para trabalhar em áreas rurais da Índia. Banga, por exemplo, vendeu produtos em aldeias rurais no estado de Madhya Pradesh na Índia central, em 1977. Dez anos depois, Paranjpe fez o mesmo em uma área remota do estado de Uttar Pradesh, no norte da Índia, perto da fronteira com o Nepal. Essas áreas rurais são grandes provas de fogo de aprendizado e extremamente relevantes para o futuro tanto da HUL quanto da Índia. Setenta por cento de 1 bilhão de habitantes da Índia moram em mais de 625 mil pequenas aldeias agrárias, de forma que o desenvolvimento econômico rural é uma grande prioridade nacional. A HUL tem o lema de "dar-se bem fazendo o bem", e um modo de fazer isso é melhorar a qualidade da vida rural e proporcionar mais acesso a bens de consumo. Outra maneira é o Projeto Shakti ("Força"), em que a HUL oferece microfinanciamento, além de orientação e outros tipos de apoio, a lavradoras que se tornam franqueadas locais para seus produtos. Extremamente popular e em rápida expansão, o programa agora inclui dezenas de milhares de empreendedoras, muitas delas analfabetas, em mais de 100 mil aldeias. A HUL também contribui com apoio financeiro e administrativo para microempresas e projetos de infraestrutura por meio de seu programa de responsabilidade corporativa.

No lado da marca e do produto, o lançamento, no fim dos anos 1980, do Wheel, um sabão em pó de preço acessível, conquistou a fidelidade de dezenas de milhões mulheres de baixa renda na Índia rural que lavam roupas à mão em lagos e rios e em baldes ao lado de poços e bombas-d'água, e não tinham como pagar por outras ofertas de produto. A Unilever capitalizou a expertise da HUL na Índia rural em sua estratégia de crescimento global. Mais de 50% do crescimento de vendas da Unilever agora provém de mercados em desenvolvimento e emergentes (D&E). Por fim, fazer o bem na Índia rural tem um grande apelo para os jovens que a HUL mais quer contratar como líderes futuros. Eles tendem a ser de famílias afluentes, e morar e trabalhar em aldeias de lavradores pobres pode ser um grande choque para eles. Mas a maioria mergulha com entusiasmo em suas atribuições, o que desenvolve um intenso espírito de equipe.

Para Banga e Paranjpe, futuros CEOs da HUL, o tempo que eles passaram trabalhando na Índia rural contribuiu enormemente para sua formação. Em sua atribuição em Madhya Pradesh, depois da semana de orientação com outros trainees, Banga passou duas semanas acompanhando um vendedor veterano para aprender o básico. Depois ele trabalhou sozinho em um território durante oito semanas. Gestores o visitaram nesse período para ver se tudo estava bem, mas, nas palavras dele: "Eu rodei o território de forma completamente independente e tinha metas de vendas específicas que precisava atingir." O próximo passo foi trabalhar com um supervisor de vendas por duas semanas observando o que ele fazia. Depois ele se tornou um supervisor pleno para sete vendedores – por mais oito semanas – e passou por uma série de atribuições interfuncionais nas quais foi encarregado de projetos analíticos e estratégicos além de suas funções gerenciais. Depois de tudo isso, recebeu responsabilidade independente por uma área de vendas no leste da Índia, cobrindo tanto mercados urbanos quanto rurais.

Paranjpe, que, em geral, seguiu o mesmo caminho 10 anos mais tarde, aponta para o valor de trabalhar desde as bases. "Você aprende valiosas lições vendendo sabão para pequenos lojistas em vilas distantes", ele diz. "Você começa a ouvir o mercado, cria empatia com os problemas enfrentados pelo pessoal de vendas. São lições que nenhuma Faculdade de Administração jamais poderá ensinar." Os estágios posteriores desenvolvem rapidamente as habilidades gerenciais. "Gerenciar uma força de vendas de 500 a 800 franqueados em aldeias de repente lhe dá uma enorme responsabilidade de liderança de linha", ele diz. Seus colegas em outras áreas funcionais também recebem oportunidades e desafios de liderança desde cedo, seja trabalhando com supervisores de fábrica na implementação de um programa-piloto para aumentar rapidamente a produtividade, seja liderando equipes de projeto de TI e finanças.

RECEBENDO ORIENTAÇÃO DO TOPO

Os líderes seniores aceleram as experiências de aprendizado com coaching, avaliações e feedback imediato. Cada jovem líder tem um "Histórico do Trainee de Administração", um livro no qual os líderes seniores registram seu feedback após uma visita ao local de trabalho do trainee. O livro se torna um registro por escrito (agora eletrônico) do crescimento do jovem líder. Os líderes seniores podem viajar muito para chegar a alguns dos locais mais remotos, mas fazem isso com entusiasmo, em parte porque eles mesmos se beneficiaram pessoalmente dessas visitas.

Pense nas oito semanas que Banga passou sozinho em um território de vendas depois de uma semana de orientação e duas semanas acompanhando um vendedor. "Muitas pessoas vieram me visitar: o supervisor de vendas, o gerente de vendas da área, o diretor-geral de vendas", ele lembra. "O visitante incluía uma avaliação no meu histórico. Então eu tinha um feedback imediato sobre o que estava fazendo certo, o que era encorajador, e o que mais poderia fazer e no que deveria me concentrar. Normalmente os visitantes seniores passam um dia e uma noite inteiros com o trainee. Nós conversávamos muito ao jantar e com um drinque. Em alguns aspectos, aquele era o momento mais valioso, das 19 horas às 23 horas."

Paranjpe, que passou por experiências similares em Uttar Pradesh, recorda uma grande lição que aprendeu. Seu gerente regional de vendas passara um dia inteiro com ele no pequeno vilarejo de Chutmalpur. Repassando a contabilidade, o gerente identificou um erro de cálculo. No fim do dia, ele escreveu no histórico de Paranjpe: "Você está indo muito bem, mas precisa ser mais rigoroso. Vendas foram perdidas devido a um erro no registro de pedidos." Sobre aquele comentário, Paranjpe diz: "O que ele escreveu 20 anos atrás ficou gravado na minha cabeça. Era específico, nada vago. A lição que aprendi com aquilo e que trago comigo até hoje é o quanto aquela pessoa se empenhou e se interessou pelo meu progresso, como me senti valorizado durante as visitas e como aquilo era importante para a empresa."

Normalmente esses contatos pessoais com gestores seniores vão até o comitê de administração e o CEO, que são particularmente valiosos para os líderes futuros como figuras exemplares. Além do diretor-geral de vendas, os visitantes seniores de Paranjpe no campo durante sua primeira atribuição de vendas incluíram o CEO Dr. Ganguly, e Sushim Datta, na época o executivo número 2 da HUL e, dois anos depois, o sucessor de Ganguly como CEO. "Dr. Ganguly [um bioquímico que entrou na HUL pelo departamento de P&D] passou o dia inteiro comigo, primeiro em Allahabad, indo de uma loja a outra e perguntando sobre nossas marcas e negócios. Foi quando deparamos com um paanwala com uma pequena barraca. Vendedores de doces e outros artigos de compra por impulso, os paanwalas não são apenas pequenos comerciantes, mas também importantes elos sociais na vida cotidiana indiana. O pequeno paanwala mencionou ao Dr. Ganguly que havia décadas ele vendia nossos produtos e perguntou se não poderíamos lhes dar um mostruário de vidro, o que aumentaria as vendas dele. O Dr. Ganguly se virou para mim e disse: 'Sim, Nitin, é uma excelente ideia. Por que você não faz isso?'"

"Mais tarde naquele dia, visitamos uma pequena vila chamada Jasra, perto da fronteira de Uttar Pradesh com Madhya Pradesh. O Dr. Ganguly me perguntou por que o sabonete Lifebuoy não estava vendendo bem em Jasra. Na época, o comércio entre estados da Índia era rigorosamente regulamentado e eu lhe dei uma resposta superficial sobre mercadorias que passam pela fronteira vindas de Madhya Pradesh. O Dr. Ganguly observou que eu deveria investigar a questão e não deveria aceitar os fatos sem maiores análises."

"Quatro meses mais tarde, tive minha entrevista de confirmação. O Dr. Ganguly sempre conduzia ele mesmo as entrevistas e só me fez duas

A ARTE DE CULTIVAR LÍDERES | 105

perguntas: Se eu havia investigado para entender por que as vendas da Lifebuoy eram tão fracas em Jasra? E se cumprira a promessa que ele tinha feito de dar um mostruário de vidro ao paanwala? Felizmente, eu tinha feito os dois; caso contrário, estou certo de que teria sido meu fim na empresa."

Naquele momento, de acordo com Paranjpe, "o Dr. Ganguly demonstrou a importância para a empresa de levar um projeto até o fim". Isoladamente, um mostruário de vidro não faria diferença alguma para a empresa. Mas "o fato de o pessoal sênior acompanhar o pessoal júnior e não se limitar a deixar as coisas como comentários lançados ao vento faz toda a diferença do mundo".

Ao passar algum tempo com o maior número possível de líderes futuros, não apenas com as estrelas mais evidentes, como o futuro CEO Paranjpe, a alta administração mantém sempre aguçado seu senso de comparação e contraste. Uma pessoa que visitou Paranjpe logo depois de ele se tornar gerente de vendas foi Banga, na época em plena ascensão para se tornar o mais jovem CEO da história da HUL aos 45 anos em 2000 (até Paranjpe estabelecer um novo recorde com uma diferença de alguns meses ao assumir o cargo aos 44 anos em 2008). A forma como Banga descreve seu primeiro contato com Paranjpe ilustra a penetrante capacidade de comparação e contraste produzida pela metodologia da HUL:

Nitin trabalhava na operação de vendas no norte da Índia, que tinha enorme potencial rural, há cinco ou seis meses, quando fui visitá-lo. Eu passei o dia com ele e sua equipe em campo e depois fomos jantar. Eu queria descobrir o que ele aprendera e que tipo de pessoa era.

A primeira coisa que me impressionou foi que ele já tinha um excelente entendimento de como nosso modelo de negócios por inteiro funcionava. Normalmente, com os recém-chegados, eu tinha de passar um bom tempo explicando por que fazíamos as coisas de determinada maneira. Mas ele já havia entendido muitas coisas por si só. Na verdade, ele já passara para o próximo estágio. Ele estava pensando no que poderia ser melhorado e em quais problemas poderiam estar nos impedindo de avançar em uma ou outra direção.

E ele não havia parado por aí. Ele já começara a fazer alguns experimentos com alguns franqueados para aumentar a frequência de distribuição nas aldeias da região, equilibrando uma receita maior com o maior custo de distribuição. Isso lidava com o fato de que os consumidores rurais só compravam quando tinham dinheiro em mãos, quando vendiam a produção de sua lavoura e assim por diante, e nossos franqueados não tinham como estender crédito a eles. Mas como os lavradores são basicamente autossuficientes em termos de alimento e moradia, muitas vezes têm rendas disponíveis anuais mais elevadas do que os trabalhadores urbanos de baixa qualificação na Índia, e visitas de vendas mais frequentes significavam que nossos produtos estariam disponíveis aos consumidores rurais em mais ocasiões quando eles tivessem dinheiro para comprar as coisas das quais precisavam.

Com isso, pude ver que ele estava pensando profundamente nas questões de negócios e que tinha ideias criativas. E que não era só alguém que gosta de se vangloriar; ele estava disposto a assumir um risco bem calculado para expandir o negócio.

Por fim, notei o modo como ele interagia com a força de vendas. A força de vendas tinha poucos jovens e muitos veteranos experientes. Ao longo do dia e meio que passei com ele, vi que tinha uma boa postura diante deles. Respeitava a idade deles, o maior tempo de serviço e experiência, mas ficava claro pela linguagem corporal dos vendedores e pela atmosfera na sala que ele era o líder. O olhar dos veteranos de vendas e o tom de suas vozes me indicavam que eles viam Nitin como seu líder e gostavam dele nesse papel, e que, apesar de ele ter menos de 25 anos e aquele ser o primeiro emprego dele, eles não o consideravam apenas um trainee de passagem.

Veja algumas lições que aprendemos com isso.

- Note como Banga comparou Paranjpe tanto com os outros jovens trainees de administração daquele ano quanto com todos os outros trainees que ele conheceu e avaliou nos anos anteriores. Em segundo lugar, a base de comparação foi, ao mesmo tempo, quantitativa e qualitativa, incluindo tanto o "o quê" quanto o "como".

A ARTE DE CULTIVAR LÍDERES | 107

- Os impressionantes resultados de vendas de Paranjpe e suas ideias para melhorá-los demonstravam que ele havia integrado os detalhes de sua primeira atribuição em um amplo entendimento do negócio. Ele estava vendo o negócio com um foco externo nas necessidades tanto dos clientes de varejo quanto dos consumidores finais e agindo para desenvolver os outros – a marca essencial de um líder. Igualmente importante, a análise de Banga de informações qualitativas, como suas observações sobre a linguagem corporal da equipe, era uma habilidade tão desenvolvida por repetidas observações em situações similares que podia ser considerada tão factual e confiável quanto um número na cota de vendas.

- Como Banga era apenas uns dos vários gestores seniores que visitaram Paranjpe, ele e seus colegas puderam calibrar em conjunto suas experientes opiniões ao compará-las umas com as outras para produzir uma imagem precisa e tridimensional do desempenho atual de liderança de Paranjpe e de seu potencial de longo prazo. Eles eram capazes de fazer o mesmo com todos os outros trainees, montando um histórico abrangente do desempenho individual de cada um e seus pontos fortes e fracos específicos.

- Por meio da prática contínua, os gestores seniores da HUL basicamente desenvolvem um sexto sentido para o potencial de liderança.

Esta última lição é a mais importante de todas. "É incrivelmente fácil identificar pessoas que são verdadeiros líderes", diz Banga. "Elas se destacam devido a seus resultados e à forma como realizam seus trabalhos. Só existe uma chave para isso: o pessoal sênior deve descer dois, três ou mais níveis e passar um tempo com o pessoal júnior."

Bem, é incrivelmente fácil se você prestar muita atenção. Na verdade, passa a ser algo intuitivo. As pessoas desenvolvem intuições sobre coisas e pessoas com as quais elas se envolveram profundamente durante um bom tempo. Enquanto isso, a mente subconsciente ou inconsciente está acumulando informações, incluindo dados cujo sentido pode ficar claro só mais tarde, quando são ligados a outras informações. Os líderes da HUL desenvolve sua intuição por meio de longas, íntimas e repetidas interações com seus protegidos e uns com os outros. Eles montaram de forma eficaz amplos bancos de dados internos de rápido acesso.

PASSANDO EM REVISTA

A provação termina com uma entrevista de confirmação com um membro executivo do Conselho de Administração da HUL. A aprovação do trainee por seu coach, tutores e mentores é um pré-requisito. Se "confirmada", a pessoa se torna um gestor pleno. Caso contrário, pode não passar no programa, mas provavelmente receberá outras oportunidades de aprendizado e treinamento; o período de experiência pode ser estendido. O RH, encarregado pelo sistema de desenvolvimento de lideranças da HUL, assegura que as avaliações sejam objetivas e profundas, e que nenhum talento promissor de liderança seja negligenciado.

Gestores recém-confirmados recebem imediatamente papéis de liderança, que incluem mais experiências interfuncionais e interdivisionais. Além de ampliar seus talentos, isso impede que se tornem prisioneiros de um chefe de mentalidade estreita. Apesar de se esperar que os gestores mostrem vitórias rapidamente, eles têm alguma liberdade de movimento para se desenvolver em ritmos e caminhos individuais. Além disso, as posições iniciais incluem muito espaço para o crescimento, de modo que até os jovens mais talentosos não se entediarão muito rapidamente.

Os líderes seniores continuam a atuar como coaches e mentores, monitorando meticulosamente o padrão e a velocidade do crescimento. "O jovem gestor pode avançar como fogo de palha durante um ano", Paranjpe diz. "Ao longo de três anos, vemos o suficiente – não apenas o histórico de desempenho como também os comportamentos e outras qualidades de liderança – para ter uma ideia de até onde e em que velocidade a pessoa pode realmente progredir."

A HUL continua realizando várias avaliações do tipo "o quê" e "como" dos jovens gestores durante seus três primeiros anos na função. Depois disso, os gestores seniores, bem como os chefes imediatos, avaliam os resultados dos líderes e os comparam com os de seus colegas e antecessores.

A ARTE DE CULTIVAR LÍDERES | 109

Juntos, os fatores "o quê" e "como", o desempenho e o potencial determinam se um gestor se torna o que o HUL chama de um "lister" – alguém com potencial de crescer a um nível muito sênior na organização. Os gestores podem se tornar listers já no quarto ou quinto ano após a entrevista de confirmação, como Banga e Paranjpe fizeram, ou até os oito anos. Gestores escolhidos para atuar como tutores, coaches e mentores em geral são pessoas de alto desempenho e muitos deles são listers. Seu desempenho nesses papéis é investigado juntamente com suas outras realizações. De acordo com Paranjpe: "Se eu receber feedback de alguns trainee de que tal pessoa não é acessível ou prestativa o suficiente, esse gestor pode deixar de ser um lister. Nossos gestores devem ambicionar fazer parte dessa lista." Os líderes que saem da lista podem voltar se melhorarem o desenvolvimento dos empregados que normalmente se reportam a eles. Caso contrário, devem conformar-se com o fato de terem atingido o limite de sua ascensão na HUL.

Uma vez por ano, cada membro funcional do comitê de administração se prepara para conversar sobre os gestores de sua área com os outros membros do comitê no que Paranjpe chama de "um diálogo colaborativo para calibrar as pessoas". Os líderes são posicionados em uma matriz codificada com cores que proporciona foco ao diálogo, categorizando-os como de desempenho superior, médio ou insatisfatório. O diálogo é franco e o questionamento, rigoroso. Por exemplo, de acordo com Paranjpe, "um membro do comitê pode dizer a outro: 'Você realmente acha que está certo colocar este cara no quadro verde? Você pode achar que ele é ótimo, mas eu acho que ele é terrível quando trabalha com outras funções. Suas habilidades de colaboração são péssimas; metade da minha equipe reclama dele.' Se alguém for colocado no quadro vermelho, perguntamos: 'Isso está certo? Ele recebeu feedback suficiente? Ele sabe que, se passar mais um ano no quadro vermelho, será retirado da lista?' Essa é a conversa. Fazemos uma calibragem entre pessoas e funções para ver quem realmente tem um bom desempenho, quem pode se desenvolver mais se receber alguma orientação e quem não pode".

O CEO e o comitê de administração analisam juntos os 100 trabalhos mais importantes por toda a empresa, "que identificamos como 'cargos em alta', devido a sua escala, complexidade ou relevância estratégica", diz Paranjpe. Uma "matriz de cargos em alta/pessoas em alta" mostra qual proporção desses trabalhos é preenchida por listers e quantos talentos promissores logo se unirão a eles. "Queremos nos certificar de que as melhores pessoas estejam nos cargos mais importantes para o sucesso operacional atual. Mas a administração também tem a responsabilidade de dar às pessoas em alta os papéis mais empolgantes, complexos, desafiadores e agregadores de valor, porque isso as ajuda a se desenvolver e progredir ainda mais."

Se tivesse uma lista como essa em sua organização, você a utilizaria para produzir uma correspondência de 100% entre cargos em alta e pessoas em alta? A HUL não acha que essa é uma boa ideia. Uma correspondência de 100% não deixa espaço para transferir os líderes à medida que se desenvolvem. Dessa forma, a HUL gosta de ver uma correspondência de 80% a 85%, de acordo com Paranjpe, "e, se for menos do que isso, ficamos pouco à vontade".

Finalmente, o comitê de administração se reúne duas vezes ao ano para uma discussão de quatro a cinco horas sobre os 50 gestores mais promissores abaixo deles na empresa. Essas são as pessoas que estão no ponto de maior rendimento do alta desempenho e alto potencial. Na primeira reunião do ano, o comitê avalia os fatores de liderança "o quê" e "como". Seis meses depois, concluem o planejamento de carreira e as decisões sobre as próximas atribuições para cada um deles.

Espere aí, você pode dizer, uma reunião de quatro a cinco horas sobre 50 pessoas dá, em média, seis minutos por pessoa, no máximo. É aqui que entram as informações do nível intuitivo. Todos os membros do comitê de administração conhecem todos os 50 líderes por meio de frequentes interações informais. Leva pouco tempo repassar as informações coletivas e chegar a um consenso. Eles podem aprovar com eficiência opiniões e planos sobre os gestores promissores, o que deixa tempo para uma discussão mais aprofundada de casos mais difíceis.

Como todos os 50 gestores mais promissores produzem excelentes resultados, os casos difíceis giram em torno de questões qualitativas, e não quantitativas. Informações qualitativas vêm à tona quando um membro do comitê de administração conta como viu um determinado gestor lidar com um desafio específico de liderança e outros executivos oferecem pontos de vista concordantes ou discordantes. Os executivos investigam as impressões uns dos outros para encontrar a verdade nelas, estabelecendo e confirmando passo a passo um consenso preciso e confiável.

Nessas discussões, Banga salienta, "o mais importante é a integridade do gestor". Paranjpe acrescenta: "O caráter e a integridade determinam se uma pessoa deve ir para uma posição de liderança mais elevada. Para começar, não quero passar noites sem dormir me preocupando com a possibilidade de as ações de alguém comprometerem a empresa. Se você tiver de ficar de olho em alguém, essa pessoa não pode ir a um nível mais elevado. A outra razão pela qual enfatizamos o caráter e a integridade é que esses fatores influenciam a capacidade de uma pessoa conectar-se de forma autêntica com as outras. Carisma e saber se expressar bem são qualidades de liderança úteis, mas não bastam se uma pessoa não conseguir se conectar autenticamente com as outras ou desenvolver o consenso e o trabalho em equipe".

"Você só começa a sentir o caráter e a integridade de uma pessoa quando a conhece e vê como ela lida com os problemas. Ela se responsabiliza pelos problemas? Admite francamente quando tem grandes problemas? Ou é o tipo de pessoa que, em uma situação difícil, começa a transferir a pressão para baixo e culpar os outros?"

Para ilustrar isso, Paranjpe menciona "um gestor de excelente desempenho, com nada no histórico escrito para indicar que era necessário ficar de olho nele". No entanto, quando o comitê discutiu esse gestor, dúvidas começaram a surgir. "Ninguém sabia dizer exatamente o que podia estar errado. Ninguém tinha um exemplo concreto para dar, mas, mesmo assim, não nos sentíamos à vontade. Passamos uma hora e meia tentando descobrir algum fundamento para essa sensação. E não descobrimos. Nós dissemos: 'Hoje não temos uma base concreta, mas temos um sentimento. É injusto para ele se o abandonarmos com base nisso. Da mesma forma, é injusto para a empresa se não procurarmos investigar melhor.'"

"Decidimos que, pelos próximos 6 a 12 meses, cada um de nós interagiria com esse gestor. Se não surgissem uma base concreta para a dúvida, ele receberia uma ficha limpa. Mas, se descobríssemos qualquer coisa, independentemente do desempenho, não iríamos adiante.”

Observe o foco inabalável no que mais importa para o futuro da empresa. Observe também como os gestores seniores assumem a responsabilidade pessoal por coletar dados qualitativos – isto é, suas diversas observações e impressões –, que eles podem calibrar juntos para produzir fatos concretos sobre o gestor em reuniões futuras.

GRANDES DESAFIOS DESENVOLVEM GRANDES LÍDERES

Fundamentando o sistema de gestão de talentos da HUL, está a crença de que os líderes devem receber atribuições difíceis para crescer. Os cargos mais difíceis, as maiores provações, vão para os líderes mais promissores, mesmo no período de experiência dos trainees de gestão.

Seria difícil imaginar uma atribuição mais desafiadora do que a recebida por Banga quando era trainee em uma atribuição interfuncional na matriz da HUL em Mumbai. Certo dia, o então presidente do conselho T. Thomas chamou Banga e dois outros trainees à sua sala. Thomas disse que os escolhera para demonstrar sua ideia de que a HUL poderia acelerar o desenvolvimento rural na Índia. Cada um dos jovens iria a uma das três vilas de lavradores nas proximidades da pequena cidade de Etah, em uma região remota de Uttar Pradesh. Ficariam em suas respectivas vilas por dois a três meses, concebendo e testando projetos-piloto para melhorar a vida dos moradores e que depois seriam implementados por toda a Índia. Thomas os visitaria algumas vezes para checar seu progresso.

De acordo com Banga: “Thomas nos disse: ‘Use ao máximo sua imaginação. Vocês podem fazer o que acharem que ajudará sua vila. A única coisa que não podem fazer é gastar o dinheiro da empresa. Cada um de vocês deve se virar com os recursos que encontrarem na vila.’ E foi isso. Estávamos fora da sala dele.”

No início a experiência foi “como estar em Marte” para Banga, um garoto da cidade vindo de uma família abastada. A HUL tinha uma fábrica de laticínios em Etah e o gerente da fábrica providenciara para que cada trainee tivesse um lugar para dormir e uma família com quem fazer as refeições na vila em que haviam sido alocados. "Essa foi a extensão da estrutura de apoio. Isso e um pequeno kit de sobrevivência contendo material de primeiros socorros, lençóis, um mosquiteiro e uma lanterna." Largado no meio da noite em Sirsabadan, uma vila com cerca de 1.500 moradores, Banga descobriu, na manhã seguinte, que as condições eram tão precárias que os aldeões realizavam em público todas as atividades de higiene pessoal. Ele também se viu diante de uma barreira étnica, por ser um sikh em uma comunidade que não tinha experiência alguma com sikhs.

No decorrer do primeiro mês, Banga rompeu as próprias barreiras pessoais, adotou o estilo de vida dos aldeões e passou horas conversando com eles sobre a vila, suas famílias, seu trabalho e suas aspirações e preocupações. Um dos maiores problemas que ele notou na vila foi a falta de qualquer sistema de drenagem, de modo que grandes poças de água estagnada se formavam por toda a parte, tornando-se foco de proliferação de insetos. Por ter formação em engenharia antes de tirar seu diploma de MBA em Marketing, ele sabia que seria relativamente simples construir poços de drenagem para solucionar o problema.

Os aldeões não acreditavam que daria certo, ele recorda. "Eles disseram: 'Quem se importa com água no chão? Sempre foi assim.' Eles não conseguiam fazer a ligação entre água estagnada e seu impacto para a saúde. E finalmente convenci o chefe da vila a me deixar mostrar como isso ajudaria." Banga, o chefe, e outro aldeão cavaram três poços de drenagem, buracos circulares com cerca de 3m de profundidade e 15cm de diâmetro, ao redor do poço da vila. Depois eles encheram cada poço de drenagem com pequenos pedaços de tijolos e cascalho para impedir que se enchessem de areia e sedimentos. Ele fez isso ao redor do poço onde havia muita água parada em um local bastante público.

Da noite para o dia, a área ao redor do poço se transformou. Os aldeões começaram a dizer uns aos outros para ir ao poço ver o que havia acontecido. Com isso, Banga e o chefe convocaram uma reunião da vila. O chefe falou primeiro sobre os benefícios para os aldeões e seus filhos provenientes da construção de poços de drenagem por toda a vila. Quando chegou a hora de Banga falar, deixou claro que eles mesmos precisariam fazer o trabalho. "'É muito fácil', eu disse a eles. 'Eu mostro como fazer. Mas não posso fazer por vocês e não tenho dinheiro para pagar para que alguém faça. Vocês precisam fazer isso para sua própria vila.' Eles entenderam a ideia. Antes da reunião, percorri a vila e escolhi os locais dos novos poços de drenagem. E quando as pessoas construíam um poço de drenagem para a rua onde moravam, eu era chamado para supervisionar o serviço. Isso levou cerca de quatro semanas, depois das quais toda a vila foi completamente transformada em termos do nível de saneamento". Depois disso, Banga promoveu uma iniciativa similar envolvendo a escola da vila, que estava terrivelmente dilapidada. O chefe da vila tinha um pequeno fundo de desenvolvimento à disposição para comprar a tinta e os pincéis. Banga e o chefe começaram o serviço de limpeza e a pintura e depois transferiram o trabalho aos aldeões. A escola passou da pior para a melhor construção da vila, "mais bonita do que a casa do lavrador mais rico", diz Banga com prazer.

Quando Thomas chegou para uma visita, ficou justificadamente impressionado. Ele havia escolhido pessoalmente as vilas para esse experimento e se lembrava vividamente de como aquela vila era antes. Ele ficou tão impressionado com os resultados da liderança de Banga que pediu que ele se encarregasse de um projeto de desenvolvimento rural reportando-se diretamente a ele, em vez de passar ao que normalmente seria a próxima atribuição, em vendas e marketing. Banga objetou, porque estava noivo de uma jovem que precisava morar em uma das grandes cidades da Índia devido a seu trabalho. Thomas teve um ataque de fúria e Banga imaginou que seria demitido. Mas ele se havia provado valioso demais para ser perdido e logo se viu transferido para um cargo na área de marketing de marcas em Mumbai. Ele fortalecera enormemente sua autoconfiança com as dificuldades que teve de superar. Também aprendeu as maiores lições de liderança sobre ouvir as pessoas, descobrir suas necessidades e conquistar seu apoio para um projeto importante – uma das habilidades mais valiosas de um líder.

Ele se viu diante de um desafio intimidador de uma natureza bastante diferente quatro anos depois no início dos anos 1980, quando o Dr. Ganguly, sucessor de Thomas, enviou Banga para trabalhar na Lever Brothers, em Londres. Banga chegou esperando ser alocado imediatamente em um cargo, mas – de forma similar à sua experiência em Sirsabadan – descobriu que

A ARTE DE CULTIVAR LÍDERES | 115

precisaria encontrar ele mesmo um trabalho. Como o único gestor indiano (na verdade, o único asiático) da Lever Brothers na época, conheceu todos os gestores de marketing no que foi basicamente uma série de entrevistas de emprego. "Depois de uma semana, ofereceram-me o cargo de gerente sênior de marca para uma marca de tamanho médio. Eu aceitei com prazer. A discussão do planejamento anual para a marca deveria ocorrer em três semanas e meu novo chefe, um australiano, disse que ele faria a apresentação porque eu acabara de chegar. Insisti que eu mesmo faria e trabalhei dia e noite nas três semanas seguintes para elaborar o plano e o apresentei para todo o departamento de marketing no prazo. Aquilo foi extremamente importante para mim. Com uma tacada só, causei grande impacto sobre todos e fui aceito."

Dois anos depois, Ganguly chamou Banga de volta à Índia e lhe deu o cargo de mais alta pressão e alta alavancagem da empresa: liderar o Projeto STING, um acrônimo para "Strategy to Inhibit Nirma Growth", ou estratégia para inibir o crescimento do Nirma. O Nirma era um sabão em pó de preço acessível inventado por um químico empreendedor que começou a vendê-lo de vila em vila em 1969. Por ser uma indústria artesanal, o Nirma não precisava pagar o salário mínimo obrigatório por lei e era isento de uma variedade de impostos e normas que afetavam a HUL, incluindo restrições a descontos no preço contra concorrentes menores. A HUL nem tinha um produto de preço acessível para o qual poderia pensar em dar descontos. Pior ainda, à medida que o Nirma ia crescendo, ele começava a ameaçar a principal marca de sabão em pó, a Surf. Em 1985, o Nirma era um sucesso tão grande entre os consumidores por toda a Índia, e não apenas em áreas rurais, que chegou a ter o triplo do volume de vendas do Surf. O Wheel foi lançado pela equipe de Banga em 1987, como um produto formulado para ser superior ao Nirma, ao mesmo preço. Quando foi lançado, ele teve enormes margens negativas. Uma equipe multifuncional criou um novo modelo de negócios para resultar em margens positivas no prazo de 18 meses.

Apesar de o Nirma ter 16 anos de mercado, a HUL dispunha de recursos que ajudariam o Wheel a alcançar a concorrente. Esses recursos incluíam a experiência prática de seus líderes obtida na Índia rural, o que deu à empresa insights precisos da base de clientes do Nirma. Ao longo dos anos, o Wheel ultrapassou o Nirma e se tornou a maior marca do portfólio global da Unilever.

Então, a carreira de Paranjpe passou por um contratempo. Depois da atribuição global, Paranjpe foi trazido de volta e encarregado do negócio de produtos de lavanderia da HUL. Chegando no meio da intensa batalha entre a HUL e a Procter & Gamble, pela primeira vez ele não conseguiu atingir suas metas de crescimento de vendas. Ele fora um lister desde o início e, apesar de ainda ter o "como" do comportamento e potencial de liderança, não tinha o "o quê" do desempenho da liderança. Paranjpe se lembra do momento em que seu chefe, o diretor-geral do negócio de produtos domésticos e de higiene pessoal da HUL, além de membro do comitê de administração, ligou para ele e disse: "Independentemente de qualquer potencial e comportamento de liderança que você demonstre, seu desempenho recente não o coloca entre os mais bem cotados. Você vai precisar sair da lista."

Paranjpe respondeu ao chefe dizendo: "Não posso argumentar com a decisão e, em muitos aspectos, eu me sinto bem a esse respeito, porque o processo é objetivo, transparente."

Apesar de ele ter sido retirado da lista, continuou liderando o negócio de produtos de lavanderia e, sob enorme pressão, foi encarregado de avançar o negócio. Olhando para trás, ele concluiu que demorou para perceber que o negócio demandava mudanças estruturais e que "precisava fazer muito mais para empolgar e realinhar toda a organização". Ele se determinou a fazer isso, ao mesmo tempo que se certificava de "não transmitir a pressão para baixo e provocar pânico". Ele retomou o crescimento do negócio e, dois anos mais tarde, o comitê de administração não apenas o colocou de volta à lista, como também o promoveu a diretor executivo de produtos domésticos e de higiene pessoal – e um membro do comitê de administração. Três anos depois disso, com o "o quê" e o "como" finalmente equilibrados, ele foi nomeado CEO.

CONCLUSÕES

À medida que sucessivas gerações de líderes progridem de aprendizes a mentores, o círculo virtuoso de desenvolvimento de lideranças da HUL desenvolve e renova continuamente sua força organizacional. Trata-se de um processo social qualitativo, invisível, mas seus elementos específicos podem ser identificados:

- o pipeline especial para líderes desde o recrutamento até o topo;
- o foco constante em "o quê" e "como" da liderança;
- a calibragem colaborativa das frequentes observações diretas, avaliações e mentoring dos líderes futuros por parte dos gestores seniores;
- a atenção ao coaching por parte dos gestores em todos os níveis;
- a abordagem sempre extremamente exigente para o desenvolvimento da carreira de líderes individuais, com significativas oportunidades de liderança e experiência tanto interfuncional quanto interdivisional nos três primeiros anos cruciais da carreira de um líder futuro;
- o desenvolvimento de grandes líderes com grandes desafios.

Da mesma forma que a Academia Militar de West Point, que produz não apenas generais como também um corpo de oficiais sem igual, a HUL busca a excelência na liderança em todos os níveis da organização – inclusive uma série de CEOs espetaculares. Ter líderes em rápido desenvolvimento proporciona enorme vantagem competitiva em mercados altamente dinâmicos, e a HUL fica mais jovem e mais renovada a cada ano sem jamais perder o benefício da experiência profunda.

O próximo capítulo apresenta uma empresa com uma longa história de desenvolvimento de líderes verdadeiramente globais. A P&G é uma empresa de primeira linha no que diz respeito à gestão de marcas e ao foco no consumidor e tem um pipeline de líderes que recebem atenção especial, incluindo atribuições globais que põem seus limites à prova.

Capítulo 6

AMPLIANDO A COMPETÊNCIA E A CAPACIDADE POR MEIO DE EXPERIÊNCIAS QUE IMPORTAM:

Como a P&G Desenvolve Líderes Globais

Empresas que se adaptam a um mundo em eterna mudança atualizam constantemente as qualidades que desejam em seus líderes. A Procter & Gamble sempre foi pioneira no desenvolvimento de talentos, e suas sucessivas décadas de sucesso refletem em grande medida sua força na escolha de líderes sintonizados com o momento. O talento em marketing tem sido uma constante, mas a empresa cultiva continuamente outras habilidades adicionais.

Quando A. G. Lafley se tornou o CEO em 2000, percebeu que as grandes oportunidades de crescimento de sua empresa provinham das regiões em desenvolvimento do mundo e ajustou seus processos de talentos para se concentrar em estratégia, inovação e conhecimento do mercado e do consumidor. O "banco genético" de liderança precisaria manter o ritmo para concretizar esse futuro. A perspectiva global sempre foi um ponto forte essencial dos líderes da P&G, e as atribuições globais de hoje são cada vez mais imbuídas nos processos de desenvolvimento de lideranças da P&G. Com efeito, uma atribuição global (ou experiência global estendida) é um dos recursos-chave que a P&G utiliza para desenvolver a competência e a capacidade de uma pessoa e prepará-la para voos mais elevados. Quando, em 2009, a P&G precisou de um sucessor para substituir Lafley, ela já tinha um pronto: Bob McDonald, um líder desenvolvido internamente cujas experiências e realizações globais lhe deram a preparação ideal para liderar a P&G. E quando Dick Antoine se aposentou de seu cargo como líder global de RH, Moheet Nagrath, com muito tempo de casa na P&G e que também havia morado em muitas partes do mundo antes de se mudar para Cincinnati, contribuiu com uma visão decididamente global para o desenvolvimento da próxima geração de líderes. Sob o comando de Bob McDonald, a P&G continua a desenvolver líderes com profundo conhecimento do consumidor e que entendem a inovação e percebem o valor do aprendizado experiencial em atribuições globais.

Nenhum número de visitas pode comparar-se com a experiência de viver em lugares diferentes. A imersão em uma miríade de vivências novas e diferentes testa um líder em vários níveis e proporciona enormes oportunidades de crescimento. Retirar as pessoas de sua zona de conforto desenvolve a perspicácia pessoal, aguça o senso crítico e proporciona uma oportunidade sem igual de construir relacionamentos com uma ampla variedade de pessoas com diferentes formações e culturas. As pessoas desenvolvem tanto sua capacidade, que é a habilidade de realizar mais do mesmo trabalho, quanto sua competência, que é realizar mais por meio de um nível mais elevado de trabalho. Por fim, a prática cultiva o tipo de colaboração que cruza fronteiras – uma das metas de McDonald para aumentar o poder da organização global da P&G.

Como Lafley nos lembra, o desenvolvimento de talentos não é só uma questão de desenvolver e cultivar líderes, mas também de testar os melhores com atribuições complexas e desafiadoras que revelarão quais deles têm potencial de CEO. "Operar em um país difícil, como a Coreia, a Indonésia, a Rússia ou a Nigéria, ou em um negócio no qual não estamos vencendo, ou um negócio recém-adquirido que não conhecemos muito bem, ou em um negócio de desempenho cronicamente insatisfatório... todas essas possibilidades são consideradas atribuições de teste e ampliação", ele diz. "Mas precisamos tomar cuidado para não queimar pessoas excelentes com enorme potencial levando-as longe demais e sujeitando-as a mais desafios, complexidade e dificuldades do que elas estão preparadas."

Veja como a P&G as pressiona só o suficiente e não além. Você conhecerá duas pessoas em particular que mostrarão como atribuições meticulosamente selecionadas podem acelerar em muito o desenvolvimento de líderes de alto potencial.

O APOSTADOR

Dick Antoine estava conversando de forma descontraída com vários líderes dos negócios da P&G reunidos para o encontro estratégico anual da empresa em novembro quando viu Deb Henretta se aproximando dele. Ele não via Deb desde que ela aceitara um cargo em Singapura, cinco meses antes, e estava ansioso para saber dela. Muitas pessoas da P&G não veem a hora de trabalhar no exterior, mas foi difícil convencê-la a tirar sua família de Cincinnati para morar em outro continente. Ela finalmente concordou com uma atribuição de 18 meses – um período curto para uma transferência internacional na P&G, especialmente considerando os recursos consumidos e o tempo que o líder levaria para se adaptar. O tempo médio para uma atribuição como essa normalmente é de três a cinco anos. Antoine, então líder do HR, e Lafley, então CEO, se dispuseram a anuir porque sabiam que os vínculos dela com a comunidade de Cincinnati eram incomumente profundos. Deb tinha três filhos na escola, dois deles adolescentes e um já na faculdade, e estava intensamente comprometida com a miríade de conselhos consultivos e corporativos nos quais atuava.

Além disso, Antoine intuía que ela ficaria ainda mais. Ele vira muitos líderes da P&G resistirem a atribuições desse tipo só para descobrir o quanto haviam aprendido com a experiência. Muitos acabavam querendo ficar mais tempo do que podiam. Ele sentia que o mesmo aconteceria com Henretta. "Vamos combinar assim", ele disse antes de ela partir. "Se você quiser voltar para Cincinnati depois de 18 meses, o jantar será por minha conta. Caso contrário, você me paga um jantar."

Henretta estava totalmente à vontade quando se aproximou de Antoine no coquetel daquele retiro de estratégia em novembro. Ela o cumprimentou calorosamente depois parou por um instante antes de perguntar: "Então, onde você quer jantar, Dick?"

Henretta descobriu que adorava trabalhar no sudeste da Ásia. Além disso, os filhos dela estavam felizes na nova escola e a família inteira estava gostando de viajar e conhecer uma parte tão diferente do mundo. Ela havia crescido de formas que jamais teria imaginado. Em pouco tempo, estava liderando todas as linhas de produto da P&G para 15 países asiáticos, incluindo a China, e se tornando candidata a papéis maiores na P&G. Quatro anos e meio depois, ela ainda não havia pedido a passagem de volta.

CONQUISTANDO UMA FUNÇÃO DE TESTE

Durante décadas, a P&G tem produzido líderes que são excelentes administradores gerais com tendência específica para a gestão de categorias ou de marcas. Para subir, eles precisam demonstrar expertise em insight do consumidor, impulsionar a inovação e ser "globalmente eficazes", o que significa ser capazes de liderar em culturas diferentes. Outras empresas sondam regularmente a P&G em busca de líderes de alto nível. Entre os líderes que a empresa formou, estão Steve Ballmer, CEO da Microsoft, Meg Whitman, ex-CEO do eBay, Scott Cook, fundador da Intuit, Jim McNerney, CEO da Boeing, Jeff Immelt, CEO da GE, e o recém-nomeado CEO da arquirrival Unilever, Paul Polman.

P&G considera a escolha das atribuições certas para os líderes parte crucial do desenvolvimento do DNA de sua liderança. Um mix de atribuições de teste, ou "experiências aceleradoras", dá aos líderes tanto profundidade quanto amplitude de experiência, de forma que eles possam desenvolver as competências para liderar uma organização grande, complexa e global. Cada atribuição é mais do que apenas uma recompensa ou um chamado para a ação, mas também uma oportunidade de aprendizado e um teste, um elemento básico da classificação, análise e seleção de líderes que possuam o mix necessário de habilidades, características de personalidade, relacionamentos, senso crítico e experiência para prepará-los para maiores responsabilidades. Trata-se de um ato de equilíbrio entre as necessidades dos negócios e as necessidades de desenvolvimento da pessoa.

Henretta foi escolhida para trabalhar em Singapura em grande parte devido a seu sucesso em uma função especialmente difícil, uma das chamadas funções de teste da P&G: revitalizar o negócio global de cuidados com os bebês, que vinha se arrastando atrás da Kimberly-Clark por 15 anos. Na época, soou como uma transferência arriscada, porque ela não conhecia o negócio; todos os líderes anteriores eram experientes, muito vindos da manufatura. Mas Antoine não pensava assim. "Foi uma das excelentes manobras de planejamento de atribuições de A. G. Lafley", ele conta. "A. G. viu que a P&G estava extremamente focada em grandes clientes como o Walmart e não se voltava o suficiente para o consumidor. Ele achou que Henretta seria capaz de levar à função o tão necessário foco no consumidor. Ela vinha do negócio de produtos de lavanderia e, como muitas outras pessoas na P&G, toda a sua formação era em marketing e gestão de marcas. Ela estava na nossa lista de observação de líderes de alto potencial. Além disso, ela era mãe de três filhos, de forma que entendia o consumidor e sabia como falar com as mães."

Lafley acertou na mosca. Henretta transformou o negócio de cuidados com os bebês. Os comerciais mudaram de anúncios técnicos a mensagens sobre amor e todas as emoções que as mães sentem pelos filhos. Ela levou o negócio a um empate com a Kimberly-Clark, uma posição que foi mantida desde então.

Participação de marca, participação de mercado e lucro são medidas padrão do sucesso de um líder. Mas é igualmente importante observar como a pessoa cresceu. Que habilidades e competências ela demonstrou? Quais são seus pontos fortes? Quais devem ser expandidos? Em que áreas ela precisa melhorar? Alguns talentos podem ser profundos. Quais novos talentos acabaram de vir à tona no passado recente? Observar esses eventos, e não apenas números de desempenho, é essencial para avaliar o potencial de ascensão de um líder.

Parte da forma como a P&G define o potencial é a possibilidade de passar para um papel de liderança dois níveis acima por ser um desafio maior. Isso reduz o número de candidatos. Quantas vezes ouvimos um líder dizer: "Tenho um excelente número 2"? A pessoa pode ser ótima no papel de número 2 ou como sucessora para o número 1 naquele departamento ou unidade de negócios. Mas não é um líder de alto potencial se tiver poucas chances de ir além.

Henretta ocupava o cargo de presidente global de cuidados com bebês há aproximadamente cinco anos quando a P&G começou a pensar na próxima atribuição para ela. Lafley e Antoine acharam que ela precisava de mais oportunidades de crescimento pessoal, para ampliar tanto sua competência quanto sua capacidade. Qualquer pessoa que ambicione posições mais elevadas na P&G, como vice-presidente do conselho ou CEO, precisa ter três "experiências": responsabilidade pela administração de várias marcas em um país; responsabilidade por um negócio global, como produtos de lavanderia ou higiene pessoal; e uma atribuição morando em um país diferente. (No caso das pessoas que trabalham em uma das empresas europeias da P&G, isso significa morar fora da Europa.) Henretta só tinha uma dessas experiências, de modo que eles estavam em busca de uma atribuição que lhe desse as outras duas.

A primeira vaga internacional que se abriu foi liderar o nordeste da Ásia, morando no Japão. A oportunidade a confrontava com algumas escolhas difíceis. "Meus filhos já estavam ambientados", ela diz. "Eu me sentia extremamente bem com o meu trabalho na unidade de negócios global. Eu vinha liderando o negócio global de cuidados com bebês por cerca de cinco anos e me tornara uma verdadeira expert. Sinceramente, eu adorava a minha equipe e o negócio no qual trabalhava."

Ela também tinha compromissos fora do trabalho. "Eu tinha uma rede de amigos e contatos profissionais e sabia que seria muito difícil me manter conectada da mesma forma. Eu participava de vários conselhos comunitários, incluindo o Children's Hospital de Cincinnati, e estava envolvida no aconselhamento de várias universidades, como a St. Bonaventure, onde me formei. Todas essas atividades são uma parte importante de quem eu sou, já que acredito ser importante retribuir à comunidade e às escolas que me ajudaram no começo." Henretta e seu marido agonizaram diante do dilema e acabaram decidindo ir ao Japão. Então, depois de tanta deliberação e ajustes, o chefe dela decidiu sair da empresa e o plano foi adiado – Lafley não queria que ela saísse do negócio de cuidados com os bebês ao mesmo tempo, temendo perder o progresso já atingido. "O caminhão da mudança havia sido contratado para a semana seguinte", ela conta. "Foi muito decepcionante. Quero dizer, não tem outra forma de dizer isso."

"Mas não há nada como perder alguma coisa para perceber o quanto você a quer. E isso teve o mesmo efeito sobre a minha família." Um ano depois, quando surgiu a vaga em Singapura, Henretta já estava pronta. Ela não se preocupou com o fato de isso ser visto como uma transferência lateral.

Quando Lafley foi trabalhar pela primeira vez no Japão, ele passou de administrar o negócio americano de produtos de lavanderia da empresa, o maior negócio regional da empresa, que representava cerca de 20% dos negócios da empresa, a administrar 5%. Ele era um dos candidatos de liderança mais fortes da empresa na época e foi transferido para o que parecia ser uma responsabilidade menor. E, mesmo assim, ele se tornou o CEO.

Mas ela queria certificar-se de que aquele cargo específico seria certo para ela. "A P&G é dividida em três mundos: as unidades de negócios globais, as funções e a organização voltada para o mercado. Eu adorava o trabalho nas unidades de negócios globais – desenvolver marcas globais, pensamento estratégico, trabalhar com o pipeline de inovação. E me preocupava com a possibilidade de essas coisas não serem realmente o foco no novo cargo."

Vários membros do Conselho de Administração da P&G conversaram com Henretta para explicar por que achavam que ela deveria aceitar o cargo. Eles haviam crescido consideravelmente nas próprias atribuições internacionais e achavam que ela reunia as habilidades e competências corretas para o trabalho. Como a Ásia era um mercado em desenvolvimento, Henretta permaneceria encarregada das unidades de negócios globais do portfólio, além de assumir a responsabilidade pelo trabalho operacional. Ela poderia alavancar o que fazia bem e com confiança, ao mesmo tempo que desenvolvia novas habilidades nas operações e na organização voltada para o mercado.

Quando Lafley conversou com Henretta, ele a surpreendeu dizendo: "Deb, você sabe que essa atribuição provavelmente não passará de três anos." Ele não estava conseguindo convencê-la porque ela queria algo menor. "Eu sabia que a família seria capaz de sobreviver a dois anos de qualquer coisa, mesmo se não gostássemos da experiência e ela acabasse sendo um transtorno. Mas três anos meio eram demais para mim." Seu desejo de uma estadia curta deu uma virada irônica quando ela descobriu o quanto gostava do trabalho e do local. "Agora estou entrando no meu quinto ano", Henretta disse no final de 2009. "Na verdade, fui eu quem pedi para ficar no ano passado, porque meus filhos gostaram muito. Meu filho estava no meio do ensino médio e basicamente disse: 'Mãe, se você tiver de voltar a Ohio, vai ter de voltar sem mim. Eu adoro a escola aqui e quero me formar na Singapore American School'."

ENCONTRANDO OS POUCOS QUE SE DESTACAM

"Então me imagine agora, depois de ter odiado tanto a ideia no começo, precisando pedir para ficar. E, é claro, eu perdi a aposta com Dick. Tivemos um agradável jantar com nossos cônjuges aqui em Singapura."

ENCONTRANDO OS POUCOS QUE SE DESTACAM

Henretta trabalhava na P&G por aproximadamente 25 anos quando foi transferida para Singapura. Como costuma acontecer na P&G, seu potencial de liderança fora identificado depois de cerca de cinco anos na empresa. Apesar de a P&G selecionar criteriosamente seus recrutas, não colocam as pessoas imediatamente na lista de observação da liderança. Espera-se que líderes do nível sênior identifiquem o potencial de pessoas que trabalham vários níveis abaixo, e pessoas de alto desempenho e alto potencial são identificadas pelos líderes de níveis elevados por meio de um processo formal de avaliação de talentos.

Trata-se de um sistema bottom-up que começa no segundo ou terceiro nível da empresa com pessoas com cerca de cinco anos de casa. Os nomes passam para o próximo nível e elas vão subindo em termos de negócios, funcionais e corporativos. Digamos que as pessoas do negócio de cuidados com os bebês no Japão estejam realizando uma avaliação de talentos naquele país. Eles apresentariam à unidade de negócios global de cuidados com os bebês os nomes das mais ou menos cinco pessoas mais talentosas trabalhando no Japão. Cada função também coletaria nomes para enviar à função corporativa. Naturalmente, haveria duplicidade, porque uma pessoa trabalhando na cadeia de suprimento dos cuidados com os bebês teria seu nome em duas listas: para os cuidados com os bebês como um todo e para a função de cadeia de suprimento.

Sob a liderança de Lafley e Antoine, a P&G realizou inúmeros fóruns para planejar atribuições e rever planos de sucessão, um voltado para administradores gerais, por exemplo, e outro voltado para líderes mais aprofundados nas funções de negócios. Três vezes ao ano, uma parte dos mais ou menos 40 líderes mais seniores da empresa – que lideram negócios, países ou funções – se reuniam na matriz para conversar sobre seus maiores talentos de liderança, incluindo o nível de adequação dos atributos de cada pessoa os fatores de sucesso críticos da P&G. O CEO conduzia as discussões. O grupo avaliou os talentos para a metade dos negócios no, digamos, mês quatro, para a outra metade dos negócios no mês 8 e para todas as funções corporativas e países no mês 12.

"Depois de alguns anos de ajustes, finalmente conseguimos que eles fossem extremamente eficientes", diz Antoine. "Apesar de termos aproxi-madamente 100 pessoas na pauta, concentramo-nos em cerca de 30. Conhecemos tão bem essas pessoas que, se nenhuma mudança for necessária, podemos só mostrar a foto da pessoa na tela. Considerando as 30 pessoas nas quais nos focamos, concentramo-nos em um ou dois pontos que realmente importam para essa pessoa. Não precisamos ler currículos ou históricos. E essa avaliação era sacrossanta. Ela nunca correu o risco de ser dominada por outro assunto considerado mais importante."

Eles fizeram experimentos com avaliações de talentos em grupos maiores e descobriram que elas ajudavam os líderes a se familiarizar com talentos de alto potencial fora de sua unidade de negócios. Mas a prática também apresentavam uma desvantagem: algumas vezes, inibia as discussões francas. Lafley e Antoine fizeram um brainstorming para que as discussões fossem mais baseadas na realidade.

"Essa coisa de franqueza foi a mais difícil para nós", Antoine explica. "Você não quer destruir a carreira de alguém na frente de tantas pessoas, mas também não quer conversar sobre como a pessoa foi excelente só para descobrir mais tarde que é uma pessoa horrível."

A solução foi acrescentar uma sessão com o CEO, o líder do RH, o vice--presidente do conselho do negócio e o responsável pelo RH no negócio. Essas quatro pessoas passaram a se reunir depois das avaliações de talentos, nas quais podiam dizer: "Ok, vamos falar sobre essas pessoas. Quem elas são, como vai seu desempenho, quais planos de atribuição ou intervenções precisamos fazer?" Elas podiam ser mais francas porque não estavam afetando a opinião de cerca de 40 outras pessoas. E, como conheciam bem as pessoas, podiam fazer sugestões como: "Por que não dar algum coaching para essa pessoa?" Além disso, era mais fácil identificar líderes que precisavam avançar. As pessoas eram incluídas ou retiradas da lista dos maiores talentos da empresa, e essas mudanças eram subsequentemente informadas ao conselho de administração.

Desde então, McDonald e Nagrath melhoraram o processo de avaliação de talentos, aumentando o tempo e a atenção dedicados a ele.

INVESTIGANDO OS TALENTOS FORA DA AVALIAÇÃO FORMAL DE TALENTOS

A P&G está sempre atenta aos talentos da empresa – em avaliações de estratégia, avaliações de inovação, avaliações financeiras, visitas a unidades de país ou unidades de negócios e em programas internos de treinamento como o General Manager College da empresa. As avaliações de estratégia incluem, naturalmente, o líder do negócio, normalmente com seu CFO e algumas outras pessoas-chave e um punhado dos líderes mais seniores da empresa, incluindo o CEO. Depois disso, os líderes corporativos muitas vezes conversam informalmente sobre como os líderes lidaram com sua avaliação de estratégia do ponto de vista da liderança.

Quase todos os líderes realizam um bom trabalho, mas, esporadicamente, alguém intriga os líderes seniores. Se algo não ficar claro, o CEO naturalmente tentará ajudar, mas a confusão pode levantar algumas questões: O que isso diz sobre o presidente desse negócio? O que o fato de seu relatório não ser focado diz sobre seu estilo de liderança? O que implica o fato de a pessoa não ter comentado sobre uma ou duas questões-chave que estão causando problemas nos negócios? É assim que as avaliações de estratégia inevitavelmente incorporam um elemento de liderança. A alta administração leva em conta as pessoas que trouxeram uma nova mentalidade ao negócio e aquelas que precisam ser observadas com mais cuidado.

Lafley transformou o processo de estratégia em uma poderosa ferramenta de coaching introduzindo uma nova prática – que recomendamos que seja adotada por outras empresas. Ele analisava cada documento de estratégia do líder antecipadamente e oferecia comentários por escrito ao apresentador antes da reunião. O feedback podia ser: "Não entendi como isso resolve o problema do nosso maior concorrente acabando conosco em termos de precificação" ou "Caramba, acho que você acertou na mosca aqui". É um modo de orientar o líder, e o CEO fica conhecendo mais a pessoa com base na forma como ela reage.

Um atributo cada vez mais importante é a capacidade de conduzir um programa de inovação. A P&G tem uma longa história de criação de marcas e produtos revolucionários, como o sabão em pó Tide e as fraldas descartáveis Pampers, mas, quando Lafley assumiu, a empresa não vinha desenvolvendo muitos grandes sucessos e estava com dificuldade de atingir as expectativas de lucro. Ele concluiu que a P&G vinha tentando fazer coisas demais rápido demais e precisava voltar às suas origens. Ele fez da inovação a meta central, mantendo o foco no consumidor. Agora as avaliações de inovação são rotineiras. As unidades de negócios esmiúçam seus portfólios e planos pelo menos trimestralmente e os apresentam à alta administração todos os anos. As sessões são uma rica fonte de informações. O CTO (Chief Technology Officer) e o CEO podem observar com facilidade quem é bom na liderança de um programa de inovação e com quem eles deveriam se preocupar.

O talento também é observando em avaliações financeiras. Fica bem claro quem estabelece um orçamento agressivo e quem define um orçamento que pode ser facilmente atingido. E, quando o CEO e seu líder de RH visitam países e negócios para discutir sobre resultados e desafios, de maneira bastante parecida com as avaliações operacionais da GE, concluem cada sessão com uma avaliação dos talentos da organização. Com isso, eles têm uma visão atualizada dos talentos de cada país ou região e um conhecimento geral mais profundo do banco de talentos global da empresa.

McDonald utiliza o General Manager College da P&G, projetado para ajudar a preparar líderes promissores para desafios futuros, como mais uma forma de conhecer melhor seus principais talentos. Um dos dois programas dos quais os administradores gerais recém-promovidos participam, ele é ensinado por executivos da P&G, em algumas ocasiões com a colaboração de um parceiro externo. McDonald o leva muito a sério, de modo que ele mesmo ministra o módulo de liderança do programa e observa algumas atividades. Nagrath participa durante a semana inteira. "A coisa mais importante que tento realizar nessas sessões é que os líderes individuais sejam introspectivos em relação à própria liderança e deliberem mais", McDonald diz. "Eu lhes digo que, se vocês não se lembrarem de mais nada, por favor, lembrem-se disto: quanto maior for a organização que vocês liderarem, mais deliberados devem ser em relação à sua liderança. Pensem no filme *Momentos decisivos*, no qual Gene Hackman tira uma fita métrica e manda o time de basquete que ele está treinando medir a altura da cesta e a distância da linha de lance livre. Eu pergunto a nossos líderes da P&G: 'Vocês seriam tão deliberados ou só teriam se levantado no ônibus a caminho do último jogo do campeonato e dito: 'A quadra é do mesmo tamanho, então entrem lá e joguem bem'?"

"Nós conversamos muito sobre caráter, que eu defino como colocar as necessidades da organização acima de suas próprias necessidades. Os melhores líderes da P&G são aqueles que cuidam da organização. Então, apesar de estarmos em uma organização que se importa com os resultados, e todos os que têm sucesso aqui obtêm bons resultados, também nos importamos com *como* você obtém esses resultados. Conversamos sobre as crenças da liderança e tentamos colocá-los em contato com as próprias histórias de forma que eles possam utilizar deliberadamente essas histórias para liderar."

"Participando regularmente dessas sessões, Moheet e eu obtemos valiosos insights sobre as pessoas. E também é uma excelente oportunidade para conhecermos as questões enfrentadas pelos líderes em diferentes partes do mundo."

Até o número de pessoas que se oferecem para transferências proporciona informações sobre um líder. Se seus subordinados estão constantemente se oferecendo para ocupar cargos fora de sua unidade de negócios, isso pode indicar um problema. E o feedback de 360 graus é outra fonte de informações. "É importante utilizar toda e qualquer oportunidade para observar e avaliar as pessoas, seja uma avaliação formal, um jantar informal, convidar pessoas para a minha casa, visitá-las nas casas delas", diz McDonald. "Quando peço aos líderes para me dizer, por exemplo, como será a organização em 2015 ou 2020, fica relativamente claro quem pensou em desenvolver a competência da organização e qual competência eles pensaram em desenvolver. Nosso conhecimento dos líderes individuais da empresa é bastante profundo. E, depois de passar uma semana com cada um de nossos administradores-gerais no General Manager College, posso dizer que conheço muito bem essas pessoas."

Quanto tempo um CEO da P&G dedica às pessoas? "Alguém um dia perguntou isso a A. G.", conta Antoine. "Ele parou um pouco para pensar e disse: 'Cerca de 40%.' Eu estava sentado lá pensando que aquela estimativa parecia um pouco alta demais, mas não disse nada. Eu voltei e olhei a agenda dele em um período de seis meses e descobri que ele não tinha errado muito. Eram 38%."

DE "QUEM VOCÊ CONHECE" A "QUEM É MELHOR"

Hoje em dia, sistemas computadorizados de banco de dados de empregados não são incomuns, mas a P&G estava muito à frente dos outros quando criou o próprio sistema em 2003. Quando solicitou verba para o projeto, Antoine vinha liderando o RH por vários anos e contava com a plena confiança de Lafley, com quem ele trabalhou no Japão antes de Lafley ter sido nomeado CEO. Nagrath liderou o projeto e, em 2005, ele já havia sido implementado, inicialmente nos Estados Unidos e depois globalmente. Hoje ele constitui uma parte integral da gestão de talentos da P&G.

(A equipe de RH da GE havia construído um banco de dados global similar, incluindo todos os empregados alguns anos antes. Bill Conaty lembra que, quando propôs o projeto a Jack Welch com o título "Plano de simplificação do RH", Welch retrucou: "Isso é um oximoro!" Mas Welch aprovou o projeto de $12 milhões, que foi implementado com sucesso, e, de brincadeira, hoje assume os créditos por ele.)

O banco de dados global da P&G inclui todas as informações pertinentes sobre cada um de seus líderes e as exibe em uma tela durante as sessões de avaliação de talentos. Os próprios líderes incluem algumas informações, relacionando, por exemplo, habilidades e experiência com competência em idiomas. Se a pessoa em avaliação for casada, eles podem observar que ela precisa de uma atribuição na qual o cônjuge possa se empregar. Se o cônjuge for outro empregado da P&G, as informações dele também serão exibidas. O banco de dados também mostra a atribuição da pessoa, seu salário e histórico de desempenho importados de outros sistemas de RH.

O sistema é vinculado ao scorecard da P&G, que é uma forma de avaliar os líderes tanto em medidas "hard" quanto "soft". "O scorecard torna a

A ARTE DE CULTIVAR LÍDERES | 131

gestão de desempenho mais orientada por métricas e mais fácil de monitorar", diz Nagrath. "É o desempenho visto pelo microscópio."

O scorecard mensura todos os administradores gerais, presidentes e vice-presidentes do conselho em duas dimensões: números quantitativos (participação de mercado, volume de vendas, lucro e assim por diante) e competências qualitativas que ajudam a desenvolver a organização, como inovação, liderança e estratégia. Essas informações são incorporadas ao processo de classificação do desempenho da P&G, que, por sua vez, é incorporado ao processo de remuneração. A empresa vem utilizando esse sistema há vários anos, de forma que os líderes podem olhar para trás para verificar o desempenho de uma pessoa com o tempo, mesmo que seja em diferentes atribuições. "O desempenho sustentável é especialmente importante", explica McDonald. "Quando você avalia um administrador-geral ao longo de um período de cinco anos, é fácil ver quais líderes estão construindo relógios e quais estão informando as horas."

O scorecard inclui uma métrica inovadora criada pela P&G: o impacto duradouro do líder sobre o negócio. Por exemplo, leva muito tempo para se construir uma marca, mas ela pode ser destruída muito rapidamente. A P&G começou a monitorar o que acontece depois que os líderes passam para o próximo cargo. Quando os melhores gestores saem de um cargo, as coisas melhoram. Em outros casos, as coisas pioram independentemente de quem os substitui. Isso leva a alta administração a fazer algumas perguntas específicas.

Quando a P&G começou a monitorar informações desse tipo, o comportamento começou a mudar. E, em alguns casos, o feitiço se virou contra a feiticeira. Antoine se recorda de uma promoção específica na qual as pessoas o procuravam dizendo: "Ei, lembro que as coisas não foram tão bem depois que Charlie foi promovido em seus últimos dois cargos. O que está acontecendo aqui?" Antoine resume: "Nós exigimos que prestassem contas, e eles, por sua vez, passaram a exigir que nós prestássemos contas." McDonald acrescenta: "Em algumas empresas, esse tipo de visão retrospectiva é feita informalmente, quando as pessoas fazem comentários como: 'Sabe, Joe não foi tão bem quanto achávamos que ele iria', mas, enquanto isso, Joe foi promovido e ninguém fez muita coisa a respeito. Nós agimos com base nas informações."

O banco de dados fez diferença notável na qualidade das decisões. "Ele foge do sistema 'quem você conhece'", diz Nagrath. "Antigamente, quando você precisava substituir o administrador-geral na França, você dizia 'Quem você conhece que fala francês?' O chefe da Europa Ocidental ou o líder daquele negócio diria: 'Eu conheço Joe e Susie.' Mas poderia haver 18 outros candidatos muito bons que eles não tinham como conhecer. E se praticamente todos os líderes que você conhecesse fossem dos Estados Unidos, adivinhe quem recebia mais promoções? Líderes dos Estados Unidos."

"De repente, o sistema abriu as oportunidades a todos. Você insere os critérios de busca e, em segundos, recebe uma lista de pessoas. E depois você pode dizer: 'Nunca ouvi falar de Fulano, mas no papel ele parece excelente. Vamos procurar saber mais sobre ele.' Quando você tem acesso a dados, e dados do mundo todo, seu leque de opções se amplia. E seus empregados valorizam isso, porque passa a ser um sistema mais baseado em méritos. Você pode falar sobre a sua rede de velhos colegas da faculdade – essa é mais uma maneira de expressar o fenômeno do 'quem você conhece'."

O RH facilita a busca, mas o gestor de linha é responsável por encontrar a pessoa certa. Para cargos abaixo dos 300 líderes do topo, que são geridos pela administração corporativa, um gestor normalmente telefona para o líder de RH para dizer "Temos más notícias aqui: Pierre vai sair." O RH seleciona três candidatos do sistema. Então começam os telefonemas. O que você acha deles? O que você sabe sobre eles? É nesse ponto que os líderes utilizam seu conhecimento sobre quem está pronto para algo maior ou precisa de uma atribuição internacional, de forma que as pessoas recebam as oportunidades das quais precisam para continuar se expandindo.

O scorecard ajuda a identificar as pessoas que mais merecem com base no padrão do desempenho delas. "Estamos em busca de administradores-gerais cujos resultados se destacam, que são capazes de apresentar resultados entra ano e sai ano em diferentes ambientes", explica Nagrath. "Por exemplo, suponha que estejamos avaliando vários administradores-gerais para preencher uma vaga de presidente. Podemos ver, que durante os sete anos que um determinado líder foi diretor-geral, ele teve em média resultados mais altos do que qualquer outro administrador-geral da lista. Isso torna a decisão de promovê-lo antes dos outros quase irrefutável. O sistema também é uma ferramenta útil no planejamento de sucessão quando o conselho de administração pode ver que o líder não apenas atingiu as metas de curto prazo enquanto ocupou o cargo, como também desenvolveu um negócio que continuou a produzir bons resultados depois que ele deixou o cargo."

CAMADAS DE APRENDIZADO NA ÁSIA

Até os sistemas mais meticulosos de monitoramento e o planejamento de atribuições mais ponderado não têm como prever se uma pessoa crescerá em um novo cargo e de que maneira. Praticamente todas as empresas monitoram o desempenho, mas aquelas mestras em talento utilizam o contato direto e a amplitude de visão aberta para verificar como a pessoa está reagindo à nova situação. Os resultados de negócios de Deb Henretta eram bons; ela atingia as metas. Mas ficou claro desde o início que ela não estava meramente explorando um conjunto existente de habilidades em um novo local. Em vez disso, ela estava aprendendo em vários níveis, o que se evidencia na forma como descreve os quatro anos e meio que passou na Ásia.

"Já comecei liderando vários países do Sudeste da Ásia, incluindo a Índia e a Austrália, cada um com suas diferenças culturais, religiosas, legais, políticas, econômicas e de infraestrutura. Tive a chance de conhecer em primeira mão um país e sua cultura. Viajei muito quando estava no negócio de cuidados com bebês e sempre tentava sair com consumidores e clientes, mas, quando você passa para uma visita, só pode ter um vislumbre da coisa toda. Ter uma atribuição internacional lhe dá um abrangente conhecimento de outra cultura e uma maneira diferente de fazer negócio. E ajuda você a crescer intelectualmente."

"Devido à diferença de fuso horário e à distância física de Cincinnati, e também devido à natureza do cargo, eu sentia que realmente poderia rodar um negócio aqui. Eu não havia percebido o quanto você está protegido quando está trabalhando em Cincinnati, porque pode contar com a ajuda de todo o pessoal de apoio lá. Você tem muitos recursos. Eu, sem dúvida, tinha um grande staff lá, não me entenda mal, mas você está na linha de frente com a imprensa se algo der errado e, com os governos, quando você precisa de uma parceria ou tem um problema com a alfândega ou eles mudam as leis e você está tentando descobrir como lidar com eficiência com essa mudança. Você está um pouco mais por conta própria e, por isso, precisa desenvolver mecanismos de ajuste. E é forçado a encontrar uma rede de pessoas que possam ajudá-lo. Você não chega e encontra a coisa pronta."

"Muitos países em desenvolvimento estão ansiosos para melhorar sua estatura econômica e estão em busca de parceiros que possam ajudá-los a se desenvolver economicamente e não têm muita burocracia para impedir isso. Então eu me vejo interagindo com os governos e aprendendo como trabalham e o que estão tentando realizar em termos de desenvolvimento econômico, mesmo com alguns dos países mais desenvolvidos, na medida em que buscamos montar centros de P&D e transferir as pessoas pela Ásia. Ajuda saber quem eles são pessoalmente e que tipos de produtos ou posicionamentos podem ser importantes para eles."

A Ásia está repleta de desafios inesperados. Se não for um ciclone, é um deslizamento de terra. Se não for um deslizamento de terra, é um golpe de Estado. Se não for um golpe de Estado, é um governo nervoso com um ingrediente de um produto. Henretta precisou desenvolver certa tranquilidade para enfrentar essas situações sem perder o equilíbrio e a confiança pessoal para lidar com elas. "Em uma ocasião, lidamos com um terremoto na Indonésia. Nós priorizamos as pessoas – você precisa localizar todo o seu pessoal, incluindo os visitantes lá, e se certificar de que a estrutura dos prédios não foi afetada. Você praticamente precisa rever todo o plano de continuidade de negócio para passar por algo assim."

NOVAS HABILIDADES, NOVOS HÁBITOS MENTAIS

Henretta se viu fascinada com a velocidade das mudanças no mundo em desenvolvimento. A metáfora que ela usa para isso é uma memória visual do Vietnã. "Quando comecei a viajar para lá, cinco anos atrás, as ruas eram lotadas, mas lotadas de bicicletas e lambretas, e era muito raro ver um caminhão na rua. E agora, em lugares como a cidade de Ho Chi Minh, as ruas são ocupadas em grande parte por carros e caminhões. Eu tenho fotos do

A ARTE DE CULTIVAR LÍDERES | 135

Vietnã desde o primeiro ano em que estive lá até agora, cinco anos depois, e dá para ver o incrível progresso nessas fotos."

"Talvez eu devesse ter me voltado mais para as mudanças no meu cargo anterior, mas você certamente *não* tem como fazer isso aqui. E isso o torna mais progressivo. Eu fiquei mais interessada em montar as fundações aqui, tanto do ponto de vista da estratégia de negócios quanto do ponto de vista de desenvolvimento de competências das pessoas e da organização. Então me ajudou muito a me concentrar em construir algo que continuará a gerar bons resultados de negócios para a empresa muito tempo depois da minha partida, ou pelo menos espero que seja isso que aconteça." Ela acrescenta que sua experiência no negócio de cuidados com bebês provavelmente preparou o terreno para uma visão de prazo mais longo: "Um negócio que vinha decaindo por quase 10 anos não pode ser revitalizado em um piscar de olhos."

Um elemento-chave para se voltar para a mudança é aprender a pensar por si só – tomando decisões mesmo quando você não dispõe de todas as informações que gostaria de ter. "Sou muito mais rápida em tomar decisões com as quais antes eu me debatia", conta Henretta, "porque situações de crise me forçaram a tomar decisões mais imediatas. Na minha atribuição anterior, por tender um pouco ao perfeccionismo, eu queria 90% dos fatos e análises na mesa antes de tomar uma decisão. Agora eu tomo decisões com 80% dos fatos. Eu consegui passar 10 pontos percentuais para o outro lado".

Lafley e Antoine sabiam dos desafios e viram o crescimento de Henretta. "Uma das maiores coisas que qualquer líder da P&G precisa aprender quando sai do casulo protetor de Cincinnati é como lidar com a ambiguidade e a falta de dados", diz Antoine. "Nos países desenvolvidos, você consegue dados sobre praticamente tudo. Do outro lado do mundo, você tem alguns dados e muita intuição do que deve ser desenvolvido. Henretta também precisou expandir seu escopo. Ela operava o maior negócio da P&G, com cerca de $9 bilhões em vendas, em aproximadamente 80 países. Na Ásia, ela tem apenas 15 países, mas praticamente todas as linhas de produtos."

Henretta construiu o próprio sistema de apoio na Ásia por meio de mesas-redondas e envolvimento na Young Presidents' Organization. "Em

Cincinnati, eu tinha uma dúzia ou mais de colegas de unidades de negócios globais trabalhando no mesmo prédio na mesma cidade que eu e, se você tivesse um problema cabeludo, podia pedir a ajuda deles. Mas lá eu precisava contar com relacionamentos externos. Na primeira vez que você passa por algo como um terremoto, é muito importante ter um grupo de outros líderes da empresa que já tiveram a experiência. Por exemplo, quando irrompeu um golpe militar na Tailândia e o aeroporto foi fechado, houve muitos telefonemas entre os executivos aqui operando a Ásia: 'O que você está fazendo para retirar seu pessoal? O que está pensando em fazer?' Tivemos algumas boas sugestões e também pudemos ajudar os outros." Em 2009, a empresa pediu que ela participasse de um comitê de planejamento multidisciplinar encarregado de desenvolver um esquema para o futuro de Singapura – outra oportunidade para ela expandir sua capacidade e competência.

Ela também se ajustou a diferenças em termos de competência organizacional. "Na Ásia, de modo geral, estamos trabalhando e operando com uma organização muito mais jovem em termos de pessoal do que aquelas com as quais você está acostumado a trabalhar no mundo desenvolvido, de forma que precisa dedicar muito tempo e energia ao desenvolvimento de competências. E o trabalho começa com os fundamentos do negócio, o modo como a P&G pensa sobre o negócio e coisas como os fundamentos do desenvolvimento de marcas. Grande parte dos primeiros anos na Ásia foi de uma expansão no vazio, levando as principais categorias da P&G a novos países nos quais a P&G não tinha nenhum histórico de vendas. Mas o desafio nos primeiros dias entrando em uma nova região geográfica é menor do que o que chamo de "período do meio", o período no qual você está tentando se certificar de que o que você estruturou lá de fato está desenvolvendo os negócios. Descobri que precisamos voltar e fazer um pouco de trabalho corretivo no desenvolvimento dos fundamentos de forma que as marcas e o negócio possam durar décadas. Boa parte disso requer ensinar às pessoas todas as coisas que os sujeitos que trabalham em Cincinnati sabem fazer instintivamente. Está no DNA desses sujeitos, considerando o treinamento que recebem, as experiências que recebem por meio de programas de trainees e assim por diante.

"Quando você entra em lugares como Vietnã ou Indonésia, não está necessariamente encontrando talentos que tenham todos esses fundamentos em seu DNA. O que você encontra é um grupo de pessoas incrivelmente entusiásticas, motivadas e prontas para aprender. Mas boa parte desse aprendizado e treinamento nos fundamentos precisa ocorrer antes de você levar o negócio para o próximo nível."

"Culturalmente, há um grande senso de hierarquia aqui, de que o que o chefe diz é o que você faz. Então, precisei ajustar meu estilo para fazer as pessoas se sentirem à vontade para fazer perguntas ou discutir de forma mais agressiva. Nos Estados Unidos, se você apresenta uma ideia, pode receber uma onda de reação negativa e frases como 'Vou dizer as 15 razões pelas quais isso não tem como dar certo'. Aqui você meio que precisa colocar as pessoas na posição do advogado do diabo. Então você precisa alocar tempo em sua abordagem de liderança para fazer isso."

AMPLITUDE E PROFUNDIDADE

Para Melanie Healey, que entrou na P&G em 1990 e hoje é presidente de grupo para a América do Norte, globalizar-se significou deixar o Brasil, onde ela nasceu e foi criada pela mãe chilena e o pai inglês. Sua carreira teve início quando ela se formou pela University of Richmond e entrou na S. C. Johnson, sediada em Wisconsin, no Rio de Janeiro, onde a S. C. Johnson e outras renomadas empresas de bens de consumo, incluindo a Unilever, a Colgate e a Johnson & Johnson, tinham posições bem estabelecidas. Ela passou vários meses trabalhando em cada função de negócio antes de ser alocada à gestão de marcas. Alguns anos mais tarde, quando se casou, ela aceitou um emprego na Johnson & Johnson em São Paulo, onde se tornou gerente de marketing.

A P&G não tinha presença no Brasil naquela época, mas, em 1990, a empresa preparava sua entrada com a compra da Phebo, uma empresa familiar de $120 milhões. Aquela manobra instigou o interesse de Healey por duas razões: em primeiro lugar, devido à reputação da P&G de ser a número 1 em marketing e gestão de marcas e, em segundo lugar, por ser uma empresa conhecida por desenvolver seus talentos. Ela não precisaria sair da empresa para continuar aprendendo e crescendo. Quando um amigo da Johnson &

Johnson entrou na P&G no Brasil, Healey logo o seguiu como um dos oito contratados locais para a gestão de marcas da P&G.

Com sete anos de experiência profissional, Healey não era uma recém-contratada típica da P&G, mas tinha algo que a empresa precisava: conhecimento prático da cultura e mercado brasileiro. Cerca de 35 expatriados foram encarregados de expandir o negócio no Brasil e, apesar de saberem tudo sobre a P&G, sabiam pouco sobre as especificidades do país. "Foi uma oportunidade maravilhosa de aprender com aquelas pessoas tão experientes, que abriram o mercado em vários outros países", conta Healey. "E o clima de camaradagem ajudou muito. Nós formamos grandes relacionamentos entre nossa equipe desde o primeiro dia, enquanto descobríamos como deixar nossa marca no mercado brasileiro." Healey liderou o lançamento da Pampers Uni, um produto de entrada de baixo custo no mercado de fraldas descartáveis que abalou o posicionamento do líder do setor.

Suas próximas atribuições, liderar o sabão em pedra e depois o amaciante de roupas Downy no México, colocaram em teste suas habilidades de gestão de marketing e de marca em um ambiente completamente diferente. O México era a quinta maior controlada da P&G e as marcas já eram bem conhecidas lá. "O desafio do cargo era aprender como operar em um ambiente da P&G mais típico bem como vivenciar uma cultura diferente", explica Healey. "Aqueles três anos na Cidade do México foram excelentes para aprender como operar tendo os recursos da P&G na palma da mão. Eu também aprendi um novo idioma e passei a conhecer uma nova cultura. E depois houve a desvalorização do peso em dezembro de 1994. Esse tipo de coisa acontece mais ou menos a cada dois anos no Brasil, mas a desvalorização de 1994 foi grande. Eu precisei me ajustar àquilo."

Depois do México, veio uma atribuição no Brasil, depois outra na Venezuela e, em 2001, uma transferência para Cincinnati. Healey foi promovida várias vezes durante seus nove anos na matriz da P&G. Com o tempo, ela percebeu que aprendeu mais do que as lições familiares em consequência de suas experiências no Brasil e no México. Ela aprendeu o que chama de pensamento periférico, uma analogia à visão periférica. É uma hipersensibilidade a mudanças sutis nas fronteiras do seu ambiente. Algumas pessoas chamam de "saber se virar", uma expressão apropriada no caso dela. "Eu praticamente desenvolvi uma espécie de instinto de sobrevivência no Brasil, porque, na infância, eu pegava o ônibus sozinha para ir à escola ou a qualquer outro lugar, e as chances de ser assaltada no ônibus eram relativamente grandes. Você observava qualquer movimento, a linguagem corporal de todas as pessoas. Não era exatamente paranoia, porque você precisava ter autoconfiança. Você precisa perceber o que estava acontecendo ao seu redor e observar para ver se tinha alguma coisa diferente. Mesmo como uma adulta em lugares como São Paulo e a Cidade do México, eu precisava pensar de forma bastante crítica sobre o que poderia acontecer comigo."

Essa agilidade mental se traduziu em comportamentos de negócios instintivos. "Quando alguma coisa acontece, seja uma manobra da concorrência ou alguém lhe vendendo uma nova ideia de produto, eu pego a coisa muito facilmente. É fácil para mim me colocar na pele de um concorrente, um empregado, um subordinado, um chefe e ver as coisas do ponto de vista deles e reagir a isso. Quando estou em uma reunião, observo a linguagem corporal e posso dizer se a pessoa realmente acredita no que está dizendo ou se só se sente obrigada a falar aquilo ou se há um conflito entre dois participantes. Eu consigo ver a verdade no que está acontecendo no negócio ou na organização."

"Em virtude desse pensamento periférico e por ter vivido em ambientes diferentes com restrições diferentes, eu consigo enxergar mais possibilidades. Quando as pessoas em um país dizem que algo não pode ser feito, mas você já viu sendo feito em três outros países, pode tentar ajudá-las a ver a coisa de um ângulo diferente. O mundo em desenvolvimento é tão vibrante, progressista e otimista. Eles são tão motivados e ávidos para aprender. Essa atitude é preciosa."

À medida que as variadas atribuições de Healey expandiam a amplitude de sua forma de pensar, elevar o nível de responsabilidade de liderança aprofundava seu conhecimento de seu negócio. "No negócio de proteção feminina, durante 10 anos, consegui desenvolver uma incrível profundidade naquela categoria e fortes instintos sobre o que daria certo ou não. Eu aprendi como fazer as perguntas certas, o que é importante quando você está revitalizando um negócio ou lançando novas marcas ou gerenciando uma função, coisas que fiz muito. Pude me aprofundar em P&D, produção, a saúde financeira do negócio, de forma que passei a conhecer todas as alavancas que tinha para puxar. Também foi um desafio de negócios diferente. No Brasil, a minha missão era construir uma marca do zero. No México, eu estava desenvolvendo uma base forte e um maior impulso para o negócio. Mas a proteção feminina perdera uma grande parcela de sua participação e estava em uma situação bastante ruim. O negócio precisava de revitalização para recuperar o crescimento do faturamento e dos lucros e a organização precisava ser reenergizada."

"Agora, como presidente de grupo para a P&G da América do Norte, que representa 40% dos negócios totais da P&G, estou de volta à amplitude *versus* profundidade. O portfólio americano é enorme, com 123 marcas e submarcas diferentes em 20 categorias diferentes. Sou encarregada pela força de vendas, pelas equipes de cadeia de suprimento e logística, relações externas, marketing e mídia. Também estou comprometida com o treinamento e com o mentoring formal e informal. É impossível saber tudo sobre tudo, de forma que você aprende a usar a organização para descobrir o que é absolutamente crítico do ponto de vista de um helicóptero e onde você precisa se aprofundar."

"No fim das contas, é esse acúmulo de diferentes experiências que alimenta a competência e, em certo sentido, também amplia sua capacidade, porque você aprende rapidamente as coisas e pode fazê-las mais rapidamente em função da experiência. Para isso, é importante cercar-se de excelentes pessoas, pessoas que o complementam. O conceito que eu uso é a escalação do elenco para uma peça. Penso em quem é a melhor pessoa para determinado papel. Quem tem a experiência relevante e os talentos para realmente ajudar? Jack Nicholson e Tom Cruise são dois excelentes atores, mas eu não escalaria Tom Cruise para 'Um estranho no ninho' nem escalaria Jack Nicholson para estrelar *Top Gun*."

ATUALIZANDO A REDE GLOBAL

Na medida em que trabalham em diferentes negócios, locais, culturas e mercados ao longo dos anos, muitos gestores da P&G mantêm seus relacionamentos com ex-colegas e chefes (que muitas vezes se tornam mentores). Essas redes globais os ajudam a se adaptar a novos ambientes e desafios de negócios. Agora a P&G as está institucionalizando, utilizando a tecnologia social para conectar melhor o pessoal da empresa ao redor do planeta e alavancar o aprendizado proporcionado por esses relacionamentos.

O próprio McDonald é um grande defensor da ideia. "Eu me lembro do choque quando, em 1991, subitamente me vi responsável por pessoas que não trabalhavam na mesma região geográfica que eu. Você se lembra do livro de Tom Peters, *Vencendo a crise*, no qual ele falava em gerenciar caminhando pelos corredores? Bom, não dá para andar das Filipinas até a Coreia, então você tem de encontrar um jeito de conectar as pessoas. Agora temos nosso próprio Facebook interno e nosso próprio YouTube interno, ferramentas que se alinham com o modo como as pessoas socializam hoje e com o que elas precisam para serem líderes globais eficazes no futuro."

"Como você faz uma organização de 127 mil empregados em 80 países parecer pequena e acessível? Uma maneira de fazer isso é trabalhando com pessoas diferentes. Em cada atribuição, você conhece muitas pessoas de outras partes do mundo e, à medida que passa por diferentes papéis, vocês vão se cruzando. Você desenvolve uma massa crítica de colegas com experiência internacional."

"A outra maneira é usando a tecnologia. Por exemplo, começamos a transmitir webcasts ao redor do mundo de vários locais do planeta em tempo real. Recentemente conduzi um encontro no Brasil, que foi carregado no Website da empresa para que os empregados possam acessá-lo. Enquanto isso, os diretores gerais na plateia se comunicavam com suas organizações em tempo real, comunicando o que estava acontecendo no palco para uma organização que poderia estar a 3.000km de distância. Os diretores-gerais recebem câmeras flip de forma que podem realizar entrevistas na hora e transmiti-las para as pessoas de sua organização. Os empregados também podem fazer perguntas. É visual e em tempo real."

"Essas conexões constituem uma excelente fundação para ampliar a base de conhecimento das pessoas sobre o consumidor global e a concorrência global. Também estamos descobrindo que nos permitem alocar mais profundamente nossa nova estratégia e mais rapidamente do que nunca. E a maior surpresa, que realmente não deveria ter sido uma surpresa, foi que elas ajudam as pessoas a se conectar com nosso propósito – tocar e melhorar vidas. Quanto mais pessoas se sentirem conectadas com esse propósito, mais realizadas se sentirão no trabalho e maior será a motivação delas."

O GRANDE BENEFÍCIO

O banco fortalecido de liderança da P&G deixou a empresa bem preparada quando A. G. Lafley anunciou sua aposentadoria na esteira da crise financeira que destruiu muitas estratégias e lideranças de empresas. Todos os CEOs na história de 172 anos da empresa foram promovidos de dentro. É uma grande tradição, mas que pode ser perigosa se o único objetivo for manter a tradição.

Lafley e o conselho de administração abordaram a decisão de sucessão com uma principal meta: escolher a melhor pessoa para a P&G naquele momento. A busca começou cedo, enquanto Lafley incorporava o planejamento de talentos, incluindo a sucessão do CEO, à pauta de rotina do conselho de administração. Os membros do conselho começaram a monitorar candidatos logo após a nomeação de Lafley e procuraram conhecê-los melhor visitando-os periodicamente no território deles. "Colocamos muitos cavalos na corrida e deixamos que eles corressem até estarmos prontos para tomar uma decisão", diz Lafley. A lista foi reduzida à medida que a data planejada para a aposentadoria se aproximava, mas um punhado de candidatos viáveis continuava na disputa.

Alguns anos antes do momento da decisão, Lafley e o conselho de administração trabalharam com os experts internos de RH Antoine e Nagrath e com Bill Conaty para refinar os critérios para a posição de CEO. Integridade, caráter e valores eram elementos absolutamente essenciais e todos os candidatos possuíam essas características. Os outros critérios se basearam em cenários de cinco a sete anos no futuro, o que ajudou a identificar as questões que o novo CEO teria de enfrentar e, portanto, as habilidades e características que um líder precisaria para avançar com a empresa. As necessidades dos consumidores estavam mudando e variavam amplamente, e o mesmo podia ser dito sobre as oportunidades de crescimento. Em países desenvolvidos, a retração econômica impelia os consumidores na direção de produtos mais acessíveis. Enquanto isso, o crescimento econômico em mercados emergentes significava que centenas de milhões de pessoas se viam diante da possibilidade de melhorar sua qualidade de vida. A P&G precisava de um líder que entendesse a complexidade de atender a diversas necessidades do consumidor por meio tanto de inovação quanto de custo.

McDonald se destacou como um candidato bem equipado para se beneficiar do *momentum* da empresa e o foco no consumidor e conduzir a P&G a um novo nível. Em junho de 2009, ele foi nomeado CEO e, em 1º de janeiro de 2010, se tornou também presidente do conselho, concluindo a transferência de responsabilidades. Formado em West Point, McDonald entrou na P&G em 1980 e esperava passar toda a sua carreira em Cincinnati. Em vez disso, ele desenvolveu suas habilidades de liderança em uma série de atribuições no Canadá, Japão, Bélgica e nas Filipinas – onde viu em primeira mão como os produtos da P&G afetavam a vida das pessoas, algumas vezes proporcionando a preços acessíveis saúde e benefícios de higiene que eram verdadeiramente transformadores. O novo propósito da P&G – "Tocar e melhorar a vida de mais pessoas, em mais lugares, mais completamente" – é uma consequência direta da experiência global de McDonald e ele já vinha avançando por esse caminho. Depois de alinhar a estrutura de custo com a retração econômica, ele anunciou uma nova iniciativa para conquistar 1 bilhão de consumidores adicionais utilizando os produtos da P&G dentro de cinco anos – na China, na Índia, no Brasil e na África. Com pessoas como Melanie Healey e Deb Henretta no pipeline, a P&G está pronta para fazer dessa visão uma realidade.

CONCLUSÕES

Desenvolver os talentos por meio de experiências expande a competência e a capacidade nos quatro principais componentes do talento: características pessoais, mix de habilidades, desenvolvimento de relacionamentos e senso crítico em relação a pessoas e negócios. Foi uma boa decisão proporcionar a

Deb Henretta e Melanie Healey atribuições nas quais elas puderam crescer exponencialmente em todas as quatro áreas em pouco tempo. Isso é aprender fazendo e nenhum livro ou treinamento em sala de aula pode substituir a experiência.

- **Características pessoais.** Healey desenvolveu uma rápida sensibilidade a mudanças em variáveis-chave e a capacidade de perceber a dinâmica social de um grupo. Henretta passou a analisar as diferenças culturais para entender o que a pessoa realmente está dizendo. Ela aprendeu a evitar tirar conclusões antes de ouvir todos os lados da história. Healey e Henretta demonstraram indubitavelmente o item mais importante do talento – a motivação interna de aprender e incorporar esse aprendizado em seu DNA.
- **Habilidades.** Na América, Henretta liderava uma categoria. Em Singapura, ela está liderando todas as categorias em 15 países, com diferentes culturas, comportamentos do consumidor e canais de distribuição. Esse tipo de experiência expande a capacidade cognitiva na decisão da estratégia, na alocação de recursos e no desenvolvimento de vantagens competitivas. Healey teve uma amplitude de experiências na América do Sul e no México e depois aprofundou seu conhecimento e instintos em um dos negócios da P&G. Ela aprendeu a investigar os detalhes importantes e confiar na expertise alheia.
- **Relacionamentos.** O trabalho de Henretta na Singapura lhe impôs um desafio. Ela precisava desenvolver relacionamentos com os órgãos executivos, legislativos e reguladores de quinze governos e lidar com todo tipo de restrições regulamentares e impedimentos logísticos. Hoje ela é uma participante-chave no comitê de estratégia e planejamento do governo de Singapura. Sua capacidade de lidar com os amplos negócios da P&G cresceu enormemente. Nos primeiros dias de Healey na P&G, seus relacionamentos entre membros da equipe e outros colaboradores foram fundamentais para a entrada da empresa no mercado brasileiro. Mais tarde, seus relacionamentos com ex-colegas e mentores a ajudou a fazer a transição para novas culturas e lidar com diferentes desafios de negócios.

- **Senso crítico.** Quando percebeu que o escopo de seu trabalho excedia sua expertise, Healey teve o bom-senso de reunir uma equipe cujas competências complementavam as dela e em cuja expertise ela confiava. Na atribuição de Henretta em Singapura, a ambiguidade é uma constante. As informações raramente são atualizadas, muitas vezes não são precisas e geralmente incompletas em comparação com as informações que ela estava acostumada a receber quando trabalhava na matriz da P&G. É um grande desafio saber quais informações utilizar, em quais fontes confiar e quais recomendações e opiniões deveriam receber mais atenção. De forma similar, premissas sobre consumidores, a concorrência e as tendências nacionais estão sempre sujeitas a mudanças e é necessário ter bom-senso para saber quais velhos princípios devem ser descartados e quais novos princípios devem ser desenvolvidos. Um ambiente tão dinâmico representa uma enorme prova de fogo para o desenvolvimento de lideranças.

Em todas as empresas que analisamos até agora, os líderes em desenvolvimento são administradores-gerais. Esse não é o caso de empresas em áreas como ciência e tecnologia, cujos especialistas não recebem muitas oportunidades de desenvolver habilidades de administração-geral. No próximo capítulo, veremos como uma empresa de tecnologia criou uma nova estirpe de líderes combinando as duas disciplinas.

Capítulo 7

CRIANDO UMA NOVA ESTIRPE
DE ADMINISTRADORES-GERAIS

Como a Agilent Transforma Tecnólogos
em Líderes de Negócios

Nosso mundo cada vez mais especializado requer excelentes líderes de
negócios com conhecimento especializado. A necessidade torna-se
mais clara em setores baseados em ciência e tecnologia e em serviços financeiros, com suas ferramentas matemáticas cada vez mais sofisticadas. Mas
os líderes em setores que você não necessariamente consideraria baseados
em expertise também precisam de conhecimento especializado. O CEO de
uma rede hospitalar, por exemplo, precisa conhecer bem os detalhes da po-
lítica pública para trabalhar bem com órgãos regulamentadores. Um exemplo disso é George Halvorson, CEO da Kaiser Permanente, que quase fez
uma segunda carreira escrevendo e aconselhando sobre políticas de saúde.
Os CEOs do varejo, cujas empresas enfrentam preferências do consumidor
em rápida mudança e a proliferação dos segmentos de mercado, precisam de
profunda expertise em merchandising e de extensa compreensão da área
de logística.

A maioria das empresas há muito têm contado com líderes cuja especialidade é a administração – isto é, administradores gerais – para tomar
conta do negócio. Os administradores costumam desenvolver suas habilidades operando centros de lucros e perdas (P&L), aprendendo com a experiência de uma forma que nenhum curso de administração pode ensinar.
Mas é difícil para os gestores sem conhecimento da área de uma empresa
baseada em expertise liderá-la com eficácia. Eles podem não ser capazes de
identificar questões de negócios porque não sabem o que perguntar a seus
subordinados para chegar às verdadeiras causas de problemas operacionais

ou competitivos ou reconhecer uma ideia revolucionária. Eles não são equipados para tomar as melhores decisões sobre direcionamento estratégico, alocação de recursos, metas e importantes contratações.

Empresas lideradas por experts na área têm os próprios problemas: os líderes raramente sabem como um negócio ganha dinheiro. Eles são promovidos dentro dos silos de suas funções ou especialidades, onde não têm oportunidades de P&L para desenvolver habilidades gerenciais. Contratar administradores gerais experientes de fora leva ao primeiro problema que descrevemos e também a um problemático planejamento de sucessão do CEO.

Bill Sullivan se viu diante desse dilema quando assumiu como CEO da Agilent Technologies em 2005. Sua empresa estava repleta de experts, mas tinha poucos talentos de administração-geral. O modo como ele fez o impossível representa uma lição de valor inestimável para qualquer empresa diante do mesmo problema.

DESENVOLVENDO A FORÇA DO BANCO DE TALENTOS

Sullivan sabia exatamente o que queria fazer. Desmembrada da Hewlett-Packard em 1999, a Agilent incluía uma variedade de negócios de tecnologia. O negócio principal produzia instrumentos de medição científicos e técnicos, e Sullivan se concentraria totalmente neles, livrando-se de todos os outros negócios. Sua meta era nada menos do que fazer da Agilent "a melhor empresa de equipamentos de medição do mundo" ao equilibrar sua expertise científica e técnica com talentos de administração, incluindo habilidades de marketing e estratégias acentuadamente focadas. Era um plano ousado, mas Sullivan tinha as qualidades de liderança certas para o desafio e desempenharia papel relevante em sua execução.

A chave para seus planos seria o que ele chamou de "o melhor banco de talentos de administração-geral da categoria", composto de líderes tanto com capacidade técnica de primeira classe quanto com espetaculares habilidades administrativas. Ele percebeu que essa raridade no setor da tecnologia lhe daria poderosa vantagem competitiva. Ele começou reorganizando a

Agilent de uma estrutura funcional a uma descentralizada, com cada unidade de negócios responsável pelo próprio informe de lucros e perdas (P&L). A estrutura baseada em P&L desenvolveria o tipo de líderes dos quais ele precisava e aumentaria a competitividade da Agilent também em outros aspectos. Apesar de uma estrutura funcional certamente ter suas vantagens em termos de custo, os mercados globais de hoje requerem uma tomada de decisões ultrarrápida, o que é difícil em empresas organizadas com base em funções. Silos como o marketing ou as finanças reportam ao CEO, que devem integrar as decisões tomadas por silo. Enquanto uma decisão sobe e desce pela hierarquia até ser tomada, a oportunidade pode ser perdida ou a crise pode ter se intensificado sem possibilidade de recuperação. Além disso, a empresa depende de um CEO que talvez não tenha a capacidade de fazer tudo sozinho.

A visão de Sullivan sobre liderança também fez dele um mestre em talentos natural. Uma parte essencial de seu plano era colocar os líderes no centro do processo de desenvolvimento de outros líderes. Ele decretou que os gestores de divisão da Agilent seriam responsáveis pelo desenvolvimento da competência organizacional e encarregou seus subordinados diretos de fazerem o mesmo. Isso seria tão importante quanto um bom desempenho financeiro e teria peso substancial no cálculo da remuneração desses líderes.

Sullivan, que passou a carreira na HP e foi COO da Agilent antes de assumir o comando, combina a exatidão de um tecnólogo com tino para negócios e o espírito prático de um empresário. Seus principais líderes compartilhavam essa mentalidade e também trouxeram um ponto de vista externo a seu trabalho. Adrian Dillon, o CFO (Chief Financial Officer) antes de se tornar Chief Financial and Administration Officer da Skype em junho de 2010, era formado em Economia e fora CFO da Eaton Corp. Ron Nersesian, presidente do Grupo de Medições Eletrônicas, é um engenheiro que trabalhou na HP pela maior parte de sua carreira, mas passou alguns anos fora para liderar o marketing e depois atuar como vice-presidente e diretor-geral de uma fabricante de osciloscópios antes de voltar à Agilent. À medida que a Agilent ia se livrando de seus negócios indesejados, Sullivan, Nersesian e Dillon avaliaram os líderes dos negócios que ficariam, em busca daqueles que tivessem as características necessárias para executar as

A ARTE DE CULTIVAR LÍDERES | 149

mudanças que seriam implementadas pelo novo modelo. Vários foram removidos e substituídos por talentos de outras empresas ou pessoas promovidas internamente.

A premissa de Sullivan era que a Agilent tinha a matéria-prima e que as pessoas precisavam ser identificadas, desenvolvidas, instruídas e orientadas. Mas os novos líderes precisariam desenvolver rapidamente muitas habilidades de administração-geral. O treinamento tradicional em sala de aula não faria o trabalho — os programas de educação e desenvolvimento executivo que a maioria das empresas utiliza costumam ser superficiais e restritos.

Sullivan pediu que a Equipe de Liderança e Desenvolvimento da Agilent, liderada por Teresa Roche, elaborasse um conjunto customizado de programas de aprendizado que ele chamou de Currículo Empresarial. O programa incluiu um curso básico de três dias para todos os novos líderes e uma série contínua de programas customizados para líderes em diferentes níveis. Sullivan e outros líderes seniores dedicaram tempo considerável participando desses programas, e alguns coaches conduziam exercícios de simulação de negócios que familiarizavam os participantes nas realidades dos tópicos em questão.

Dois programas da Agilent são especialmente dignos de nota, por se relacionarem diretamente com o desenvolvimento de competências que ajudam uma pessoa a se tornar um administrador-geral. Um deles ensina aos líderes a habilidade essencial de equilibrar as várias demandas conflitantes de um negócio ao fazer concessões, como o crescimento do faturamento *versus* o crescimento do lucro líquido ou corte de custos *versus* atendimento ao cliente. A integração desses fatores em um mundo altamente dinâmico é o que faz a eficácia de um administrador-geral. Mas fazer concessões não é o tipo de coisa que você pode dominar assistindo a apresentações em Power-Point. Os programas de Sullivan exigem que os líderes coloquem as mãos na massa, submetendo-os a exercícios intensivos no mundo real, trabalhando em equipes com muito coaching e utilizando dados reais da empresa para desenvolver suas decisões.

Igualmente importante para os administradores-gerais é um conhecimento sólido de como analisar as necessidades do cliente e segmentar mercados. Esse costuma ser um ponto fraco em empresas como a Agilent.

O QUE FAZ UM BOM ADMINISTRADOR-GERAL?

A característica distintiva dos administradores-gerais é o tino para os negócios – a capacidade de ver e entender um negócio em sua totalidade. Os outros elementos fundamentais para um administrador-geral no mínimo são:

- entender como o negócio ganha dinheiro em relação à concorrência e às oportunidades percebidas;
- enxergar o negócio como um todo, posicionando-o à frente dos demais em relação à velocidade e ao caráter da mudança externa e fazendo apostas estratégicas que posicionarão o negócio para o futuro;
- saber quem são os clientes, conhecer sua segmentação e seu comportamento;
- escolher o conjunto correto de metas de negócios e se preparar para gerenciar riscos;
- desenvolver e manter continuamente vantagem competitiva, incluindo o desenvolvimento de novas competências, e livrar-se daquelas que não são mais relevantes;
- entregar resultados de negócios tanto de curto quanto de longo prazo;
- trabalhar com pessoas especializadas em uma ampla variedade de áreas e investigar profundamente as questões que levantam e as soluções que propõem do ponto de vista do negócio como um todo;
- desenvolver soluções alternativas mudando premissas sobre o problema em questão;
- gerar e alocar recursos por todo o negócio e equilibrar tanto o curto quanto o longo prazo;
- dominar os números para entregar resultados todos os trimestres.

As pessoas que se encontram na maioria das empresas científicas vendendo para clientes científicos são orientadas pela tecnologia. Muitas vezes, não conhecem bem o cliente e não são capazes de uma boa segmentação de mercado. Os programas da Agilent têm início com um expert de fora que explica a arte da segmentação de mercado. Depois disso, os executivos aprendem sobre as necessidades dos mercados da Agilent e como a empresa pode satisfazê-las. Tal qual o programa sobre concessões, o aprendizado envolve trabalho prático e muito coaching. Sullivan recrutou uma consultoria especializada em segmentação de mercado para trabalhar com os administradores-gerais na criação de novos segmentos de mercado para seus negócios. Em outras palavras, a consultoria não apenas os ensina a pescar, como também os ajuda a fisgar o primeiro peixe.

COACH IN CHIEF

Pelo fato de estar criando um banco de liderança com características sem igual, Sullivan precisava de novas formas de mensurar o desempenho de seus líderes. As avaliações na Agilent se baseiam em três critérios: direcionamento estratégico, resultados financeiros e sucesso dos líderes no desenvolvimento do que Sullivan chama de competência organizacional. Este último critério é incomum – a maioria das empresas baseia as avaliações de desempenho apenas nos resultados financeiros e na execução da estratégia – o que sugere a importância que a Agilent atribui ao desenvolvimento de seus líderes.

Para coletar o maior volume de informações possível, as avaliações também se baseiam em uma auditoria semestral de empregados focada na eficácia da liderança em áreas como orientação ao cliente, velocidade e timing da tomada de decisões e determinação. "Analisamos particularmente a velocidade da tomada de decisões solucionando as coisas de forma clara e transparente", diz Jean Halloran, líder de RH da Agilent. "Recentemente acrescentamos algumas questões voltadas ao progresso dos líderes no que se refere a fazer apostas e assumir riscos na área da inovação. E esse se tornou um indicador bastante poderoso do progresso dos líderes."

Os líderes seniores e o RH avaliam os líderes dos negócios duas vezes ao ano e, uma vez por ano, analisam profundamente o desempenho dos líderes dos negócios, que é a base para determinar a remuneração e os bônus. Mas os próprios líderes de divisão avaliam seus administradores-gerais. "A linha de prestação de contas para o desenvolvimento da organização e das lideranças é mantida diretamente nos ombros dos presidentes dos negócios", diz Roche. E, apesar de utilizar os indicadores que o RH elaborou para a organização como um todo, eles podem acrescentar outras métricas e ferramentas que considerarem particularmente úteis em suas áreas.

Sullivan, no entanto, construiu um sistema social paralelo para que os líderes possam comunicar-se com ele e com o centro e, muitas vezes, trabalha fora das restrições dos processos de avaliação formal. "Ele gosta quando lhe damos ferramentas e trazemos líderes intelectuais para influenciar sua forma de pensar", diz Roche. "Mas, diferentemente de empresas que se restringem a calendários muito definidos de avaliação de talentos, Bill só incorpora isso às conversas." Ele faz questão de andar pelos negócios para escutar, fazer perguntas e formar opiniões. "Você precisa ver o que acontece com as pessoas em seu próprio território", ele diz. "Essa é a razão pela qual passo tanto tempo na estrada. Você quer ver as pessoas diante dos clientes. Você quer ver como eles se envolvem com seu próprio pessoal. E quer aprender muito visitando as divisões e conversando com as pessoas. Um resultado disso tudo é que temos um diálogo contínuo." Sullivan atua como coach in chief. Ele exemplifica o rigor e faz o que espera que os outros façam, e essas lições são naturalmente transmitidas para baixo.

O sistema social de Sullivan reflete seu estilo "mãos na massa", bem como seu desconforto em avaliar pessoas por meio de processos formais. Com muita frequência, ele diz, esses processos se limitam a reciclar avaliações de desempenho passadas, sem se aprofundar. "As pessoas acabam não discutindo como alguém é capaz de lidar com a ambiguidade, como é capaz de desenvolver a equipe, se os resultados realmente são os resultados dela", ele diz. "É muito fácil ater-se a premissas sobre alguém, particularmente se a pessoa teve um bom histórico de desempenho por alguns anos. Mas será que a pessoa ainda é a pessoa certa com o conjunto certo de habilidades para conduzi-lo para o futuro?" Sullivan promove a intimidade, apesar de não usar essa palavra.

Tão importante quanto a avaliação é distanciar-se um pouco do processo para reassegurar e incentivar as pessoas. Por exemplo, de acordo com Sullivan: "É incrível, até no nível executivo, ver a dificuldade que as pessoas têm de determinar um conteúdo da estratégia e uma intenção estratégica

A ARTE DE CULTIVAR LÍDERES | 153

absoluta, mensurável e clara. Sempre que vejo uma organização na qual não está claro o que eles estão fazendo, esse obviamente é um tema de discussão. Algumas vezes, as pessoas estão com medo, estão tentando chutar a resposta certa. Elas podem não saber a resposta, por se tratar de um problema complicado. E algumas vezes – na maioria dos casos – elas só precisam que alguém diga que está tudo bem: 'Essas são as três maiores prioridades, é isso que vocês vão fazer, então vamos começar agora. Não agonizem e vamos falar a esse respeito de novo da próxima vez que conversarmos.'"

"Você precisa ter um ambiente no qual as pessoas saibam que não é incriminador falar sobre os pontos fortes e fracos de um executivo. Acredito firmemente que você precisa ser capaz de assumir um risco pessoal. Você precisa mostrar paixão para ser capaz de liderar as pessoas." Sempre que fala sobre estratégia ou avalia planos, pessoas ou desempenho financeiro, ele é obcecado em perguntar sobre o desenvolvimento da competência organizacional: quais líderes estão sendo desenvolvidos e de que maneira, quais novas habilidades precisam ser desenvolvidas e quais delas precisam ser atenuadas, quem está a caminho de ser um líder, quais pessoas precisam participar de programas de liderança específicos. Ele integra todas essas questões e seu interesse como uma figura exemplar é seguido pelos outros. É um caminho lento porém firme e seguro para desenvolver a cultura de liderança da administração-geral para o futuro.

Nas reuniões do conselho de administração, Sullivan apresenta uma análise de cada executivo que se reporta a ele, concentrando-se no quanto a pessoa desenvolveu competência organizacional e estabeleceu intenção estratégica. "Dizemos ao conselho de administração que dois terços da remuneração se baseiam no desempenho e o outro terço se baseia na construção da competência organizacional por meio do desenvolvimento dos líderes do futuro." (A Agilent mensura resultados e remuneração a cada mês porque, de acordo com Sullivan, "sempre achei que coisas estranhas acontecem quando você só tem essas metas anuais".)

Mas ele sempre contextualiza os números. Por exemplo, a crise financeira lhe proporcionou uma boa oportunidade de instruir seus membros do conselho. "A coisa mais fácil para um conselho ou qualquer pessoa mensurar são os resultados financeiros", ele diz. "Este ano ninguém atingiu as metas, certo? Eu entrei lá e dei minha própria avaliação. Eu disse: 'Vejam, os resultados estão $1 bilhão abaixo.' Não atingimos os resultados, mas eis o que aconteceu: organizamos a empresa, com a identificação dos três vice-presidentes seniores de mais alto potencial para liderar cada um dos negócios. Observei as decisões referentes à competência organizacional que Ron Nersesian tomou – e ele teve que tomar umas decisões bem difíceis. Ele criou divisões maiores, o que significa que muita gente ganhou e muita gente perdeu. E ele conseguiu fazer isso de forma espetacular."

"O processo forçou um diálogo mais aberto e deu ao conselho uma visão mais equilibrada do que os líderes realizaram. E eles nos deram todo o apoio."

DESENVOLVENDO OPORTUNIDADES PARA AS PESSOAS

Ron Nersesian, presidente da maior divisão da Agilent, o Grupo de Medições Eletrônicas, tem essa mesma paixão pelo desenvolvimento dos líderes. "No fim das contas, desenvolver o talento das pessoas é o que faz a empresa", ele diz. "Todos os nossos produtos tornam-se rapidamente obsoletos. Podemos ter um produto pelo qual podíamos cobrar $100 mil há três anos e hoje estamos com dificuldades de conseguir $20 mil. Quando você analisa a lucratividade desse produto, mesmo com a curva de experiência, vê o lucro ou a margem bruta passando de $80 mil a quase zero. É uma virada muito, muito dramática."

"Os produtos são perecíveis. A única coisa que fica é o aprendizado institucional e o desenvolvimento das habilidades e as competências que temos para nosso pessoal."

Desenvolver pessoas, de acordo com Nersesian, muitas vezes implica certificar-se de que elas recebam oportunidades. "Se você não desenvolver oportunidades, não desenvolve as pessoas. Tudo o que você tem são ativos cada vez menos valiosos, os produtos e as soluções, e há pessoas saindo, com a empresa basicamente caindo. Então, é uma jornada sem-fim certificar-se de criar essas oportunidades para as pessoas." Ele acrescenta: "Estou sempre em busca e informalmente patrulhando a organização, entrevistando e conversando com as pessoas, avaliando-as em comparação com as oportunidades existentes."

Não existem muitas empresas nas quais um executivo desceria dois níveis para dar atenção pessoal a um gestor infeliz com seu emprego. Mas foi exatamente o que Nersesian fez quando notou que Niels Faché estava ficando irrequieto. Nascido na Bélgica, Faché era um engenheiro com interesses acadêmicos. "Mas eu tinha aquela coisa empreendedora", ele diz. "O desafio e a aventura sempre me atraíram." Apesar de estar no meio do pós-doutorado, ele aceitou um emprego na HP Santa Rosa, Califórnia, em 1990. Lá, ele viu uma oportunidade de comercializar um programa de simulação de circuitos baseado em uma tecnologia que ele e outros desenvolveram na University of Ghent. Depois que voltou à Bélgica, em 1991, montou uma equipe de desenvolvimento de produtos composta de pesquisadores e estudantes de PhD na universidade. Organizado como uma empresa chamada Alphabit, o empreendimento foi desmembrado da universidade e eles fecharam um contrato com a HP. Seu primeiro produto, lançado em 1994, cresceu para se tornar o líder de mercado em seu segmento e, quando a HP se ofereceu para comprar a empresa e contratá-lo, Faché ficou satisfeito em aceitar. "Isso me permitiria ir além da P&D, permitiria que minha equipe tivesse mais responsabilidade de produtos e desenvolvesse relacionamentos mais próximos com os clientes", ele diz.

Então, Faché trabalhou como gestor de primeiro nível no marketing e planejamento de produtos para uma variedade de negócios da empresa e foi encarregado do planejamento de produtos de software. Ele gostou do trabalho no começo. "Instaurei um novo jeito de fazer as coisas, e foi empolgante", ele diz. Mas, quando o trabalho entrou em modo de manutenção, ele perdeu seu poder de sedução. "Tudo se limitava a fazer extensões de linha. Aquilo não se alinhava mais com minha intensidade e motivação."

Em 2003, quatro anos depois que a Agilent foi criada dos negócios de medição da HP, Faché começou a pensar em sair da empresa e ser independente. Ele conversou com a líder de RH sobre sua inquietação. Ela informou Nersesian, que na ocasião era vice-presidente da Divisão de Validação Designs, e ele decidiu observar Faché com mais atenção, apesar dos dois níveis que os separavam. "O que descobri foi uma pessoa empreendedora, orientada à ação e que gostava de velocidade e resultados. Ele não era adequado para aquele papel de planejamento de longo prazo."

"Então, criei um novo papel para explorar com quem poderíamos fazer uma fusão, o que poderíamos adquirir, que tipo de parcerias poderíamos firmar e o coloquei nesse papel, elevando-o um nível para se reportar diretamente a mim. Trabalhando com ele nesse papel, eu tive a chance de testá-lo e desenvolvê-lo, vendo com mais clareza ainda quais eram seus pontos fortes."

Nersesian se encarregou da situação, de maneira semelhante como um treinador esportivo acompanha a carreira de um jogador promissor. Ele chegou a acompanhar Faché em uma viagem à Coreia, a fim de avaliar uma parceria potencial. Lá ele descobriu que seu protegido precisava de orientação para aprender como definir metas estratégicas de alto nível. As negociações começaram a atolar quando Faché passou a se concentrar nos detalhes técnicos de quais produtos se adequariam e quais não. "Ele não tinha nenhuma das habilidades necessárias para negociar com aquele parceiro e conquistá-lo", diz Nersesian. "Então eu interferi, meio que liderando pelo exemplo, e disse: 'Por que não começamos com o relacionamento?'."

Faché conta que "uma coisa que aprendi com Ron e valorizo muito foi seu foco estratégico nas prioridades e a capacidade de simplificar uma situação identificando seus parâmetros críticos. Quando nós, engenheiros, lidamos com um problema, tendemos a ser extremamente analíticos e avessos ao risco, de forma que entramos nesses processos morosos de tomada de decisões – é a nossa zona de conforto. Ron começa imediatamente a sintetizar as questões: Qual é a essência da oportunidade, o que precisamos fazer para torná-la atraente?"

Em uma reunião com o CEO da empresa e alguns de seus altos executivos, Faché observou enquanto Nersesian descrevia uma situação em que todos sairiam ganhando, falando de coisas como valores, como a Agilent aborda as parcerias com outras empresas e as competências complementares das duas empresas. "E então as questões e os detalhes técnicos passaram para segundo plano", conta Nersesian. "Sempre que tínhamos um problema era como 'Ei, sabemos que os dois lados estão trabalhando juntos para fazer isso acontecer' e nos comprometíamos a chegar aonde precisávamos ir."

Faché se lembra vividamente da lição que aprendeu: "Foi uma das melhores experiências da minha carreira. Precisávamos chegar a um acordo com aquela empresa. Em vez de ficarmos atolados nos detalhes, elaboramos o esboço de um acordo em uma reunião de duas horas e deixamos os detalhes para depois. Deu muito trabalho, mas deu certo porque tínhamos esse entendimento de alto nível que se tornou um contexto com base no qual as empresas puderam trabalhar. Foi muito empolgante e gratificante – eu nunca havia firmado uma parceria em tão pouco tempo."

Depois de apenas seis meses, Nersesian concluiu que Faché estava pronto para um cargo consideravelmente maior que demandava a expertise técnica de Faché e o promoveu a líder da divisão de Banda Larga Móvel. Faché chama a promoção de "um salto de fé" por parte de Nersesian. Apesar de ele ter tido experiência gerencial em diferentes funções ao longo dos anos, subitamente passou de gestor de primeiro e segundo nível a administrador-geral de uma divisão com os maiores problemas da empresa. "O maior número de pessoas que eu já havia gerenciado antes era 60. Essa organização tinha 400 pessoas e faturamento de quase \$300 milhões e estava praticamente quebrada. Tinha a própria cultura e era muito isolada. Ela não tinha bons relacionamentos com o CEO, a força de vendas e um dos nossos parceiros. As pessoas estavam apreensivas, com medo de perder o emprego."

Faché estava justificadamente nervoso em relação ao cargo e se perguntava se Ron não teria cometido um erro. "É difícil promover a mudança nesse tipo de situação", ele diz. "Pode ser desmoralizante e solitário. Você se questiona, enfrenta oposição. Depois do primeiro mês, declarei nossa nova intenção estratégica, que seria mais voltada à P&D do que à manufatura. Nem todas as pessoas do meu pessoal direto acreditavam que eu sabia o suficiente sobre o negócio para fazer isso – isso vinha da cultura da Agilent, que dizia que você precisava ter 20 anos de experiência no negócio para saber o que fazer."

Mas Nersesian sentia que Faché tinha a motivação e a energia necessárias para realizar o trabalho se recebesse ajuda para avaliar as pessoas. Ele o orientou de perto. Por exemplo, Faché consultava Nersesian ao realocar os líderes em sua organização. "Eu sabia que ele era excelente em avaliar os líderes, de modo que eu não tomava decisões sem falar com ele antes", diz

Faché. "Ele estava sempre à disposição para me dar apoio moral. Mas queria que eu aprendesse a tomar essas decisões sozinho, então, apesar de ele estar sempre lá para ajudar, eu me responsabilizava pelas decisões." Ele também contou com a ajuda do staff de RH da Agilent. "Eu sempre recebia ajuda lá quando precisava de alguém neutro que entendesse as questões e com quem eu pudesse conversar sobre situações que envolvessem pessoas ou ajuda na estruturação do programa de gestão de mudanças."

Faché cresceu na posição, desenvolvendo um novo nível de entendimento da liderança sob a orientação de Nersesian. "Sou muito motivado e competitivo e minha própria análise orienta as decisões. Ao mesmo tempo, aprendi muito sobre a importância de contar com os outros e atribuir empowerment aos líderes da organização. Ron me orientou com sugestões e ideias concretas, ao mesmo tempo que me permitiu assumir a responsabilidade pelas decisões."

Segundo ele, além do que Nersesian lhe ensinou, ajudou muito ter lido *A velocidade da confiança*, de Stephen Covey. "Percebi que construir uma organização com um alto nível de confiança requer manter-se consciente, ouvir feedback e parar constantemente para refletir. Você nunca pode dedicar tempo suficiente ao processo de gestão de mudanças para obter esse alinhamento organizacional, porque levará algum tempo para saber o que precisará ser feito para que a mudança ocorra."

A Banda Larga Móvel passou por uma grande transformação, mas o trabalho ainda não havia terminado. A Agilent a combinou com duas outras divisões do Grupo de Medições Eletrônicas. Faché hoje é administrador-geral do desenvolvimento de negócios externos do grupo. Como diz Nersesian, em tom de orgulho: "Agora Niels é capaz de operar um grande negócio. Ele se provou um bom administrador-geral de P&L. Ele está no nível executivo, um vice-presidente, e está realizando um excelente trabalho."

UM EMPREENDEDOR NA GESTÃO DE TALENTOS

O CFO Adrian Dillon deu importantes contribuições para a transformação da Agilent nos oito anos e meio antes de sair da empresa para entrar na

Skype. Algo incomum para um CFO, ele se mostrou uma espécie de empreendedor de gestão de talentos, utilizando sua posição no centro do fluxo de informações da empresa para identificar, desenvolver e alocar os talentos. (Os CFOs de todas as empresas talvez queiram pensar nessa possibilidade.)

Da mesma forma que Nersesian, Dillon manteve as antenas ligadas para identificar talentos negligenciados ou perdidos. Ele se baseou na matriz de desempenho (com o desempenho no eixo horizontal e os valores na vertical) utilizada nos processos de avaliação formal. Ele observa que é natural para os executivos que avaliam uma matriz se concentrarem no canto superior direito. Mas desprezar as outras áreas é uma receita infalível para desperdiçar talentos. Veja o exemplo de uma pessoa presa no canto inferior esquerdo por algum tempo – um "estável", realizando um trabalho constante porém nada espetacular. Em muitas organizações – talvez na maioria –, ele não teria esperança de ser promovido. Mas, em uma empresa como a Agilent, um líder ou outro provavelmente teria a oportunidade de perceber que ele tem algum potencial – eles viram isso em uma interação ou alguém falou bem dele.

Então, diz Dillon, "conversamos sobre ele, perguntando: 'Qual é o problema? Do que ele precisa? Talvez seja 'Bem, ele é muito bom, mas não tem uma presença executiva e tende a falar demais'. Tudo bem, nós lhe demos um coach? Talvez ele deva estar pensando em como se comunica com o chefe, e não com os colegas. E, em consequência, vimos pessoas passarem do canto esquerdo ao superior direito".

Dillon se lembra de um exemplo especialmente gratificante, um contador que passou anos sendo um "estável" antes da entrada de Dillon na empresa. "Ele ela muito reservado, quase retraído, realizando o que chamamos de contabilidade e controladoria de operações de infraestrutura globais." Depois veio a transformação da Agilent de uma diversificada empresa de tecnologia a uma empresa dedicada a medidas, com o resultante downsizing de infraestrutura e realocação da liderança. "Precisávamos de alguém para um novo cargo, a fim de monitorar as metas de investimento, o andamento de toda aquela reestruturação, que garantisse que atingiríamos os cortes necessários e que soubesse quando tivéssemos atingido a meta. Nós dissemos: 'Vamos dar uma chance a esse sujeito porque ele é um controller excepcional e achamos que tem potencial. Vamos ver se, com um pouco mais de exposição, ele se mostrará à altura do desafio.' E ele brilhou. Trabalhou bem com os líderes funcionais na definição e monitoramento das metas de cortes e custos, reportando o andamento ao conselho executivo todos os meses. Ele visivelmente ganhou autoconfiança, além de conquistar a confiança dos outros."

O incrível progresso do homem encorajou Dillon a apostar ainda mais nele: ele o encarregou do relacionamento com os investidores. "E, em dois anos e meio, passou de alguém que não fazia ideia de como realizar o trabalho a alguém que o dominava por completo – era um representante espetacular da liderança sênior da Agilent diante dos investidores, comunicando nossas estratégias, comunicando nossos resultados. E não só isso – e é assim que você sabe que tem um grande talento: ele também passou a pegar o feedback e as perguntas e comentários do público de investimentos e apresentá-los a Bill e a mim dizendo: 'É isso que eles estão pensando, isso é o que me preocupa, e é isso que querem ver para ter mais confiança de que o modelo operacional é sólido ou que nossas estratégias fazem sentido.' Só os melhores em uma posição de relacionamento com os investidores fazem isso, em oposição a ser apenas uma espécie de 'leva e traz'."

"Então ele passou a ser um verdadeiro participante. Em consequência, nós o elevamos ainda mais. Nossa recente aquisição da Varian, Inc., levará nosso negócio bioanalítico de apenas 45% da empresa para aproximadamente 60%. Acabei de pedir para ele se tornar o CFO do grupo para esse negócio combinado."

"Essa é uma pessoa que, cinco ou seis anos atrás, era apenas mais um na multidão de gestores financeiros de nível médio e hoje vai liderar um dos três grupos que constituem a Agilent e o de mais rápido crescimento, no qual depositamos nossas maiores esperanças."

DESENVOLVENDO A COMPETÊNCIA ORGANIZACIONAL

Dillon entrou na Agilent em meio ao estouro da bolha de alta tecnologia em 2001, e sua maior prioridade foi lidar com as consequências. Mas, ao mesmo tempo que liderava o corte de custos e a reorganização, ele também estava construindo para o futuro: o Departamento de Reengenharia Financeira que ele organizou também foi encarregado do desenvolvimento de pessoas. De acordo com Dillon: "Uma das coisas que eu queria fazer era estabelecer um programa mais formal de contratação e recrutamento universitário para garantir termos sangue novo suficiente para evitar que todos nós envelhecêssemos juntos, só reforçando nosso velho jeito de fazer as coisas. Mantivemos o programa até nos piores dias da recessão e ele está sendo mantido também nesta recessão – embora com muito menos resistência, porque seu valor foi comprovado."

Ele montou um grupo honorário chamado de Clube CFO para orientar pelo exemplo de forma ampla e profunda. Todos os anos, os líderes do staff de finanças identificam 12 pessoas da organização que exemplificaram as melhores características de liderança. "Qualquer pessoa pode se qualificar, desde alguém que acabou de se formar e entrar na empresa até um CFO de grupo. Ao identificarem e reconhecerem esses sujeitos – e ter todo mundo assistindo quando eles recebem as promoções e as oportunidades de desenvolvimento –, as pessoas começam a dizer: 'Ah, é isso que eles querem', e começam a copiar essas características. Elas percebem que uma pessoa é capaz de questionar o *status quo*, a outra realmente cuida de seu pessoal e se comunica frequentemente, com honestidade, franqueza, e aquela outra ainda pensa estrategicamente e se mostra disposta a correr riscos. Você pode ler sobre essas coisas em um livro, mas é só quando vê a pessoa que você realmente entende as características de liderança que estamos procurando."

Em seguida, Dillon deu início ao que chama de sua avaliação organizacional de liderança, projetada para se concentrar em líderes de alto potencial – aqueles destinados a ocupar posições de tomada de decisões de alta alavancagem.

A avaliação se centra em uma matriz clássica de nove blocos com o desempenho em um eixo e o potencial no outro. (Para um exemplo, veja a página 259.) "No critério do desempenho, 1 significa realizar um trabalho estável, 2, realizar um trabalho muito bom, e 3, redefinir o cargo. No critério de potencial, 1 é o que chamamos de estável, 2 é promovível, o que significa que eles podem subir pelo menos um nível – ou, se não subirem, por não haver posições disponíveis, talvez assumam uma responsabilidade maior e mais ampla no mesmo nível –, e 3 é alto potencial, o que significa que são capazes de subir pelo menos dois níveis ou mais em relação à sua posição atual. Fazemos isso literalmente na forma de um organograma em que você tem pessoas e nós discutimos quem elas são, há quanto tempo estão na posição, qual é seu desempenho, seu potencial, e uma espécie de resumo do que elas querem ser quando crescerem."

Dillon e seus aproximadamente 14 subordinados diretos conduziam a avaliação todo mês de agosto, repassando o que cada um coletou sobre seu pessoal. O grupo avaliava os subordinados diretos de cada líder e as pessoas um nível abaixo disso. Então os líderes voltavam para implementar o processo por todos os departamentos.

A matriz é uma ferramenta clássica de avaliação, mas também é um daqueles processos formais que podem desviar os avaliadores se eles não conhecerem bem as pessoas em questão. Por exemplo, de acordo com Dillon, "algumas pessoas são colocadas no quadro 'estável' porque elas mesmas se colocam nessa posição. Elas adoram o que fazem. Estão estabilizadas e não querem mudar por enquanto. Outra pessoa pode ter potencial ilimitado e desejar tornar-se CFO, mas ainda não está madura. Teremos uma conversa explícita sobre o tipo de experiência que essa pessoa tem, de que tipo de experiência precisará para concretizar o que deseja ser no futuro na Agilent ou, se não for na Agilent, em algum outro lugar".

Também se espera que os líderes tenham uma ideia clara de seus candidatos a sucessão. "Perguntamos se eles conhecem sujeitos que não trabalham em sua função, mas que conheçam por meio da participação nos meus encontros mensais do staff. Algum deles assumiria o papel? Isso é feito para incentivar a fertilização cruzada, que é algo no qual acredito muito."

Um mês depois, eles se reúnem novamente no encontro de staff de Dillon e passam a maior parte do dia repassando a matriz. Como de costume, o foco é principalmente no quadro superior direito, as pessoas que são altamente promovíveis e que apresentam excelente desempenho. Mas eles também se esforçam para analisar os outros quadrantes em busca de pessoas de alto potencial ou promovíveis que não estejam apresentando o mais alto nível de desempenho – digamos, por ainda terem pouco tempo em seus cargo. "Nós conversamos sobre essas pessoas", diz Dillon. "O que estão fazendo bem, o que não estão fazendo tão bem? Se elas quiserem ser isso, o que podemos fazer? Buscamos saber mais sobre o que as pessoas querem, se estão abertas a uma transferência, onde estão alocadas. Assim aprendemos mais uns sobre os outros. E, com isso tudo, a magia acontece."

A magia é uma mudança no processo social que abre os olhos dos líderes às possibilidades de transferir pessoas de uma função a outra. No começo, conta Dillon, as pessoas da Agilent – como na maioria das organizações – resistiram à fertilização cruzada. "Eles eram um pouco provincianos, um pouco defensivos e um tanto possessivos", ele conta. Mas, à medida que as pessoas se acostumavam com a ideia, começaram a ver as vantagens. Os líderes perceberam que a prática lhes oferecia novas fontes de talentos – ou uma maneira de remover pessoas que não se adequavam a seus negócios, mas que poderiam ter um bom desempenho em outra função. "A prova disso é que a prática hoje é adotada em todas as organizações das diferentes funções", conta Dillon. "Agora temos um grupo de pessoas tentando constantemente roubar o melhor pessoal umas das outras e proporcionar oportunidades no próprio grupo para ter acesso a esse sangue fresco." As pessoas transferidas também aceitaram bem a situação quando perceberam que teriam novas maneiras de ganhar experiência. "Nem sempre precisa ser uma promoção, pode ser uma transferência lateral. E, com isso, você pode subir mais rápido do que esperar no seu silo até a próxima pessoa se aposentar ou ser promovida. É nesse ponto que as pessoas realmente começaram a se empolgar com a ideia."

Para ajudar a espalhar a magia, Dillon inclui a transferência das pessoas em seus critérios de mensuração para desenvolver competência organizacional. "Temos a meta de transferir 50% das pessoas que identificamos agora como de alto potencial e prontas dentro dos próximos 12 meses. Mensuramos trimestralmente nosso atingimento da meta. Por fim, realizamos esse processo de comparar as pessoas e atualizar isso duas vezes ao ano."

"No fim das contas, o que estou tentando fazer é montar uma equipe que é mais uma companhia teatral do que uma coletânea de experts internacionais. São pessoas que talvez não sejam capazes de realizar o trabalho tão bem quanto o encarregado atual, mas que poderiam fazê-lo se precisassem."

NOMEANDO UM AGENTE DE MUDANÇA

Graças a um mentor na Eaton Corp., seu antigo empregador, Dillon teve uma epifania 19 anos atrás que mudou seu estilo de gestão – e sua vida. "Minha carreira é meio que composta de duas metades", ele diz. "Eu comecei como economista e previsor. E me tornei um economista e um previsor muito bom, com reputação nacional, em razão da qualidade de minhas previsões. E parte das características de um economista e previsor é que você precisa ter coragem em suas convicções, porque, por definição, ninguém pode prever muito bem o futuro. Você não pode se limitar a fazer parte da multidão. Quando estiver errado, se for perspicaz e conseguir identificar logo por que errou, pode manter a confiança das pessoas, porque está proporcionando um insight adicional. Tudo isso para dizer que me tornei um daqueles sujeitos dispostos e capazes de correr o risco de dizer que o rei está nu – ou seja, 'Eu não acho que deveríamos fazer isso por causa disso'; com base em dados, mas também fundamentado em uma teoria ou hipótese. Ou 'Acho que deveríamos estar fazendo diferente'."

"Então eles praticamente me nomearam um agente de mudança. Sempre que alguém farejava um problema e as pessoas não queriam falar abertamente sobre o assunto, elas me chamavam. E com isso fui capaz de desenvolver meus relacionamentos com negócios e com pessoas e subir muito rapidamente na carreira para a administração de fundos de aposentadoria e tesouraria e planejamento estratégico e administração de estrutura de capital até chegar a vice-presidente de planejamento e desenvolvimento. Tudo isso porque eu fui, por assim dizer, o sujeito mais esperto da sala."

"Logo no começo da minha gestão em planejamento e desenvolvimento, estávamos avaliando uma aquisição e eu estava prestes a conduzir uma reunião de avaliação. Quando estávamos prontos para começar, meu chefe entrou na sala. Ele disse: 'Finjam que não estou aqui, só vou me sentar aqui nos fundos e escutar um pouco.' Então tivemos essa reunião muito boa, muito eficiente, que eu conduzi, pedindo os relatos das pessoas. E depois eu disse: 'Tudo bem, então eis o que precisamos fazer em seguida. Jim, você faz isso. Sue, você faz aquilo. Shirley, você investiga aquele ponto. E Dick, você se certifica de que estamos no caminho certo e cheque tudo com os advogados. E vamos nos reunir de novo na semana que vem, no mesmo horário. Ok. Muito obrigado.' E foi isso."

"Eu estava muito satisfeito comigo mesmo. Tudo mundo foi claro, conciso, entendeu as tarefas e a reunião até terminou na hora. Todo mundo saiu, mas, quando eu estava prestes a sair também, meu chefe – meu mentor, o CFO –, que havia ficado para trás, me puxou de lado, literalmente me pegou pelo braço, e disse: 'Espere um pouco, quero falar com você.' Então, ele fechou a porta e disparou: 'Quer saber, Dillon, você está com sérios problemas.' E eu perguntei: 'Como assim?' Estava pensando: *Acabei de conduzir uma excelente reunião. Demonstrei domínio do que estou fazendo. O que você quer dizer com sérios problemas?*"

"Ele me disse: 'Foi uma excelente reunião, mas seu problema é que você ainda acredita que seu trabalho é ser o cara mais esperto da sala. Não é. Não mais. Se você quer meu cargo, ou um cargo como o meu, a esta altura do campeonato não tem mais como fazer tudo sozinho. Ou, mesmo que possa, você basicamente ficará nesse cargo pelo resto da vida. Neste ponto, o que você precisa fazer não é provar que é o sujeito mais esperto da sala, mas fazer todos na sala pensarem que *eles são* o sujeito mais esperto da sala. Você precisa ensinar a eles o que sabe e o que faz, não dizer a eles o que fazer. Precisa demonstrar pelas ações e pelo coaching e pelas perguntas que faz que você tem um jeito mais socrático de fazê-los pensarem sobre as coisas. De fazê-los pensar em como fazer a coisa. E aprender com você de forma que, quando não estiver mais aqui e tiver ido para o próximo cargo, eles saberão se virar.'"

"Até hoje, quando falo sobre isso, ainda sinto um arrepio. Porque eu soube na hora que ele tinha razão. É como se todo um novo mundo tivesse se aberto diante dos meus olhos. E, ironicamente, por eu ser um economista e previsor, sempre fui bom em explicar as coisas diante de plateias. Então, foi uma transição fácil para mim, porque eu podia entrar no meu modo, digamos, professoral, ou socrático, explicando as coisas às pessoas em termos que elas entendessem, mas fazendo-as sentir que realmente entenderam, e não agirem como marionetes. Então virou um tipo de ambiente de ensino, de coaching, e não um ambiente de comando e controle."

"Aquele foi um daqueles momentos seminais da carreira de uma pessoa em que você toma a decisão fundamental: você será um colaborador individual e continuará a tentar ser um gênio sozinho e também o sujeito mais esperto da sala ou vai alavancar suas competências através dos outros, aumentando o impacto de sua contribuição, mas também se livrando para poder dar o próximo passo? E foi naquele dia que meu estilo de gestão mudou."

PASSANDO NA PROVA

Será que a ousada inovação de Sullivan está dando certo? Ele aponta para a retração econômica de 2009 como um teste rápido, no qual eles passaram. "Tomamos a decisão de que isso será um novo normal para nós. A empresa será menor e só precisamos redimensionar imediatamente a infraestrutura corporativa. Isso é o que vamos fazer. Isso é o que não vamos fazer. A intenção estratégica foi absolutamente clara. E, devido à organização que Adrian Dillon construiu desde que veio para cá, eles conseguiram dar início à execução instantaneamente." (Quando Dillon saiu para entrar na Skype, um sucessor estava pronto e capaz de assumir imediatamente seu lugar.)

O Grupo de Medições Eletrônicas de Nersesian também se mostrou à altura da situação. "Não se pode ter um exemplo melhor de como uma organização reage à adversidade", diz Sullivan. "Se você puder seguir nosso modelo de liderança, isso permite que uma organização – no caso dele, de 10 mil pessoas – reaja muito, muito rapidamente." Por outro lado, ele diz, durante a explosão da bolha tecnológica em 2001, as pessoas levaram algum tempo para reagir. "E, quando você adia a reação, sua resposta não é muito ponderada." Ao mesmo tempo, os líderes seniores voltaram a pensar sobre as oportunidades, em vez de ficar martelando na mesma tecla das metas financeiras e contagem de cabeças. "O coaching que Ron me deu foi em duas direções", diz Sullivan. "Em primeiro lugar, nosso mercado de $45 bilhões pode ter caído 20%, mas ainda é um grande mercado. Então, qual é a segmentação de mercado, onde está o dinheiro? Onde as pessoas estão gastando dinheiro nesta retração econômica? Com isso, envolvemos um grupo chamado Parthenon para nos ajudar a criar um diálogo sobre o mercado com os clientes. E em segundo lugar, no ambiente que instituímos, não iríamos criticar as pessoas por não entregarem os números, mas realmente voltar e conversar sobre onde está o cliente, onde está a concorrência, onde está nosso investimento e por quê?"

"Em consequência, tivemos uma discussão muito mais equilibrada sobre para onde ir a partir daí. Isso permitiu que as pessoas não tivessem medo. Em vez disso, nós as escutamos e as ajudamos a alocar seus recursos onde acreditavam que estivessem as maiores oportunidades de avanço. Eu – e Adrian, quando ele estava disponível – percorri cada divisão e conversei sobre o que estavam fazendo e como algumas das equipes estariam dispostas a fazer apostas mais focadas."

"Como avançamos tão rapidamente, fomos capazes de aumentar nosso investimento na oportunidade de bioanálise e ciências biológicas. Aquele negócio havia caído 10% pela primeira vez desde o início dos anos 1980, mas não fizemos nenhum corte lá, porque é nossa maior oportunidade de crescimento no futuro. Sinceramente acredito que vamos sair dessa retração econômica como uma empresa muito mais forte."

CONCLUSÕES

Empresas baseadas em expertise podem criar valor e vantagem competitiva se forem capazes de desenvolver líderes que tenham as habilidades tanto técnicas quanto de administração-geral necessárias para ver o negócio como um todo. Só uma pequena porcentagem dessas empresas possui os sistemas e as ferramentas para fazer isso, e uma porcentagem ainda menor conta com um sistema formal de avaliações e remuneração necessário para passar do sonho à realidade de ter administradores gerais prontos para a ação e no lugar certo.

Especialmente em mercados emergentes – Índia, China, Brasil e Indonésia, por exemplo –, existe uma grande população de pessoas brilhantes porém subutilizadas trabalhando em silos, particularmente sistemas de informação. Elas ambicionam liderar negócios, países ou ser CEOs corporativos e se frustram com a ausência de sistemas sociais como os da Agilent. Capitalizar esse talento bruto é a base do crescimento futuro em qualquer lugar do mundo. Como vimos no caso de Dillon e Nersesian, cada líder tem a responsabilidade de identificar o talento bruto e colocá-lo onde ele merece, cultivando, dessa forma, a capacidade não apenas do talento identificado, como também da organização como um todo.

Apesar de também se tratar de uma empresa baseada em expertise, a empresa apresentada no próximo capítulo o leva a um destino totalmente novo. A Novartis descobriu um jeito novo de transformar especialistas em líderes de alto potencial. Suas ferramentas sem igual a ajudam a descobrir o que esses líderes ambicionam, a identificar o que aumenta a eficácia deles e a utilizar os recursos internos ocultos para atingir suas metas. Não despreze a ênfase heterodoxa da Novartis sobre autoconsciência. Ela produziu um grupo espetacular de líderes capazes de superar concorrentes maiores.

Capítulo 8

DESCOBRINDO O LÍDER INTERIOR

Como a Novartis Desenvolve a Competência
de Liderança por meio do Autoconhecimento

Até que ponto você realmente conhece sua essência – suas crenças, valores, reservas emocionais e sentimentos? Você sabe o que aciona suas reações? O que faz você ficar ansioso e o que o tranquiliza?

Com que frequência você se questiona no sentido a seguir?

- Como pude deixar de ver? Era tão óbvio, estava praticamente debaixo do meu nariz.
- Eu deveria ter confiado nos meus instintos e não ter fechado o negócio. Eu sabia que teríamos problemas no caminho.
- Eu vi que Chris estava vacilando. Por que não o substituí antes?
- Por que não consigo dar feedback sincero? Eu tenho medo do quê?
- Por que não desinvesti aquela unidade de negócios decadente quando a assumi? Será que errei em achar que o líder da unidade de negócios seria capaz de recuperá-la? Ou me preocupei demais com o que meu antecessor pensaria?

Suas tendências, suas preferências e aversões psicológicas, suas motivações para atingir as metas e os valores pelos quais você atinge essas metas, tudo isso faz parte das memórias emocionais enterradas no seu íntimo. Elas orientam a forma como você toma decisões, exercita o senso crítico e age. Elas afetam as pessoas que entram em contato com você: subordinados, colegas, familiares. Afetam o modo como você vê essas pessoas. Sua essência determina a clareza com que você vê e percebe, o que considera importante, como pensa e age e a qualidade de seu julgamento, decisões e relacionamentos. Ela afeta a maneira como você vê uma questão, como busca informações e de quem. E, com muita frequência, você faz essas coisas sem se comunicar com sua mente consciente.

Conscientizar-se de sua essência e lidar com ela está no centro do desenvolvimento e da eficácia da liderança. Quanto mais você estiver ciente dela, melhor será como líder. Será capaz de avaliar a adequação entre seu cargo atual e para onde suas ambições o estão levando, alinhar seus valores com seu trabalho e, com isso, liberar energia e paixão, bem como superar preconceitos ou temores inconscientes que possam estar prejudicando sua capacidade de julgamento ou comportamento.

Não faltam exemplos de líderes cujo desejo e motivação emocional de vencer só por vencer os empurram para além das fronteiras da racionalidade. Um caso clássico foi Sir Fred Goodwin, do Royal Bank of Scotland, cuja determinação em dar um lance mais alto do que a Barclays em uma batalha pelo banco holandês ABN AMRO acabou forçando o RBS a se estatizar para o governo britânico. Por outro lado, John Varley, CEO da Barclays, retirou-se da corrida tóxica, deixando a Barclays em uma posição melhor do que nunca no mercado. No outro extremo, estão confusão e insegurança, especialmente durante as crises nas quais você não parece compreender a situação como um todo. Você olha com inveja para aqueles capazes de solucionar problemas que os outros consideram impossíveis. Como eles conseguem? Em parte, porque recorrem à sua força emocional e coragem para redefinir o contexto, realinhar os participantes e reformular o problema de forma que ele seja manejável.

Veja o exemplo de Andrew Liveris, CEO da Dow Chemical, quando se viu em uma posição difícil durante a aquisição da Rohm & Haas. As ações da Dow caíram 75% na primavera de 2009 devido ao duplo golpe da crise financeira global e à desistência por parte do governo do Kuwait de uma *joint venture* de $17,4 bilhões que teria proporcionado um caixa de $9 bilhões para levar a aquisição adiante. Apesar de a transação poder destruir a saúde financeira da Dow, Liveris estava decidido a fechá-la.

Esse tipo de dilema testa a essência de uma pessoa. O estresse afetou não apenas Liveris pessoalmente, como também toda a organização da Dow.

Mas ele teve profunda reserva emocional e autoconfiança para acreditar que conseguiria encontrar uma solução. Sua tenacidade, confiança e criatividade financeira fizeram os outros acreditarem que ele seria capaz de tirar a empresa do buraco. Ele começou a coletar ideias de outros CEOs que confrontaram problemas similares. Depois convenceu Warren Buffett e a família proprietária parcial da Rohm & Haas a investir na Dow sob um plano que incluía sua promessa de vender ativos não vitais para o negócio essencial. Liveris argumentou com confiança e lógica, conquistando o apoio de seu conselho de administração, investidores, credores e agências de classificação de risco. Depois executou o plano de acordo com o cronograma. Em maio de 2010, o preço das ações da Dow havia se recuperado quase aos níveis anteriores ao incidente e ele já mapeara planos extremamente ambiciosos para os três próximos anos.

Será que esse tipo de força interior é uma dádiva de Deus ou pode ser desenvolvido e cultivado? Para a resposta, voltamo-nos ao incomum e bem-sucedido programa de desenvolvimento de talentos de liderança criado pela Novartis, empresa global de saúde que atua nos setores de produtos farmacêuticos, vacinas e outros relacionados à saúde.

AJUDANDO OS LÍDERES A REVELAR SUA ESSÊNCIA

Como qualquer outro líder apresentado neste livro, o Dr. Daniel Vasella, presidente do Conselho e ex-CEO da Novartis, dedica muita atenção à seleção e ao desenvolvimento dos talentos de liderança. Ele relaciona três qualidades de liderança não negociáveis: capacidade técnica e interpessoal, ambição e integridade. Mas, diferentemente dos outros, inclui a autoconsciência entre as metas de desenvolvimento para seus líderes. Formado em Medicina, com profundo interesse em psicologia, Vasella acredita que as habilidades e o caráter de uma pessoa são orientados por sua essência, que ele define como uma combinação de pontos fortes e fracos, estilos cognitivos e interpessoais, bem como – o mais importante – valores essenciais e propósitos de vida. Quanto mais clara e profunda for a autoconsciência de um líder, ele acredita, mais poderosa e confiável se torna sua essência.

Desconhecemos outra empresa que tenha essa ênfase na autoconsciência dos líderes – em fazê-los se conscientizarem de seu inconsciente.

Muitas empresas, é claro, utilizam a avaliação psicológica quando estão analisando pessoas para ocupar cargos de alto nível ou avaliando-as para uma eventual promoção. A maioria das empresas de busca de executivos utiliza psicólogos para avaliar candidatos potenciais e consultorias especializadas realizam essas avaliações ao orientar as pessoas. Mas as avaliações muitas vezes não são vinculadas às especificidades do cargo e ao contexto de negócios, e as pessoas avaliadas muitas vezes questionam sua utilidade. Além disso, visam beneficiar, em grande parte, os chefes dos líderes e o pessoal de RH.

A utilização da avaliação psicológica por parte da Novartis é muito mais sofisticada. Sua versão diferenciada da maestria em talento é elaborada especificamente para ajudar os líderes a saber quem são, de forma que possam alinhar suas ações, decisões e comportamentos no trabalho com seus mais profundos valores e senso de propósito. Isso lhes proporciona conhecimento de seus próprios mecanismos psicológicos e revela seus pensamentos inconscientes. No processo de desenvolver a autoconsciência, a abordagem constrói uma conexão íntima entre os líderes promissores e os líderes nos níveis seniores, o que é útil tanto para o desenvolvimento de lideranças quanto para o planejamento de sucessão. A Novartis acredita que esse processo ajudou a empresa a passar da contratação externa de 80% de sua mais alta liderança a encontrar 70% desses líderes internamente.

A maior autoconsciência dos líderes melhorou a execução da estratégia na Novartis, impedindo temores ou necessidades inconscientes de prejudicar a colaboração e os riscos calculados. Isso também elevou a produtividade do P&D. Na indústria farmacêutica, pode levar 10 anos ou mais para um produto passar do conceito inicial à geração de um faturamento significativo, e a taxa de sucesso é desanimadora. As empresas testaram muitas diferentes abordagens para melhorar seus históricos de desempenho. Muitas vezes, elas reorganizam a função de P&D. Por exemplo, uma empresa utilizou um modelo de venture capital, segmentando sua grande equipe de especialistas em pequenas equipes independentes que competem entre si pelas verbas. Já a Novartis se concentra em melhorar a qualidade das decisões de P&D estreitando e reforçando os vínculos entre os cientistas de diferentes áreas.

Vasella recrutou um cientista acadêmico de primeira classe, Dr. Mark Fishman, para reorientar a máquina de P&D da Novartis na direção de um processo melhor e mais colaborativo de tomada de decisões. Fishman começou identificando cientistas com talento para a liderança na função de pesquisa da Novartis (chamada de Novartis Institutes for BioMedical Research). "A expertise científica é um requisito para liderar na P&D da Novartis, para poder fazer as perguntas certas", afirma Fishman. "Então, você deve fazer os cientistas se transformarem em líderes nesse ambiente. Muitos daqueles que vieram da área acadêmica já vinham unindo equipes e trabalhando em organizações, mesmo que não soubessem que estavam fazendo isso. Então eles já tinham alguns dos instintos certos desde o início."

"Mas precisavam conhecer a contribuição potencial de cada indivíduo e ser capazes de utilizá-la no contexto certo. Eles precisavam tolerar os subversivos, as pessoas que causam transtornos mas que estão dando contribuições realmente importantes. Clareza e honestidade são importantes, de modo que todas as pessoas na sala saibam que os dados não estão sendo manipulados de maneira alguma. E todo mundo precisa se sentir valorizado, sabendo que pode contribuir."

AUTOCONSCIÊNCIA E EFICÁCIA DA LIDERANÇA

A autoconsciência pode assumir várias formas, e todas elas podem aumentar a eficácia de um líder. A simples identificação de preferências e aversões e pontos fortes e fracos pessoais podem abrir os olhos do líder para a necessidade de tipos específicos de apoio. Por exemplo, Vasella reconheceu desde cedo que não é uma pessoa de processos. Um bom CEO, no entanto, precisa administrar vários processos-chave, como definição de orçamento e planejamento de sucessão. Ele percebeu que precisava de pessoas para complementá-lo nessas áreas.

Enquanto a maioria das empresas para no nível do reconhecimento dos pontos fortes e fracos pessoais, particularmente em competências como desenvolvimento de equipes e pensamento estratégico, a Novartis vai até o nível do inconsciente, que se torna cada vez mais importante à medida que o escopo de uma função de liderança aumenta. Em cargos maiores, a capacidade de julgamento deve levar mais complexidade em consideração e, muitas vezes, se torna mais intuitiva. A maioria das reações intuitivas e instintivas está enraizada no inconsciente e em experiências passadas. A ação rápida e agressiva que impulsionou um executivo a subir na hierarquia pode transformar-se em desvantagem. Nem a lógica linear nem o instinto sozinhos sustentarão um líder nesses níveis mais elevados. Esses fatores apontam para um dos fundamentos da liderança: quanto maior for o escopo de uma decisão e maior for o número de variáveis e a incerteza, mais importante é para o líder conscientizar-se das motivações e tendências inconscientes capazes de afetar emoções, razão e intuição.

As pessoas que estão em posições de liderança em níveis mais elevados também precisam se conscientizar de como os outros são afetados pelo que elas dizem – ou não dizem. Em outras palavras, devem ponderar as consequências de segunda e terceira ordem de suas ações e analisar uma questão de vários ângulos diferentes. Os seres humanos inevitavelmente têm pontos cegos, e desenvolver a autoconsciência e um senso de plenitude pessoal aumenta em muito a capacidade de um líder de entender o que os outros estão sentindo e saber o que os motiva. Um líder que não tenha autoconsciência ou um sentimento de equilíbrio interior será limitado e tendencioso ao avaliar, motivar e inspirar os outros, tanto individualmente quanto em equipes.

Na cultura das organizações ocidentais, em geral se espera que líderes de negócios mantenham suas emoções sob controle ou pelo menos não as demonstrem. Em consequência, muitas pessoas acreditam que devem reprimir suas emoções a ponto de ignorá-las. Vasella aconselha: "Quando você tem sentimentos como impaciência e irritação, precisa se perguntar: 'Por que estou sentindo isso? O que está acontecendo aqui para me deixar impaciente ou irritado?' É muito importante usar as próprias reações emocionais como uma ferramenta de diagnóstico."

Vasella descreve como presta atenção aos próprios sentimentos no decorrer de um dia de trabalho e tenta se conscientizar de suas causas: "Em uma conversa, um encontro, uma entrevista, todos teremos sentimentos e emoções. Essas emoções podem dever-se à nossa própria história. Ou ser o reflexo do que está acontecendo com os outros. Se eu ficar impaciente em uma reunião, isso pode ter diferentes causas. Talvez as pessoas não estejam me dizendo aquilo no que realmente acreditam emocionalmente, o que realmente está por trás do que estão dizendo. Elas só estão representando e mascarando a realidade que veem. Ou talvez alguém esteja sendo muito obsessivo, passando de um detalhe ao próximo e ao próximo, ou sendo superficial e tagarela. Ou talvez alguma coisa me incomode e eu ainda não consegui articular o que é."

Conscientizar-se de seus sentimentos em tempo real e identificar o que os está acionando levará a um questionamento e um diálogo muito mais incisivo com os outros. Isso, por sua vez, influenciará o comportamento dos outros em relação a você. A partir do momento em que você identifica as raízes desses sentimentos, começa a sentir a energia psicológica sendo gerada e sua capacidade pessoal sendo expandida.

TÉCNICAS PARA SE APROFUNDAR

Como CEO da Novartis por 14 anos, desde a sua criação, na fusão de 1996 entre a Ciba-Geigy e a Sandoz, Vasella instituiu uma série de processos de desenvolvimento de lideranças que se concentraram cada vez mais em ajudar executivos-chave não apenas a aprofundar seu conhecimento, como também a aprofundar sua autoconsciência. No início dos anos 2000, a Novartis criou uma avaliação anual de talentos organizacionais para a empresa toda, similar à de outras mestras em talento (como a GE, HUL, P&G e Agilent), e formalizou um novo conjunto de padrões de liderança. Mas também instituiu programas de autoanálise e desenvolvimento de lideranças, tanto para líderes seniores quanto para juniores, que são extraordinários em sua ênfase de ajudar a pessoa a descobrir sua essência profundamente enraizada.

O mais intenso desses programas é uma sessão de mentoring de três dias para um grupo seleto de líderes de alto potencial nos primeiros estágios de suas carreiras. Desde a sua criação em 2002, mais de 150 pessoas das divisões e funções globais da Novartis participaram do programa, um pequeno grupo por vez. Um líder de divisão ou funcional da Novartis seleciona entre seis a oito líderes para o programa de mentoring e os leva para exercícios fora do local de trabalho durante três dias com o staff de RH e psicólogos comportamentais especializados. O programa também conta com a presença de Juergen Brokatzky-Geiger, líder global de RH da Novartis, ou o líder de RH da respectiva divisão. Os grupos consistem, em grande parte, de pessoas que trabalham juntas e provavelmente continuarão trabalhando juntas por algum tempo, de modo que os exercícios e diálogos ajudam a criar uma cultura de longo prazo de abertura, franqueza e colaboração.

A sequência de atividades inclui avaliações de cada participante em comparação com outros líderes da Novartis e com um grupo mais amplo de líderes de fora da empresa. Com base nos feedbacks que recebem nas avaliações, os participantes elaboram planos de desenvolvimento com a ajuda da equipe de mentoring. Cada um escolhe um desafio de liderança – uma questão significativa que eles e suas organizações estão enfrentando – que eles compartilharão com os colegas e a equipe de mentoring. Não pode ser um desafio fácil ou um problema que eles já solucionaram, de modo que a escolha em si testa a capacidade e a disposição dos gestores de se autoanalisarem.

Os líderes participam de uma variedade de atividades formais e informais e encontros, de conversas ao jantar a reuniões um a um e sessões em grupo com exercícios de representação de papéis. À medida que o programa se desenrola, as diversas observações por parte do líder da divisão, do pessoal de RH e psicólogos se combinam para produzir uma imagem bastante detalhada do comportamento individual e interpessoal de cada pessoa em vários diferentes contextos. Os participantes são levados a explorar abertamente questões tanto profissionais quanto pessoais com os colegas, um grande desafio que pode ser inquietante no começo. Como lembra Kim Stratton, hoje diretora-geral de Gestão de Sucursais Nacionais e Relações Exteriores, que participou do programa no início de sua carreira: "Algumas vezes você fala sobre como se sente ou sobre coisas que importam para você, de modo que o tema é muito diferente do que você está acostumado a discutir no ambiente de negócios de segunda a sexta."

Ainda mais revelador é quando a pessoa fala sobre aquele desafio com o grupo. Digamos, por exemplo, que, devido a uma mudança na estratégia da empresa, Jay, o diretor de vendas de uma divisão, venha evitando uma difícil decisão. Kate ocupa uma posição-chave na organização. Ela vem realizando um bom trabalho, mas está mostrando sinais de que pode não estar mais no cargo certo devido à mudança da estratégia. Jay está enfrentando uma batalha interior com seus valores pessoais. Será que demitir uma pessoa que foi leal e bem-sucedida no passado é a coisa certa a fazer? Se ele fizer isso, como os outros o verão – como uma pessoa justa ou como implacável, o tipo de pessoa disposta a vender a própria mãe para atingir suas metas? Como sua marca pessoal será percebida desse ponto em diante?

O diálogo entre Jay e os outros participantes do programa sobre esse dilema revela a raiz da batalha interior de Jay. Kate apresentou um bom desempenho e recebeu as melhores avaliações durante os últimos cinco anos. Ela é altamente eficaz com os colegas e trabalha muito bem em equipes multifuncionais. É óbvio que Jay gosta dela e aprecia toda a ajuda que recebeu dela. Os outros participantes perguntam a Jay o que seria necessário para ter sucesso considerando as alterações na estratégia. Jay responde que construir uma rede mais forte de relacionamentos estratégicos com executivos de nível mais elevado dos clientes é uma das maiores prioridades. Ele acredita que Kate poderia ser capaz de fazer isso, mas só com muito coaching pessoal ao longo de muito tempo – o que poderia desacelerar a execução da nova estratégia. O diálogo força Jay a ponderar se Kate tem a aptidão natural necessária para desenvolver esses relacionamentos. E também traz à tona as péssimas experiências de Jay ao trazer pessoas de fora e sua preocupação de que Kate poderia piorar a situação. No processo, Jay começa a refletir sobre o modo como está lidando com a situação e por quê. "Será que estou sendo defensivo? Será que estou tentando evitar alguma coisa? Minha preocupação em ser justo está me impedindo de fazer o que é melhor para o negócio? Será que tenho medo de contratar alguém de fora devido às minhas experiências no passado?"

À medida que as pessoas mergulham nas discussões, Brokatzky-Geiger e o líder da divisão ou função dão feedback em tempo real para ajudá-las com seu problema de liderança. Com a ajuda de psicólogos, eles também conhecem melhor a essência da pessoa e comparam observações nos bastidores. Brokatzky-Geiger explica: "Vemos como se comportam, como se conectam uns com os outros, como agem quando estão cansados e frustrados, como tratam os outros em situações de equipe. No decorrer de três longos e intensos dias, conhecemos o lado privado da pessoa. Isso porque a máscara cai neste programa. Alguns exercícios questionam cada vez mais a forma como as pessoas agem, e torna impossível para elas manter a máscara."

Todos são observados por líderes experientes, pessoas que conhecem o contexto dos negócios e o verdadeiro cenário externo. Até os psicólogos aprendem as nuances do negócio. Em nenhum outro lugar um líder pode obter um feedback tão valioso.

Os participantes têm algum tempo entre as discussões em grupo para conversas informais e autorreflexão, o que os ajuda a fazer as próprias descobertas. "A oportunidade de falar com os outros líderes sobre suas experiências e sobre o que aprenderam no programa ajuda a cristalizar em que ponto você se encontra em sua jornada", diz Stratton. A autorreflexão permite à pessoa enfrentar a realidade. "A meta é ajudar essas pessoas a conhecer a si mesmas extremamente bem", diz Brokatzky-Geiger, "e, com isso, ajudá-las a vincular seus interesses privados com os interesses da empresa, conectando seu propósito e valores essenciais com os da empresa". Muitas vezes, os participantes descobrem conscientemente pela primeira vez suas metas e ambições pessoais e profissionais mais íntimas – quem elas querem ser, o que querem fazer na vida como um todo e por quê. Descobrir isso e alinhar esse conhecimento com seu trabalho libera bastante energia.

O CONTEXTO CERTO

Muitas organizações realizam encontros fora do local de trabalho nos quais as pessoas são solicitadas a revelar publicamente informações pessoais, e algumas vezes os resultados não são nada bonitos. A diferença na Novartis pode ser encontrada, em grande parte, no contexto. Os participantes não são submetidos a questões ou modelos previamente elaborados. As discussões são realizadas com pessoas que conhecem o negócio e a realidade do ambiente organizacional no qual os participantes trabalham. Além dos líderes da empresa – o líder da divisão e o líder de RH –, os participantes podem recorrer à ajuda dos colegas para entender melhor os difíceis dilemas que estão enfrentando. O contexto os ajuda a lidar com questões como:

- O que está me preocupando e consumindo toda a minha energia interior? Como esses problemas podem ser articulados muito especificamente e depois formulados e reformulados para trazer à consciência o que está enterrado no inconsciente?
- Por que estou reprimindo essa questão e não consigo enxergar uma solução clara? Seria porque não consigo imaginar alternativas ou porque não gosto das consequências das alternativas? Ou será que temo a reação às ações que precisam ser realizadas devido ao fato de a situação ser tão incerta?
- Estarei utilizando a velha fórmula do sucesso em uma nova situação e ficando confiante demais?
- Quais dos meus valores essenciais estão me impedindo de enxergar a solução certa? Será que não preciso recalibrar minhas expectativas? Preciso de uma caixa de ressonância — uma pessoa confiável que me ajudará a ver um sentido na confusão e isolar fontes de ansiedade e estresse?

Uma década ou duas atrás, poucas pessoas no negócio estariam dispostas a revelar esses pensamentos íntimos, temendo que isso fosse usado contra elas. Mas a maioria das culturas hoje em dia é muito mais aberta no que diz respeito a falar sobre detalhes pessoais. As pessoas revelam informações íntimas em redes sociais na internet ou as obtêm por meio de sites como o Google. Cada vez mais pessoas estão aprendendo que ser transparente sobre dilemas pessoais e sentimentos é preferível a deixar que os outros cheguem a conclusões equivocadas usando informações que obtêm de outra forma.

REDEFININDO AS EXPECTATIVAS

A experiência fora do local de trabalho ajuda tanto a Novartis quanto seus gestores mais talentosos e ambiciosos a reavaliar visões que passaram a aceitar como naturais e abrir seus olhos a novas visões. À medida que vão conhecendo melhor suas motivações, algumas pessoas percebem – e reconhecem aos colegas e à equipe de mentoring – que não conseguem ou não estão dispostas a fazer certos sacrifícios para chegar ao nível mais elevado da empresa. Algumas pessoas ambiciosas que desejavam liderar um negócio com responsabilidades de P&L recalibram suas metas e escolhem outro caminho para, digamos, ser um executivo com uma responsabilidade funcional, e não de lucros.

Outros podem ter dúvidas sobre aceitar um cargo no exterior, mesmo que a recusa signifique desacelerar ou até mesmo sabotar suas expectativas de carreira. O preço de desarraigar a família pode ser alto demais, especialmente quando o sucesso em outro ambiente não está garantido. Algumas pessoas têm medo de morar em países em desenvolvimento. Trazer à tona essas informações beneficia tanto a Novartis quanto os jovens executivos. A empresa pode projetar os papéis de longo prazo certos para os talentos que deseja manter, em vez de desenvolvê-los para os papéis errados.

Empresas que não obtêm insight profundo o suficiente nos valores essenciais e propósitos de seu pessoal e não ajudam seus talentos a conhecer melhor a si mesmos podem desperdiçar preciosos recursos. Vimos isso acontecer várias vezes, mesmo em empresas mestras em talento. Apesar do exaustivo conhecimento de seu pessoal, por exemplo, a GE mais de uma vez investiu substancialmente na preparação de um executivo para um grande cargo só para descobrir tarde demais que a pessoa não o aceitaria por razões pessoais. Como diz Brokatzky-Geiger: "Sempre que você passa a se conhecer melhor ou conhecer alguém melhor, pode reavaliar suas opiniões e agir em consonância com isso."

No estágio final do programa de três dias fora do local de trabalho, os participantes elaboram "planos de liderança" de uma página para si mesmos e os apresentam aos colegas e à equipe de mentoring. Um plano de liderança inclui todos os resultados de avaliações do gestor e os principais pontos aprendidos nos exercícios e interações. E o mais importante: relaciona seus talentos, habilidades e valores e articula o que descobriu sobre sua essência. Alguns dos itens podem ser esperanças, não realidades atuais, mas, mesmo assim, são úteis, e talvez ainda mais do que isso: revelam à pessoa o que ela

A ARTE DE CULTIVAR LÍDERES | 181

representa, ou deseja representar. Esse é o tema principal que agrega todas as partes. E que passa a ser uma declaração de missão para a pessoa.

Ao longo dos próximos seis meses, cada um dos gestores tem três ou mais sessões de coaching individual para áreas-chave de desenvolvimento. Essas sessões se concentram em ajudar os gestores a passar da conscientização e do conhecimento de seu potencial à prática e prestação de contas.

O grande avanço na autoconsciência para a maioria das pessoas é descobrir que alavancam demais suas habilidades profissionais e alavancam de menos seus valores interiores. Seus valores mais profundos e seu senso de propósito são reservados à família ou a atividades filantrópicas e, em grande parte, desvinculados de sua liderança nos negócios. Em consequência, esses líderes brilhantes e de alto desempenho muitas vezes deixam de desenvolver suas autênticas habilidades interpessoais e sua capacidade de aprender com os outros, colaborar com eles e influenciá-los.

A Novartis reconhece que essas são qualidades essenciais para seu negócio. Trabalho em equipe e líderes capazes de cultivá-lo são especialmente importantes para o sucesso continuado na indústria farmacêutica global. Coordenar iniciativas em praticamente todos os países do mundo fica cada vez mais complicado na medida em que governos, órgãos regulamentadores, grupos de consumo e mercados financeiros reagem de formas diferentes a avanços na ciência médica e a mudanças na prática médica. Inovar um pipeline de medicamentos prescritos para substituir aqueles que estão prestes a perder a patente requer cada vez mais que grandes equipes de especialistas em várias áreas científicas e médicas compartilhem informações e trabalhem bem em conjunto, não apenas internamente, mas também com pessoas de fora e órgãos regulamentadores.

Stratton passou por várias avaliações de 360 graus antes de entrar na Novartis, e todas elas revelaram certa impaciência quando ela queria atingir metas ambiciosas apressadamente. O que ela descobriu no programa da Novartis foi a disparidade entre como atingia suas metas, especialmente em momentos de estresse, e o que verdadeiramente valorizava na vida. "Percebi, durante o programa, que um de meus pontos fortes girava ao redor da empatia e eu sabia que queria desenvolver isso. Mas não queria me ver aos 75 anos pensando: 'Tudo bem, que bom, você foi uma pessoa empática, parabéns.' Enquanto eu refletia ao longo dos seis meses após a sessão, meu propósito essencial começou a se cristalizar: quero atingir meu pleno potencial como líder corporativa e assegurar que meus colegas e minha família atinjam o pleno potencial deles. Então, não quero perder minha velocidade e motivação, mas, quando levo isso a um nível mais elevado, posso me lembrar: 'Kim, cuidado quando estiver nesta situação.' No fim das contas, se eu fizer as pessoas se sentirem magoadas e impotentes e privá-las de realizar seu potencial, sofro tanto quanto elas, se não mais, porque não estou realizando meu propósito essencial. Posso ter vencido a batalha, mas perdi a guerra. Não foi algo que percebi logo de cara ou unicamente como um resultado do programa de mentoring, mas foi bem profundo."

Stratton observa uma diferença crucial entre as avaliações típicas e o programa da Novartis: "Muitas vezes, quando as pessoas lhe dão conselhos de 360 graus, elas se concentram nas deficiências. O que fez a diferença para mim foi o foco em como o resultado reforça meu propósito essencial. É um processo muito mais holístico."

VENDO O SISTEMA DA NOVARTIS COM NOVOS OLHOS

Joe Jimenez, que substituiu Vasella no cargo de CEO no início de 2010, aprendeu o valor da autoconsciência depois que entrou na empresa em 2007, na liderança de sua divisão de saúde do consumidor. Ele fora presidente e CEO da H.J. Heinz na América do Norte e da H.J. Heinz na Europa. Ele estava acostumado com as demandas de uma liderança de negócios de alto nível e veio de uma indústria, bens de consumo não duráveis, que dedicava muita atenção ao desenvolvimento de lideranças.

Jimenez se impressionou não apenas com a formalidade e a profundidade das avaliações na Novartis, como também com a forma como eles produziam um diagnóstico claro das necessidades de cada pessoa em diferentes áreas. O resultado, ele diz, se evidenciou não tanto em sua primeira atribuição na Novartis, mas alguns meses mais tarde, em sua segunda atribuição, quando ele foi promovido para liderar a divisão de produtos farmacêuticos essenciais da empresa. Depois de 10 anos de crescimento de dois dígitos, a

A ARTE DE CULTIVAR LÍDERES | 183

divisão farma estava diante de expirações de patentes e um ambiente cada vez mais difícil, e o desempenho em 2007 começou a sentir as consequências. Jimenez queria construir a estratégia futura com base na cultura criada por Vasella, centrada no paciente. Jimenez diagnosticou o problema como falta de foco externo nas necessidades dos pacientes, os consumidores finais dos produtos da farma e os comportamentos em evolução dos médicos e operadoras de seguro de saúde, os clientes cujas escolhas determinavam os resultados das vendas da farma.

A organização farma não queria ver isso, diz Jimenez. "As pessoas diziam que 2007 era uma aberração e, se conseguíssemos manter nosso percurso atual, tudo ficaria bem. Tive de mudar completamente essa visão e mentalidade." Ele construíra seu estilo de liderança no que chama de "um ambiente altamente dinâmico" e agora estava trabalhando em "uma cultura suíça mais reservada". Graças, em parte, à profundidade e ao rigor da avaliação pela qual passou, "percebi que estava ficando menos paciente e mais autoritário", ele diz. "A avaliação me ajudou a repensar a forma como eu abordava a situação e a adaptar meu estilo para ser eficaz na cultura da Novartis. Em vez de forçar sua adoção em toda a organização – apesar da rápida evolução do ambiente externo, exigindo mudanças dentro da Novartis –, reconheci que precisava envolvê-la de baixo para cima. Então, imediatamente recuei e disse: 'Tudo bem, vamos fazer um benchmark para ver onde estamos. E vamos ver como podemos lidar com isso de forma a nos tornar mais ágeis e flexíveis.'"

Isso transformou a situação. Em vez de lutar por um longo tempo para efetivar a mudança, Jimenez conquistou apoio para a abordagem centrada no paciente e focada no cliente. Baseando-se na estratégia de Vasella, ele tirou do local de trabalho os 100 líderes mais seniores da divisão farma, e os ajudou a desenvolver uma visão clara do ambiente externo e dos desafios de negócios. Depois, ele pediu que cada um deles pensasse no que faria pessoalmente ao longo dos próximos seis meses para se tornar mais centrado no paciente e focado no cliente e enviasse suas conclusões. Os líderes enviaram a Jimenez "uma variedade incrivelmente rica de cartas de comprometimento pessoal" que se tornaram a base para "colocar a divisão farma de volta ao caminho certo".

Observe o círculo virtuoso aqui. Tornar-se mais autoconsciente fez Jimenez ficar mais alerta à personalidade coletiva da divisão farma, por assim dizer. Isso lhe permitiu basear-se nos pontos fortes de seu comportamento de liderança, de forma a aumentar a autoconsciência da organização e, dessa forma, estar mais alerta e reativo às necessidades do cliente. Como o próprio Jimenez resume: "Os líderes da farma disseram que o processo fez com que eles primeiro assumissem a responsabilidade pela iniciativa e mudassem o próprio comportamento deles. Isso lhes permitiu desenvolver-se como líderes em termos de direcionar o foco mais externamente, de forma que eles pudessem, por sua vez, ajudar seu pessoal a também voltar o foco para fora. Isso mudou todo o tom da divisão farma."

As experiências de Jimenez em seu primeiro ano na Novartis o fizeram perceber o valor de rigorosas avaliações psicológicas focadas em aprofundar a autoconsciência dos líderes. Ele nos contou: "Outras empresas muitas vezes definem o desenvolvimento de lideranças de forma superficial, sem essa profunda e franca avaliação do que realmente tornará alguém um líder mais eficaz. Eles não identificam a causa fundamental do problema, no caso de haver um problema, ou qual é a oportunidade-chave que esse líder tem. O que a Novartis faz melhor do que qualquer outra empresa que já vi é esse processo franco. O conhecimento do pessoal e o diagnóstico da essência e valores de uma pessoa ajudam você a ser mais eficaz no seu trabalho com os outros. Esse conhecimento das pessoas também ajuda a avaliar os números de outra forma e a tomar decisões melhores e a executá-las melhor."

Hoje a Novartis está alavancando seus processos de avaliação em duas áreas de especial importância: desenvolver líderes capazes de adaptar seus estilos de liderança a diferentes culturas e cultivar líderes-cientistas capazes de gerenciar programas de pesquisa e desenvolvimento para atingir objetivos-chave de negócios. Esse programa de desenvolvimento da autoconsciência tem o benefício adicional de transformar cientistas e experts técnicos em líderes de maneiras que outras empresas não são capazes. Jimenez dá o exemplo de Trevor Mundel, um cientista da área médica extremamente dinâmico promovido a diretor-geral de desenvolvimento global da farma. Jimenez e sua equipe de liderança sênior viram que Mundel avançara muito no desenvolvimento de sua autoconsciência para lidar com essa enorme responsabilidade.

"Reconhecemos que Trevor tinha as habilidades de liderança, bem como as habilidades científicas e técnicas necessárias para administrar todo o grupo de desenvolvimento. Ele tinha um carisma natural, além de elevadas aspirações e muita criatividade. E reconhecemos que precisávamos trabalhar juntos para mudar o processo de desenvolvimento da Novartis para melhorar a nossa produtividade."

"Mas, do ponto de vista do desenvolvimento de lideranças, depois que o colocamos no cargo, percebemos todo o poder de sua visão e como precisaríamos ajudá-lo a alinhar rapidamente o grupo ao redor dele para que todos pudessem avançar na velocidade ambiciosa que ele havia determinado. Eu dizia a ele: 'Escute, Trevor, você precisa desacelerar e assegurar que as 7.500 pessoas do desenvolvimento estejam acompanhando você.'"

"Em parte lhe orientando pessoalmente, eu o ajudei a ver que ele tinha de dar ao grupo uma mudança digerível antes de passar para o próximo estágio. Isso o ajudou a crescer na liderança."

Hoje, Mundel está encarregado de uma importante mudança na estratégia de desenvolvimento. O modelo tradicional da farma era trabalhar em medicamentos para doenças comuns que afetam um grande número de pessoas. Mas, como observa Jimenez, essa estratégia vinha produzindo retornos decrescentes nos últimos anos para todas as companhias farmacêuticas. Apesar das reservas de muitas pessoas do grupo de P&D da Novartis, Mundel, com a colaboração do Dr. Fishman, presidente da Novartis Institutes for BioMedical Research, promoveu um foco em doenças raras que podem afetar pouquíssimas pessoas, mas que possuem mecanismos genéticos em comum com uma série de doenças relacionadas. Um medicamento da Novartis chamado Ilaris foi um dos primeiros frutos dessa abordagem. Inicialmente desenvolvido para a síndrome de Muckle-Wells, uma doença reumatológica inflamatória que só afeta alguns milhares de pessoas no mundo, o Ilaris tem o potencial de tratar uma ampla variedade de problemas, como artrite, doença pulmonar obstrutiva crônica, diabetes e gota. Se tiver sucesso, essa abordagem pode ser um novo modelo de negócios para a indústria farmacêutica. E Mundel pode avançar com ela sabendo que não precisa mais se preocupar em ficar monitorando se seus 7.500 colegas estão conseguindo acompanhá-lo.

CONCLUSÕES

- Você pode liberar sua capacidade e coragem como um líder se mergulhar continuamente nas profundezas de sua essência. Só fazendo isso, você poderá entender o papel que ela desempenha na dinâmica complexidade de seu trabalho e descobrirá como lidar com a parte da essência que compromete sua eficácia – ou que traz consigo recursos ocultos que podem acelerá-la.
- Sua capacidade de continuamente investigar o próprio inconsciente e desenvolver sua autoconsciência o ajuda a se abrir aos outros, promover a franqueza nas reuniões, trabalhar com os outros, colocar as pessoas certas nos cargos certos, assumir riscos com as pessoas e expandir a eficácia delas.
- Uma parte muitas vezes subestimada do trabalho de um líder é a interação diária com as pessoas. Conhecer a si mesmo pode ajudá-lo a conhecer as pessoas e expandir enormemente sua capacidade de fazer as coisas acontecerem por meio dos outros sem recorrer à manipulação, o que fará as pessoas se sentirem traídas, e isso acabará voltando para assombrá-lo.

Em seguida, analisaremos um grupo de empresas que só recentemente se determinou a se transformar em mestras em talento. Dois pontos devem ser observados a respeito delas: em cada caso, o CEO se comprometeu profundamente e se envolveu por completo no processo; e todas perceberam que as pessoas vêm antes da estratégia.

PARTE III

COMO SE TORNAR UM
MESTRE EM TALENTO

Muitas empresas não têm um senso de urgência em relação a seus talentos de liderança até verem seus negócios se desintegrarem ou serem forçadas a promover uma grande mudança estratégica. Esses tipos de situações são famosos pelas mudanças substanciais e, muitas vezes, sem foco realizadas no topo. Os mestres em talento conhecem a diferença entre tentar emendar as coisas e desenvolver os talentos da organização para o longo termo. Com que nível de destreza eles selecionam os líderes encarregados da execução de mudanças que possibilitarão construir o pipeline de líderes futuros? Como incorporarão valores e comportamentos na organização? De que tipo de processos eles precisarão para desenvolver esses líderes agora e para o futuro? Com que rapidez podem começar a agir? No ambiente de negócios em rápida evolução dos dias de hoje, eles não terão o luxo de construir seus processos com o tempo como os mestres em talento fizeram no passado.

Nos três capítulos a seguir, analisaremos como quatro empresas lidaram com esse desafio. Na realidade, em cada caso o motivador da mudança foi a necessidade de uma nova estratégia. O impulsionador da Goodyear foi um plano para transformar um negócio de commodities em um negócio voltado para os consumidores; a UniCredit se determinou a criar um banco pan-europeu ímpar a partir de uma coletânea de bancos nacionais; a CDR se viu diante de uma mudança fundamental em seu ambiente de negócios; e a LGE visava fortalecer sua presença global servindo melhor seus clientes em mercados locais. Em cada um dos casos, seus líderes perceberam que as pessoas vinham antes da estratégia.

Organizamos suas histórias em tópicos. Dessa forma, no Capítulo 9, analisamos como seus CEOs decidiram quais tipos de líderes eram necessários – ou, nas palavras de Rich Kramer, presidente do Conselho e CEO da Goodyear, como analisaram as competências de liderança que tinham, as competências das quais precisavam e o tamanho da lacuna entre os dois. Nos Capítulos 10 e 11, voltamos a cada empresa para uma visão aprofundada das práticas e dos processos adotados à medida que os componentes "soft" e "hard" de um sistema de maestria em talento eram construídos. O Capítulo 10 lida com a parte "soft" – valores e normas comportamentais que fundamentam a maestria em talento. O Capítulo 11 descreve os mecanismos e processos desenvolvidos por cada empresa. Concluímos listando as qualidades necessárias para um CEO que visa transformar sua empresa em uma mestra em talento.

Capítulo 9

TENHA OS LÍDERES CERTOS

Independentemente de se tratar de apenas algumas substituições-chave ou uma rotatividade substancial, entrar no caminho para a maestria em talento quase sempre requer mudanças na liderança. As empresas que ambicionam ser mestras em talento estão conscientes das implicações de curto e longo prazo da escolha de seus líderes. Elas selecionam líderes não apenas por suas habilidades de negócios, mas também com base em seu impacto na capacidade de organização de desenvolver os talentos.

Veja como a Goodyear, a UniCredit, a Clayton, a Dubilier & Rice (CDR) e a LG Electronics (LGE) promoveram mudanças na liderança como parte de um plano mais amplo para se transformar em mestras em talento.

GOODYEAR: RENOVAÇÃO COM AJUDA EXTERNA

A Goodyear Tire & Rubber tinha grandes problemas quando Bob Keegan assumiu o cargo de COO em 2000. Os pneus para automóveis eram um negócio de commodities em que grandes companhias automobilísticas, algumas delas lutando para sobreviver, colocavam um fornecedor contra os outros pelos preços mais baixos. Durante os anos 1990, a Goodyear precisou livrar-se de um atordoante endividamento do passado, ao mesmo tempo que mantinha a distância uma furiosa batalha pela aquisição do controle da empresa por parte do agressivo greenmailer inglês Sir James Goldsmith. Enquanto a Goodyear quitava as dívidas, suas arquirrivais, a Michelin francesa e a Bridgestone japonesa, compravam outros fabricantes de pneus e abocanhavam participação de mercado global. A Goodyear reagiu em 1999 comprando uma participação majoritária dos pneus Dunlop na Europa e América do Norte, o que, mais uma vez, aumentou seu endividamento. Muitos questionaram a capacidade da Goodyear de permanecer independente ou até de sobreviver no longo prazo.

O trabalho atraiu Keegan, na ocasião com 53 anos, porque a Goodyear enfrentava muitos dos desafios confrontados pela Eastman Kodak, onde ele liderou o negócio de consumo global. As duas empresas tinham fortes marcas globais, enfrentavam agressivos concorrentes estrangeiros, tinham operações de sourcing e manufatura geograficamente diversificadas e tendiam a se concentrar mais na pesquisa e produção do que no marketing. Mas não levou muito tempo para ele descobrir que a Goodyear estava em uma situação ainda pior do que ele havia imaginado. Ele diz, diplomaticamente: "A profundidade dos problemas da Goodyear não havia sido plenamente identificada e analisada pela administração ou pelo conselho de administração, apesar de alguns membros do conselho saberem que precisávamos realizar algumas mudanças fundamentais."

Mas, antes do fim da década, Keegan – que foi nomeado CEO em janeiro de 2003 – havia transformado a Goodyear em um participante global cada vez mais importante, com um futuro promissor. De 2002 a 2008, o faturamento cresceu 40% e o resultado operacional aumentou 116%. Hoje, a empresa é tão diferente que seus líderes e empregados passaram a chamá-la de Nova Goodyear. A forma como ele fez isso constitui uma importante lição para qualquer pessoa à frente de uma empresa com perspectivas sombrias: nunca é tarde demais para começar a desenvolver seus talentos de liderança, mas você deve estar disposto a confrontar as limitações de sua liderança atual. A liderança foi na verdade a peça central de sua nova estratégia e ele executou a mudança em uma velocidade extraordinária.

Keegan começou a trabalhar na criação de um novo modelo para o negócio mesmo antes de ser nomeado CEO. "O antigo modelo era orientado à manufatura, muito isolado, muito focado na engenharia, muito orientado pelas montadoras", ele diz. "Chamamos nossa nova estratégia de modelo focado no mercado." Ele tiraria a Goodyear da armadilha das commodities de vender principalmente para fabricantes de equipamentos originais a baixas margens indo diretamente aos consumidores. O chamado mercado de reposição oferecia oportunidades de diferenciação, e a Goodyear dispunha dos recursos essenciais para criá-las: uma destreza tecnológica que criou sucessos como os pneus Aquatred e uma linha de pneus de alta performance, seu nome de marca reconhecido no mundo todo (quem nunca viu o dirigível da Goodyear na televisão?) e uma forte rede de revendedores ao redor do mundo.

Ele sabia melhor do que muitos líderes corporativos que as pessoas vinham antes da estratégia. Seu plano transformacional não passaria de uma ousada ideia se a empresa não tivesse novos líderes capazes de colocá-la em prática. "Analisamos a situação e dissemos: 'Precisamos mudar todo o modelo da nossa empresa', e quero dizer o modelo todo – não apenas o modelo estratégico, mas a forma como executávamos e como de fato fazíamos as coisas acontecerem."

As pessoas se intimidam em uma empresa abatida por anos de sucesso insuficiente. Elas temem a mudança e não estão dispostas a correr riscos. O DNA corporativo se desgasta até se transformar em incrementalismo – continuar fazendo as velhas coisas. A solução padrão nesses casos é livrar-se das maçãs podres, trazer alguns líderes-chave, contratar um consultor de gestão de mudanças, explicar a estratégia a todos e partir para o trabalho. Mas Keegan sabia que isso seria como tentar recauchutar a carcaça de um pneu retalhado. "Nós percebemos fundamentalmente que essa cultura não iria funcionar para nós se quiséssemos nos transformar em um tipo diferente de empresa. Nunca passaríamos do modelo antigo ao novo modelo sem uma filosofia significativamente diferente e um estilo de liderança capaz de mudar a cultura inteira."

Keegan contava com um importante parceiro para realizar suas ambições: Richard J. Kramer, hoje presidente do Conselho e CEO da Goodyear, que saíra da PricewaterhouseCoopers para entrar na Goodyear como vice-presidente de finanças corporativas em 2000, cerca de seis meses antes da entrada de Keegan. A Goodyear fora um de seus clientes e ele conhecia bem a situação e o potencial da empresa. Kramer tinha em comum a forte convicção de Keegan em relação ao desenvolvimento de pessoas. A Pricewaterhouse, uma empresa de serviços com padrões extremamente altos exigia que suas estrelas em ascensão orientassem jovens contadores. "Eu sabia que um negócio de atendimento ao cliente é um negócio centrado nas pessoas, mas também acredito que pneus são um negócio centrado nas pessoas", afirma Kramer. "Seja trabalhando internamente com as pessoas ou trabalhando com nossos clientes, tudo se resume às pessoas, ouvir o que têm a dizer e observar o que fazem."

"Uma das coisas mais importantes que Bob agregou ao jogo foi a visão muito crítica das competências que tínhamos na Goodyear, as competências das quais precisávamos e o tamanho da lacuna entre os dois." Kramer e Keegan, compartilhando uma visão da Goodyear que só pessoas de fora poderiam ter, trabalharam juntos para reformular o DNA da liderança da Goodyear à medida que iam preenchendo as lacunas.

Keegan aguçara sua visão sobre o desenvolvimento de lideranças enquanto viajava pelo mundo consertando negócios problemáticos para a Kodak. "Não existe uma resposta fácil para como alguém passa a entender o valor da identificação e do desenvolvimento de líderes e a metodologia para isso", diz Keegan. "Para mim, isso evoluiu de forma empírica. À medida que eu ia acumulando mais experiências, via o que funcionava e o que não funcionava. Com o tempo, vi que líderes de sucesso apresentavam algumas características em comum. Eles precisavam saber desenvolver equipes, ter altos QIs e capacidade analítica; eles tinham de se encaixar na química da organização; e precisavam de muita coragem de inovar e tentar coisas novas e fazer isso com mais rapidez do que os outros fariam. Isso é o que funciona." Ele resume o que aprendeu em cinco princípios sobre os quais queria que os talentos de liderança da Goodyear refletissem:

- O mundo dos negócios requer saber jogar em equipe; nunca é uma atividade solitária.
- As melhores decisões não vêm do sujeito mais esperto da sala; vêm de um grupo de pessoas espertas reunidas em uma sala.
- Os líderes precisam saber o que não sabem.
- Os líderes devem ter coragem de inovar.
- Os líderes devem ser apaixonados por seus negócios, mas devem ser capazes de se manter impassíveis ao tomar decisões-chave.

A ARTE DE CULTIVAR LÍDERES | 193

Não é fácil construir rapidamente uma meritocracia orientada pelo desempenho. Não havia tempo para criar uma infraestrutura de desenvolvimento de lideranças no estilo da GE ou da Procter & Gamble e passar as pessoas por ela; só a injeção imediata de uma massa crítica de líderes mudaria a trajetória da empresa. Keegan identificou seus talentos internos seniores quase imediatamente após sua entrada na empresa e começou rapidamente a recrutar pessoas de fora para se unir a eles. "Eu disse a mim mesmo que, se conseguisse encontrar internamente os talentos, ótimo, mas não me contentaria com o segundo melhor só porque alguém tinha 20 anos de casa sabendo que alguém de fora com 10 anos de experiência a menos tinha um histórico espetacular de realizações."

Keegan substituiu 23 dos 24 líderes mais elevados da Goodyear nos dois primeiros anos por pessoas de fora ou promovidas internamente; ele também trouxe centenas de pessoas de fora para ocupar posições em todas as unidades de negócios e todas as funções em todas as instalações da Goodyear ao redor do mundo. A nova equipe era relativamente jovem – muitos na faixa dos 30 e 40 anos, alguns mais velhos –, com habilidades excepcionais em suas áreas de especialidade, incluindo marketing de consumo.

Steve McClellan, de 37 anos, que entrara na Goodyear direto da faculdade, foi nomeado vice-presidente dos Sistemas de Pneus Comerciais da Goodyear em setembro de 2003. Darren Wells, com 36 anos, que era tesoureiro assistente da Visteon Corp., entrou na Goodyear em agosto de 2002 como vice-presidente e diretor financeiro. Em 2004, Keegan convenceu Tom Connell, de 45 anos, a deixar seu cargo como vice-presidente e controller corporativo da TRW Inc. para assumir uma posição similar na Goodyear. Pierre Cohade, de 43 anos, que Keegan conhecera na Kodak antes de o executivo francês entrar no Groupe Danone para administrar a divisão global de água e bebidas do grupo, foi para a Goodyear em 2004 como presidente da região Ásia-Pacífico da empresa.

Como pessoas desse calibre aceitaram entrar em uma empresa que muitos consideravam acuada pela concorrência? A solução de Keegan foi mostrar-lhes que ele tinha um plano que lhes ofereceria um caminho mais rápido para o sucesso do que elas poderiam esperar em seus empregos atuais. As melhores empresas atraem desproporcionadamente os melhores talentos. Elas literalmente têm talentos demais para acomodar em uma pirâmide executiva cada vez mais estreita. Algumas dessas pessoas naturalmente ficam impacientes – e dispostas a correr riscos, uma importante característica que Keegan queria em seus líderes. A Goodyear também correria riscos. O pessoal júnior normalmente terá lacunas em seus currículos; eles não serão tão experientes ou maduros quanto os executivos mais velhos. Mas eles serão ambiciosos e estarão ansiosos para se colocar à prova. Nem todos sobreviverão em longo prazo, mas um número suficiente terá sucesso, possibilitando promover uma mudança fundamental na cultura da organização. "Estou oferecendo a chance de realizar algo, de ser um líder antes de poder ser em outra empresa", Keegan lhes dizia. "Você está correndo um risco e eu estou correndo um risco. Um de nós ou nós dois podemos estar errados. Você pode ser a pessoa errada para o trabalho ou nós podemos ser a empresa errada para você. Mas, se nós dois estivermos certos, então teremos feito algo especial por você e por nossos acionistas."

A contratação de pessoas de fora naturalmente gerou ansiedade interna. "As medidas que eu inicialmente tomei foram meio que chocantes para a empresa porque isso nunca fora feito antes", ele diz. Quando uma empresa traz tantas pessoas de fora, particularmente em uma "cidade da empresa", como a cidade de Akron, Ohio, onde fica a matriz da Goodyear, as pessoas ficam ainda mais temerosas de perder o emprego. "Mas as pessoas se tranquilizaram com relativa rapidez devido tanto ao talento e quanto à competência dos líderes que trouxemos."

Foi importante para a assimilação dos recém-chegados o fato de Keegan acreditar profundamente no trabalho em equipe, uma crença desenvolvida quando ele praticava esportes no colégio e na faculdade. "Jogar nos negócios requer saber jogar em equipe", ele diz – e diz com paixão. Para ele, um currículo superior é inútil se perceber que um candidato não se adequaria bem na equipe que está montando. Demonstrando o trabalho em equipe na prática, os novos líderes conquistaram a confiança do pessoal da Goodyear. A psicologia corporativa começou a mudar de temor para otimismo à medida que as pessoas foram vendo cada vez mais possibilidades novas de negócios e desenvolvendo mais autoconfiança e energia.

É mais difícil desenvolver a intimidade com pessoas de fora, mas Keegan minimizou os erros de contratação se envolvendo, junto com outros líderes, em intensas entrevistas. No processo que ele instituiu, um candidato conversa não apenas com a pessoa a quem se reportaria, mas também com a maioria da equipe de liderança sênior. Isso proporciona várias opiniões que levam a decisões objetivas e factuais. Ele também conversa com as pessoas que se reportarão ao novo contratado, o que significa que ninguém será surpreendido pela nova contratação ou poderá reclamar de não ter tido a chance de influenciar a decisão. Além disso, o candidato obtém uma imagem clara do que a posição implica. "Certificamo-nos de que as pessoas de fora saibam o máximo possível sobre nós", disse Keegan. "Queremos que eles tenham certeza de que se trata de um bom encaixe para eles também. Podemos não ter o processo mais rápido, mas temos um processo meticuloso e analítico."

Com novos líderes a bordo, Keegan estava pronto para avançar em duas frentes: mudar o negócio e mudar a maneira como a Goodyear desenvolve os talentos.

UNICREDIT: UTILIZANDO O SISTEMA DE TALENTOS PARA EXECUTAR UMA NOVA ESTRATÉGIA

Alessandro Profumo sempre intuiu que dedicar mais atenção às pessoas no final das contas sempre compensava. Essa intuição tinha raízes em sua experiência como um jovem executivo em um banco italiano. Anos mais tarde, quando ele se viu no meio da criação de um banco europeu, a gestão de talentos se tornou parte central de sua estratégia e serviu para unir diferentes pessoas e culturas em torno de valores e metas em comum. Em apenas alguns anos – e apesar dos empecilhos provocados pela crise financeira de 2008 –, sua equipe construiu uma nova cultura de desempenho tendo como ponto focal o desenvolvimento de lideranças. O modelo resultante se centrava na paixão de Profumo pela aceleração do desenvolvimento de talentos e contou com a ajuda de um experiente líder de RH para executar a estratégia que deu à UniCredit uma vantagem competitiva ímpar.

As ambições de Profumo nunca foram modestas. Começando como caixa de banco em 1977, ele subiu rapidamente na indústria financeira. Aos 30 anos, saiu do setor bancário para ser consultor, primeiro na McKinsey e depois na Bain, Cuneo & Associati. Quatro anos mais tarde, entrou em uma seguradora, a Riunione Adriatica di Sicurtà, e subiu à posição de diretor-geral dos setores bancário e parabancário. Desenvolveu uma reputação concreta nos círculos financeiros italianos e, em 1994, o presidente do Conselho do Credito Italiano, o precursor da UniCredit, precisando de alguém mais jovem para ser seu sucessor, lhe ofereceu o cargo de diretor-geral adjunto. Apenas três anos depois, ele foi nomeado CEO.

Afável e modesto, Profumo reconhece que era inexperiente. "Eu tinha 38 anos na época e não valorizava o que significa ser o CEO de um banco", ele diz diretamente. "Apesar da minha experiência, meu aprendizado foi mais intuitivo do que estrutural. Mas acabou sendo minha experiência mais empolgante em termos de crescimento profissional." A UniCredit fora formada por meio da fusão de sete bancos com o Credito Italiano; Profumo gerenciou a integração sem percalços e colocou o banco em uma nova trajetória de crescimento. Sua falta de experiência estruturada acabou sendo uma vantagem, porque lhe permitiu ver o negócio com um olhar novo. Em particular, ele questionou o plano de carreira do banco, que só levava em conta 50 líderes mais seniores. "Na velocidade em que estamos crescendo", ele contou aos líderes, "precisaríamos estar olhando para 3 mil pessoas". Era uma ideia radical, mas, apesar de todo o ceticismo, a alta administração o apoiou e o novo plano se tornou uma realidade.

"Aprendemos ao longo do processo", diz Profumo. "Tentamos com muito empenho. Em alguns momentos nos perguntávamos se não éramos como o aprendiz de feiticeiro do filme *Fantasia* – demos início ao processo e não tínhamos como saber como a coisa se desenrolaria. Mas sempre senti que o direcionamento estava certo." Apesar de a UniCredit ter crescido para ser o maior banco da Itália, Profumo estava em busca de uma arena muito maior. Em 2005, ele revelou o que o *Financial Times* chamou de sua "grande visão baseada em uma aposta" – um plano para fundir a UniCredit com a HypoVereinsbank (HVB), um importante banco na Alemanha, Áustria e Europa Central/Oriental. Os observadores da

A ARTE DE CULTIVAR LÍDERES | 197

indústria balançaram a cabeça em desaprovação – a nova UniCredit, como foi chamada, de fato parecia ser uma aposta complexa e arriscada. Três anos mais tarde, a crise financeira abalou profundamente o banco, levando a mais previsões de fracasso.

Mas hoje a visão claramente se pagou: a UniCredit conseguiu sobreviver à crise. E é um dos poucos bancos que apresentou superávit em todos os trimestres – e, o mais importante, sem a ajuda do governo. Qual foi o ingrediente secreto que deixou os céticos desconcertados? Foi, em grande medida, a visão criativa de Profumo para a gestão de talentos, que, ao mesmo tempo, fortaleceu a competitividade do banco com uma liderança mais forte e uniu suas diferentes culturas.

A reformulação da liderança da UniCredit teve início com uma importante contratação em julho de 2005: Rino Piazzolla, um veterano de nove anos do RH da GE, mais recentemente o vice-presidente de RH do negócio de Infraestrutura da GE. Ele já havia trabalhado na Itália e nos Estados Unidos para a S. C. Johnson e a PepsiCo.

Piazzolla entrou no banco cerca de um mês depois que Profumo deu o pontapé inicial em sua estratégia. A fusão expandira o escopo da UniCredit de alguns poucos países a 20 e dobrou o número de seus empregados para cerca de 170 mil. "O desafio era colocar todas essas pessoas sob o mesmo teto", diz Piazzolla. "Na Europa, a diversidade cultural pode ser uma grande desvantagem ou uma grande vantagem. Para nós, ela seria o pilar sobre o qual iríamos construir esta empresa. Alessandro Profumo tinha uma visão diferente para a gestão de talentos. Eu não sabia exatamente o que ele queria, mas ele claramente sabia que precisaria fazer algo diferente." A UniCredit havia implementado algumas iniciativas em gestão de talentos, enviando pessoas para cursos de liderança e faculdades de Administração e contratando consultores para trabalhar em questões de liderança. As iniciativas não tiveram grandes resultados, por não estarem realmente conectadas com o negócio nem terem sido incorporadas à estrutura fundamental da empresa. Para atingir suas metas, Profumo precisaria de novos valores unificadores, novos sistemas sociais e estruturas organizacionais e um novo sistema de gestão de talentos. Ele encontrou em Piazzolla a pessoa que o ajudaria a fazer isso.

PRIVATE EQUITY: NOVOS TALENTOS PARA UM NOVO JOGO

Pode ter sido um momento decisivo na evolução do private equity. Em 2010, já com Jack Welch no comitê consultivo, a Clayton, Dubilier & Rice (CDR) acrescentou mais quatro ex-CEOs excepcionais: A. G. Lafley, da Procter & Gamble, Ed Liddy, da Allstate, Paul Pressler, da Gap, e Vindi Banga, da Hindustan Unilever. Só o valor desses nomes faz da CDR a maior potência em talentos do setor, mas o que motivou a empresa a chamá-los foi muito mais do que seu valor de marca. A empresa considerou o talento deles vital para conduzir o negócio a uma nova era.

No aproximadamente meio século desde que os primeiros grupos de investidores foram organizados para financiar negócios fora das bolsas de valores, o private equity (PE) tem se tornado uma importante força nos mercados de capital do mundo. Surgindo com uma onda de aquisições alavancadas nos anos 1960, as empresas de PE organizadas por engenhosos financistas desempenharam um papel cada vez maior ao extrair valor de empresas de desempenho insatisfatório. Elas normalmente compravam uma empresa de capital aberto em dificuldades fazendo substanciais empréstimos contra os ativos dessa empresa, reduziam custos por meio de melhores controles, cash management e expertise em tributação e estrutura de capital e talvez oferecendo conselhos estratégicos. Depois de alguns anos, eles vendiam o negócio, muitas vezes abrindo novamente seu capital. Considerando a abundância de empresas mal administradas e subalavancadas, o dinheiro vinha aos borbotões.

O private equity teve rápido crescimento em duas grandes explosões: a primeira em meados dos anos 1980 e depois em meados dos anos 2000, impulsionada pelo crédito barato. As empresas mais agressivas endividavam as empresas adquiridas contando com a possibilidade de passá-las rapidamente adiante e transferir quaisquer consequências aos próximos proprietários. Poucas delas sabiam bem como administrar um negócio; elas não precisavam fazer isso.

Então o mundo mudou. A indústria de PE levou um grande golpe quando a economia se retraiu em 2000, mas aquilo foi só um aquecimento para o que aconteceu quando o capital desapareceu no tsunami financeiro de 2008.

A ARTE DE CULTIVAR LÍDERES | 199

Entre 2007 e 2009, o valor das transações de private equity nos Estados Unidos caiu de um pico de $575 bilhões a $43 bilhões, uma queda de 65%, de acordo com a Pitchbook, uma analista do setor de private equity. No ambiente de negócios e mercados de capital do dia de hoje, pode levar cinco ou mais anos para se encontrar um comprador para uma empresa do portfólio. Isso significa que as empresas de PE precisam construir um valor duradouro com a ajuda de parceiros que tenham a experiência em operações e gestão de talentos necessária para fortalecer as empresas do portfólio.

A CDR deu um grande ímpeto a seu novo jogo competitivo ao recrutar Welch, Lafley, Liddy, Pressler e Banga, que se uniram a outros experientes ex-líderes de empresas de capital aberto. Esses executivos estão ajudando com seu olho para identificar talentos e sua abordagem prática no coaching de outros líderes. A CDR já havia contratado Bill Conaty para ajudar as empresas de seu portfólio a desenvolver a própria maestria em talento. Na verdade, a própria CDR, bem como outras empresas de PE, também estão se tornando ímãs de talentos, abrindo novos planos de carreira para atrair brilhantes líderes de empresas de capital aberto e não apenas CEOs aposentados ou administradores de segundo escalão. Entre eles, destacam-se Dave Calhoun, ex-vice-presidente do Conselho da GE com pouco mais de 50 anos, hoje à frente da AC Nielsen (de propriedade de um consórcio que inclui a KKR, Carlyle, Blackstone e a Thomas Lee Partners), e Fred Kindle da CDR, ex-CEO da ABB, também com pouco mais de 50.

Uma das primeiras a perceber como o talento pode agregar valor aos resultados foi a TPG, quarta maior empresa de private equity do mundo. Desde o início, ela se especializou em melhorar as operações das empresas de seu portfólio. À frente do desenvolvimento de lideranças, está Jim Williams, que entrou na TPG depois de uma carreira de rara amplitude: sócio-diretor do Hay Group, uma consultoria global especializada em desenvolvimento de recursos humanos; líder de estratégia, RH, TI e marketing da Kaiser Permanente; e subsequentemente CEO do Kaiser Health Group, uma spin-off de $4,5 bilhões sediada em Seattle. Ele adorava negociar e trabalhar nas operações, mas logo os partners começaram a pedir que ele se concentrasse no desenvolvimento de líderes para as empresas do portfólio. "Eles disseram: 'Então, você tem um excelente olho para o talento. A decisão mais importante que precisamos tomar depois da decisão de investimento é quem liderará a empresa – e não fazemos isso muito bem. Suas habilidades seriam muito mais bem utilizadas se você se focasse nesse elemento'."

Williams atualmente se divide entre acordos e operações, mas ficou claro que os partners acertaram. Ele desempenha papel fundamental na gestão de talentos da TPG e tem ajudado a institucionalizar processos tanto para encontrar bons líderes quanto para desenvolver as pessoas certas para as posições certas. Ele está envolvido desde o início no processo, participando de cada decisão para fechar um acordo. "Espera-se que eu tenha uma opinião sobre a administração", ele diz. Algumas vezes – raramente, segundo ele –, a equipe pode ser irrecuperavelmente ruim, e não pode ser consertada com a rapidez suficiente para que o acordo seja viável. Com mais frequência, ele conclui que a equipe administrativa ruim pode ser consertada e dará ideias para o que fazer. E também há as vencedoras: "Uma equipe de primeira categoria, e nosso desafio é mantê-los, nos conectar com eles e valorizá-los."

LGE: ADQUIRINDO TALENTOS GLOBAIS

Uma empresa que decide ser uma grande participante no mercado global precisa analisar com atenção seus talentos existentes. Muitas vezes, as habilidades que levaram a empresa aonde ela está agora não se encaixam no desafio de conduzi-la a uma arena mais ampla. Yong Nam, CEO da LGE (cujo detentor majoritário é a holding LG Corp.), descobriu um meio inovador de atrair as pessoas certas sem afetar negativamente sua liderança coreana.

É difícil imaginar duas empresas mais diferentes do que a Goodyear e a LGE: uma lutando para escapar do legado de um negócio de commodities e a outra como participante em ascensão no insaciável mercado global de eletroeletrônicos de consumo – a LGE produz telefones celulares, televisores de tela plana, aparelhos de ar-condicionado e eletrodomésticos, e está desafiando os líderes mundiais em todas as categorias. No entanto, Bob Keegan e Yong Nam tinham uma coisa em comum: ambos precisavam de uma grande injeção de genes externos para transformar o DNA de culturas orientadas pela manufatura e P&D a culturas nas quais os líderes entendessem os mercados e consumidores globais e pudessem proporcionar coaching, apoio e mentoring a outros líderes em diferentes países.

Nas décadas desde a sua fundação nos anos 1950, LGE cresceu de uma pequena fabricante local de rádios sob a marca Goldstar a uma importante participante no mercado global de eletroeletrônicos e telecomunicações. (Atualmente, ela é uma empresa independente de sua holding, a LG Corp., na qualidade de sua maior acionista.) A empenhada força de trabalho coreana da LGE deu à empresa vantagem em termos de produção de baixo custo, adaptação superior da tecnologia e rápidos ciclos de desenvolvimento de produto. Mas, quando Nam assumiu o cargo de CEO em 2007, acreditava que o homogêneo talento coreano que fizera o sucesso da empresa precisava ser globalizado.

Nam tinha uma visão ambiciosa para o que a LGE poderia tornar-se: não apenas a melhor marca coreana, mas a melhor marca do mundo. Ele criou um programa de transformação capaz de construir uma marca global de consumo, criar uma organização de alto desempenho e orientada pelo marketing e mudar o DNA da empresa para garantir o sucesso não apenas no curto prazo, como também em 10 e 20 anos. O programa de transformação incluiu:

- Realinhar o sistema de gestão de desempenho para se concentrar no crescimento lucrativo e no ROI, e não apenas na participação de mercado.
- Reestruturar o portfólio para que LGE tivesse presença onde pudesse e fosse a número 1.
- Alinhar todas as estratégias de produto/mercado, tendo em vista as necessidades e os segmentos claros de clientes.
- Desenvolver uma única marca global.
- Investir em design e inovação.
- Globalizar a organização e os sistemas de RH.

Muitas dessas mudanças não eram revolucionárias, mas a organização não estava apresentando esses comportamentos nem sendo avaliada por eles. Nam precisava fazer as pessoas se comportarem de maneira compatível com as ambições da LGE. Seu desafio era globalizar rapidamente o banco de talentos e os sistemas de apoio sem desmotivar a forte base coreana da LGE e passar de uma cultura orientada pela manufatura e P&D a uma na qual os líderes se voltassem aos mercados de consumidores globais. Ele precisava de líderes capazes de definir uma estratégia e vendê-la, envolver e dotar as pessoas de empowerment para contribuir ao máximo e montar equipes interculturais.

Ele havia trabalhado nos Estados Unidos e não se esquecera de uma das principais lições que aprendeu com a experiência. Ele vira uma lacuna entre a perspectiva de manufatura da LGE e a do consumidor americano. Ele queria que a LGE entendesse o consumidor nesses mercados locais melhor do que qualquer outra empresa e atraísse os melhores talentos locais para atuar como líderes de negócios funcionais nesses mercados. Ele sabia que não seria fácil. "Fazer daquelas unidades subsidiárias individuais a melhor empregadora do país era fundamental para mim", Nam diz. "Mas os empregados locais não eram motivados, porque a equipe de liderança enviada da Coreia não os integrava. A rotatividade era tão alta que os melhores talentos não queriam trabalhar lá. Naquela situação, não seríamos capazes de transformar a LGE em uma marca forte naquele mercado local e construir uma organização forte."

Contratar os melhores experts funcionais do mundo, a maioria dos quais não coreana, mostraria o comprometimento da LGE de se tornar a melhor em escala global e ajudaria a atrair os melhores talentos locais. O desafio era levá-los a uma rígida cultura coreana.

Da mesma forma que as pessoas vêm antes da estratégia, os elementos "soft" da maestria em talento — valores e sistemas sociais — precisam vir antes das estruturas e dos processos da gestão de talentos. Veremos no próximo capítulo como nosso diversificado grupo de empresas percorreu diferentes caminhos para atingir metas extraordinariamente similares.

Capítulo 10

ESTABELEÇA OS VALORES E COMPORTAMENTOS CERTOS

Como afirmamos no decorrer deste livro, tornar-se mestre em talento significa instituir os valores e as normas comportamentais que fundamentam a franqueza, o rigor e a meritocracia. As pessoas precisam saber, sem sombra de dúvida, que se espera que elas identifiquem e desenvolvam o talento dos outros líderes e fazer isso com a mesma orientação à precisão que aplicam às operações e às finanças. Ajuda fazer do desenvolvimento de talentos uma meta mensurada e recompensada, mas grande parte do trabalho é realizada por meio do comportamento exemplar. Os líderes estabelecem o código de conduta por meio das próprias ações, perguntas e abertura em relação a opiniões discordantes, buscando identificar o mix singular de características, habilidades, senso crítico, relacionamentos e experiência de cada líder. Processos formais são necessários, mas qualquer empresa determinada a se tornar mestra em talentos deve voltar-se ao lado "soft" da maestria em talento. É isso que faz toda a diferença.

GOODYEAR: UM MANIFESTO PARA A MUDANÇA

A velha mentalidade da Goodyear era orientada pela mentalidade de manter o volume alto em suas instalações de produção de alto custo fixo. Essa orientação demandava enormes pedidos com margens mínimas das grandes montadoras. A nova Goodyear precisaria melhorar a eficiência e cortar os custos, mas também precisaria de uma nova mentalidade voltada para a geração de um crescimento lucrativo: atrair consumidores com novos produtos e um marketing forte e investir em mercados emergentes. Seria uma tarefa monumental construir mecanismos para produzir novos produtos com base no que os consumidores queriam. Levaria muito tempo trazer para a Goodyear um líder por vez e isso não daria à empresa o ímpeto necessário para promover a mudança. Novos líderes de fora precisariam formar uma massa crítica e não apenas tomariam decisões diferentes, como as tomariam de forma diferente, com base em informações diferentes. Eles teriam de definir novas prioridades e realocar os recursos. E o mais importante: esses novos líderes trabalhariam com o restante do pessoal interno da Goodyear para executar o novo modelo e acabar com a mentalidade da vítima.

Bob Keegan criou vários processos para ajudar os novos líderes a trabalhar em equipe. Para começar, ele traduziu em um diagrama a mudança necessária no que chamou de os sete impulsionadores estratégicos do negócio. Adotado como o modelo de negócios focado no mercado, o diagrama não era apenas um plano; era também uma declaração pragmática de valores que descrevia como seria o negócio no futuro e como ele operaria. A liderança, por exemplo, passaria de ser isolada a um mix de talentos internos e externos com base no desempenho comprovado. A distribuição não seria mais uma função que se limitava a receber pedidos, mas um meio de criar mais negócios satisfazendo as demandas do cliente, abandonando a abordagem de empurrar produtos aos clientes a uma abordagem de atrair clientes aos produtos. De acordo com Keegan: "A primeira pergunta que todo mundo fez foi: 'Como classificamos os impulsionadores?' A resposta é que não havia uma classificação; cada um dos impulsionadores era tão importante quanto os outros – exceto a liderança. Ela, sem dúvida, deveria receber prioridade."

O modelo de negócios focado no mercado se tornou um veículo para unificar a organização. E chegou a ajudar a Goodyear a sobreviver à recessão. De acordo com Joe Ruocco, que assumiu a liderança do RH da Goodyear em 2008: "Estávamos seguindo os impulsionadores estratégicos e, quando a recessão se abateu, eu, como recém-chegado, fiquei me perguntando como a estratégia mudaria diante de tantas dificuldades. O que foi incrível para mim é que a estratégia não apenas não mudou, como a primeira coisa que fizemos foi dizer: 'Precisamos nos focar nesses sete impulsionadores. Eles são tão importantes e tão valiosos em épocas de vacas magras quanto em épocas de vacas gordas.'"

MODELO DE NEGÓCIOS COM FOCO NO MERCADO		
ANTIGO MODELO (MANUFATURA)		**MODELO NOVO (MARKETING)**
• Isolada	**Liderança**	• Mistura de talentos internos e externos • Desempenho comprovado
• Focado na engenharia • Orientado pelas operações	**Liderança em produtos**	• Inovações relevantes para os consumidores • Lançamento do primeiro mercado de reposição • Novo mecanismo de produtos
• Receber pedidos • Empurrar produtos com base na disponibilidade	**Distribuição alavancada**	• Fechar mais negócios com os nossos distribuidores • "Atrair" pedidos de produtos com base na demanda do cliente
• Foco no volume • Encher as fábricas • Absorver custos dos insumos	**Desenvolver a força da marca** **Favorecimento da cadeia de suprimento**	• Intenso foco em segmentos direcionados • Equipamentos direcionados com grande foco na reposição • Foco no crescimento lucrativo • Preço/mix para compensar insumos • Investimento em mercados emergentes
• Novas instalações de produção • Aquisição de ativos de manufatura • Instalações de alto custo	**Menor estrutura de caixa** **Tudo pelo fluxo de caixa**	• Impulsionar a eficiência em todas as partes do negócio • Fazer o upgrade de instalações existentes • Direcionar os investimentos a mercados em rápido crescimento • Sair de negócios não estratégicos • Reduzir pegadas de alto custo/expandir baixo custo • Sourcing/procurement de baixo custo • Acordos empregatícios e sindicais

De acordo com o modelo antigo, a velha mentalidade da Goodyear era orientada pela necessidade de manter o volume alto em suas instalações de produção de alto custo fixo. Isso exigia enormes pedidos das grandes montadoras e uma abordagem de empurrar os produtos para os revendedores. A nova Goodyear precisaria reverter essa mentalidade aumentando a eficiência e cortando custos e gerando o crescimento lucrativo: atraindo consumidores com novos produtos e um marketing forte e investindo em mercados emergentes. Desenvolver um mecanismo de produtos baseado no consumidor seria uma tarefa hercúlea, que demandava uma massa crítica de novos líderes de fora capazes de estabelecer prioridades diferentes e tomar tipos diferentes de decisões. E o mais importante: eles teriam de atuar como figuras exemplares e ensinar uma nova mentalidade a seu pessoal trabalhando com eles para executar o novo modelo e mostrando como vencer – sem se vitimizar.

Outra enorme inovação foi um encontro operacional mensal de negócios, em que a equipe de liderança global avalia o desempenho operacional de unidades de negócios estratégicas e o planejamento de vendas e operações do mês anterior e estima as tendências do próximo mês e ano. Não se trata de estimativas pontuais ("no próximo trimestre aumentaremos a participação de mercado em X% e as vendas em Y bilhões de dólares"), mas planejamento de cenários detalhados e focados em condições externas que influenciam as estimativas pontuais, como concorrência prevista e mudanças nas taxas de juros. Essas avaliações ensinam aos recém-contratados muitos detalhes sobre os negócios, mas transmitem mais do que conhecimento específico. Elas demonstram a importância da velocidade à medida que os líderes seniores utilizam uma rápida inteligência de mercado para tomar decisões na hora com os líderes operacionais. Além disso, o processo social coloca pessoas de fora e de dentro trabalhando juntas com um senso de urgência, à medida que líderes seniores e operacionais se envolvem em tomar juntos decisões-chave. As pessoas de fora sabem como se orientar ao mercado, criar diferenciação, ser determinadas e promover as mudanças necessárias para a Goodyear voltar a prosperar. As pessoas de dentro, intimamente familiarizadas com a tecnologia da empresa, sua manufatura e logística, sabem como reduzir os custos. Trabalhar juntos nesse processo social desenvolve a capacidade de os líderes se adaptarem às mudanças do ambiente externo. A discussão dos cenários entre recém-chegados e empregados antigos também proporcionou uma oportunidade de começar a estabelecer uma cultura de franqueza e ajudou tanto pessoas de dentro quanto de fora a confiar nas perspectivas uns dos outros.

A antiga estrutura hierárquica da Goodyear dissuadia as pessoas de apresentar novas ideias ou criticar a forma como as coisas eram feitas. Mas identificar as realidades dos negócios e os talentos dos líderes exigia novos níveis de franqueza e confiança. Levou algum tempo para se desenvolverem esses hábitos, mas hoje os líderes seniores sabem que fingir que nada está acontecendo e não se expressar é o caminho certo para o suicídio profissional.

Fazer as pessoas falarem abertamente sobre pontos fortes e fracos pessoais — tanto de si mesmas quanto dos outros — é a parte mais difícil do processo de mudar uma cultura de gestão de talentos. "Uma necessidade de desenvolvimento não passa disso: uma necessidade de desenvolvimento", diz Conaty. "Ela só se torna uma falha fatal se não for solucionada. Mas a maioria das organizações tem muita dificuldade de ter essas conversas abertas. Elas não conseguem dizer a alguém: 'Você é linda, mas tem umas verrugas que precisam ser removidas.' Se eu puder dizer isso a alguém e a pessoa conseguir ouvir sem se ofender, então é possível retirar as verrugas." A mudança começa no topo, ele acrescenta, lembrando que, quando Jack Welch começou a dar a seus subordinados diretos feedback franco sobre as necessidades de desenvolvimento pessoal deles, ficou muito mais fácil para eles ter conversas similares com os próprios subordinados diretos. Por sua vez, transmitiram a prática para baixo.

Keegan estabeleceu a expectativa. "O que queremos são pessoas dispostas a expressar suas opiniões e estamos ficando muito bons nisso, porque temos as pessoas certas nos grupos de liderança", diz ele. "Os líderes estão procurando se comunicar melhor com seu pessoal e pedindo ideias e não estão dizendo 'Que ideia idiota', mas sim 'Obrigado pela opinião'. E as pessoas agora sabem que você não será malvisto por pedir ajuda. Se você pedir ajuda, quer dizer que está em busca de uma oportunidade." Kramer acrescenta: "Estamos progredindo muito conduzindo com as pessoas conversas francas e baseadas no desempenho, mas precisamos melhorar continuamente, especialmente nos níveis mais profundos da organização."

UNICREDIT: VALORES CAPAZES DE UNIR UM CONTINENTE

A estratégia pan-europeia da UniCredit exigia níveis sem precedentes de trabalho em equipe em diferentes países. Para que a estratégia funcionasse, as pessoas precisariam transcender diferenças culturais e adotar novos modos de tomada de decisão. Alessandro Profumo e Rino Piazzolla sabiam que definir expectativas de desempenho e de fato mudar a mentalidade das pessoas são duas coisas bem diferentes.

Profumo e Piazzolla começaram se concentrando nos valores. "A chave para se ter um vibrante pipeline de liderança é trabalhar no sistema de valores antes do sistema de gestão de desempenho", diz Piazzolla. "A primeira coisa que eu fiz — isso foi uma semana depois de entrar na empresa — foi ler tudo o que a UniCredit tinha na internet, como eles descreviam a empresa e sua missão. Dividi as informações em três categorias: cultura corporativa, liderança e know-how em geral. Depois fui falar com Alessandro e disse: 'São esses os padrões que você gostaria que as pessoas seguissem?' E ele se surpreendeu. Ele disse: 'Sim, é isso que quero fazer, mas como você descobriu?'"

Mais do que surpreso, Profumo ficou aliviado. Ele se preocupava com a possibilidade de Piazzolla chegar com algum inflexível programa "no estilo da GE" para a gestão de talentos. Ele sabia que algo assim não poderia ser transplantado com sucesso na cultura da UniCredit — e Piazzolla também sabia disso. "Acredito que as pessoas que não conseguiram implementar programas de gestão de talentos ou programas de gestão de desempenho *à la GE* em suas empresas fracassaram porque aplicaram mecanicamente algo que fazia parte da cultura de outra empresa", ele afirma. "O que estamos tentando fazer é pegar as ferramentas e processos essenciais da GE e aplicá--los de maneira customizada. Nos primeiros seis a nove meses, as pessoas diziam: 'Ei, Rino, isto aqui não é a GE.' E eu sempre observei que o que estava propondo se baseava no que eu aprendi com a missão e os valores da própria UniCredit."

A UniCredit já vinha trabalhando em uma proposição de valores antes de Profumo e Piazzolla darem início à transformação. Cerca de mil empregados contribuíram com ideias para o que a UniCredit chamou de seus Laboratórios de Valor. Foi uma iniciativa liderada pelo pessoal das equipes de RH e identidade corporativa, em que os empregados se envolveram em uma série de discussões e grupos de trabalho com a meta de definir um conjunto de padrões éticos que eles consideravam importantes em suas atividades cotidianas. "A liderança queria saber quais valores eram importantes para seus empregados", conta Piazzolla, "mas, depois que coletaram as informações, eles se perguntaram: 'E agora, o que faremos com isso?'" Quando ele e Profumo analisaram o material, viram que ele tinha potencial de constituir a fundação cultural da nova UniCredit. "Aquilo tinha o poder de reunir a cultura de todos esses bancos", diz Piazzolla. "Seria um elemento unificador." Eles se reuniram com o comitê de administração — os 15 a 20 líderes mais seniores da empresa – para coletar as opiniões e sugestões deles. E, com o aval do comitê, lançaram em setembro de 2005 um documento inigualável e ponderadamente elaborado sobre os valores e a filosofia de negócios da UniCredit que chamaram de Estatuto de Integridade.

Uma parte do prólogo do estatuto diz respeito aos lucros e viria a surpreender a maioria dos não europeus. "Falamos da importância do lucro como uma precondição para a liberdade", diz Piazzolla. "Quando o li pela primeira vez, achei que era como explicar por que precisamos respirar. Nas empresas americanas nas quais trabalhei, é desnecessário falar sobre o valor do lucro. Bem, na Europa você precisa explicar por que deve ocupar-se em ganhar dinheiro. Mas, quando continuei lendo, vi que essas reflexões sobre o valor ético de ser lucrativo eram bastante interessantes. E, na crise financeira, elas se provaram uma excelente âncora ética para nós. Como todo mundo, fomos prejudicados pela crise em si, mas não por falha ética de nossa parte."

Eles implementaram o estatuto com um plano de comunicação de cima para baixo que transmitia uma mensagem clara aos bancos: *É isso que defendemos e a não observância terá consequências.* "Ninguém podia duvidar que ele seria levado a sério", diz Piazzolla. Eles também o promoveram com um dia do Estatuto de Integridade, em que as pessoas deixavam seu trabalho de lado por duas ou três horas para conversar sobre o estatuto e como aplicá-lo no dia a dia. Agora realizado todo mês de setembro, o dia do Estatuto de Integridade ficou cada vez mais elaborado. Por exemplo, conta Piazzolla, "no mais recente, todos os grupos de discussão precisaram nomear uma pessoa que exemplificasse um dos princípios do Estatuto de Integridade. Foi uma eleição democrática, de baixo para cima. No final, tivemos um eleito para cada negócio e cada função e levamos todos eles para se encontrar com o comitê de administração e explicamos por que cada um deles fora reconhecido. Não houve dinheiro envolvido; foi puro reconhecimento. Mas algumas pessoas ficaram com lágrimas nos olhos porque nunca acreditaram que pudessem ser reconhecidas por algo que não se vinculava diretamente com os resultados de negócios. Foi uma ferramenta de liderança extremamente poderosa para nós, do comitê de administração".

A UniCredit reforçou o Estatuto de Integridade com um sistema de ombudsman proporcionando um mecanismo para os empregados reportarem reclamações e problemas a um mediador imparcial. Cada país no qual a UniCredit tem operações possui uma estrutura de ombudsman, variando de duas a aproximadamente 20 pessoas, dependendo do tamanho da empresa. O que o distingue da maioria dos outros sistemas é que todos os ombuds são recém-aposentados da empresa. A ideia foi dar a alguns aposentados oportunidades de se manterem envolvidos na empresa. E o mais importante: isso proporcionaria ombuds altamente confiáveis e intimamente familiarizados com o setor bancário – pessoas que, nas palavras de Piazzolla, "sabem que o modo como você nega um empréstimo não é só um exercício mecânico mas uma questão de senso crítico". O líder da organização de ombuds, por exemplo, é o ex-diretor-geral do staff de auditoria. "Ele conhece todos os detalhes e está realizando um trabalho incrível", diz Piazzolla.

Uma das primeiras tarefas de Piazzolla foi montar a própria equipe, o que demandou uma grande modificação. Profumo sempre dedicou mais atenção a isso do que seus colegas no setor bancário, mas não tinha o conhecimento e as ferramentas para fazer deles parceiros de negócios eficaz. "Suas habilidades eram fundamentalmente as antigas habilidades de administração de pessoal", ele diz. Eles estavam totalmente despreparados para ajudar os líderes de negócios a pensar estrategicamente sobre as pessoas ou ajudá-las a entender a importância do feedback franco e o conceito das necessidades de desenvolvimento. Quando Piazzolla os questionou, eles sentiram que sua autoridade havia sido ameaçada. Ele substituiu muitos dos líderes por pessoas de fora capazes de impulsionar e atuar como exemplos para o novo programa e os muniu de ferramentas e técnicas aperfeiçoadas na GE, como análise de tendências externas, avaliação do potencial de liderança e análise de lacunas no conhecimento estratégico.

PRIVATE EQUITY: MUDANDO A MENTALIDADE

A transição para uma nova era do private equity precisaria começar com uma grande mudança nos valores. Joe Rice, sócio-fundador da CDR, uma das mais antigas empresas de private equity, explica a situação: "Uma das razões pelas quais as empresas de PE são tão lentas no desenvolvimento de competências operacionais é que quase todas elas foram fundadas por pessoas da área de finanças", ele afirma. "Para ter um bom pessoal operacional, você precisa estar disposto a compartilhar os fatores econômicos e o processo de decisão, o que não é fácil se todos os parceiros são pessoas de finanças extremamente bem-sucedidas. Você pensa: *Esse sujeito realmente vai poder agregar alguma coisa?* Uma das discussões que temos por aqui é: 'Qual é a contribuição relativa? Os sujeitos operacionais realmente deveriam ter tanto da empresa quanto os sujeitos de finanças?' Esse tem sido o caso na maioria das outras empresas de PE."

Rice lembra a evolução da empresa desde os primeiros dias. "Quando fundei a CDR, eu tinha 12 anos de experiência no negócio de private equity em uma empresa que era totalmente financeira. Decidi, no início dos anos 1970, que teríamos uma terrível desvantagem se fôssemos uma empresa composta unicamente de pessoas financeiras, porque o pessoal de finanças não sabe realmente como rodar um negócio. Eles dominam os números, e os números sempre subirão, mas, se tiverem dificuldades, eles não podem fazer nada além de demitir o CEO. Essa não é uma situação satisfatória, porque você passa um longo período vendo o negócio deteriorar e é só quando a coisa fica feia que você demite alguém e precisa reconstruir a coisa toda e, como o negócio está na lama, é difícil convencer alguém a entrar. Por várias razões, parecia fazer sentido que, se você quiser permanecer no negócio, realmente precisa ter competência operacional."

A TPG, de certa forma, tinha os novos valores em seus genes. Desde a sua fundação, em 1992, a empresa se especializou em acordos que demandavam mais atenção à administração do que a maioria. "Nosso apetite por talentos é maior que o normal, porque, na maior parte do tempo, quando nos envolvemos, haverá a necessidade de certo grau de transformação", diz Jim Williams. "Se estivermos comprando um negócio quebrado ou uma divisão de um negócio que sabemos que demandará muitas reconstruções, escreveremos esse nível de mudança em nossa tese do acordo. Fomos os primeiros a ter um grupo de operações que realmente se focava em como operamos o negócio." Todos os partners da TPG lideraram negócios de tamanho considerável e foram partners – partners seniores ou CEOs em alguns casos – em proeminentes empresas de consultoria.

O primeiro acordo da empresa foi a compra da Continental Airlines em 1993, e poucos no jogo do private equity previram grandes chances de sucesso para a TPG. A Continental era um negócio em sérias dificuldades, lutando para sair da segunda falência, e o acordo era financeiramente complexo. "Mas a tese do acordo foi elaborada com base em um estudo macro e microeconômico realmente profundo do setor e da posição competitiva da Continental", diz Williams, "e nós basicamente reformulamos a administração". Eles trouxeram um experiente CEO de uma companhia aérea e um ex-partner da Bain Capital para liderar a transformação. Em poucos anos, a Continental já estava a caminho de se tornar um dos participantes de maior sucesso do setor. Quando se fundiu à Northwest Airlines em 2010, sua administração era tão eficaz que acabou ocupando o lugar do piloto.

"A TPG basicamente nasceu naquele ponto e, desde então, nosso modelo inteiro se baseou em promover mudanças e transformações operacionais", afirma Williams. "Fomos rápidos em reconhecer que o talento é um alavancador-chave, se não for *o* alavancador-chave." A CDR também se diferenciou das outras por meio de sua expertise operacional. Agora eles estão intensificando sua gestão de talentos com a ajuda do ex-CEO da GE Jack Welch, conselheiro desde 2001, e Bill Conaty, que trabalha para a empresa desde 2007 montando uma infraestrutura de recursos humanos sem igual entre as empresas de PE.

Vamos nos voltar agora para o hardware: as ferramentas e técnicas, os processos e mecanismos operacionais que nossas empresas utilizaram para desenvolver um talento de liderança forte e autorrenovável.

Capítulo 11

TENHA OS PROCESSOS CERTOS DE GESTÃO DE TALENTOS

Grandes líderes e valores sólidos são condições necessárias mas não suficientes para manter o talento no centro das operações diárias de um negócio. As empresas precisam de um ritmo uniforme e disciplinado para avaliar os talentos. Processos formais proporcionam disciplina na identificação de líderes com alto potencial, identificando os talentos das pessoas, dando-lhes oportunidades de crescimento e monitorando seu desenvolvimento. As empresas que ambicionam transformar-se em mestras em talento se distanciam para analisar objetivamente seus processos existentes e se certificar de estarem produzindo o output desejado, incluindo a intimidade que as verdadeiras mestras em talento são capazes de atingir. O RH pode ajudar a reinventar o sistema de gestão de talentos, mas não sem a participação ativa e o apoio do CEO.

GOODYEAR: PASSANDO DO INFORMAL AO FORMAL

Bob Keegan mexeu pouco no departamento de recursos humanos da Goodyear nos primeiros anos. "Pelo fato de estarmos promovendo uma mudança tão profunda e tão intensa, decidi conscientemente não criar outra grande disrupção além de tudo o que estava acontecendo", ele explica. "O pessoal de RH conhecia a empresa, as pessoas e, na maioria dos casos, podia avaliar quem estava apresentando um bom desempenho e quem não estava. Eles tinham um bom conjunto de ferramentas de planejamento de sucessão que foram muito úteis."

Keegan contou basicamente com processos informais que estabeleceram novos comportamentos e valores. Ele desenvolveu sua equipe de liderança estabelecendo um senso de urgência e um tom de franqueza por meio do exemplo e do coaching. Líder prático por natureza, dedicou seu tempo não a compromissos externos, mas a operações, clientes e estratégia essencial. Ele participou de praticamente todo grande encontro ou intervenção e manteve a organização constantemente atualizada em relação ao progresso da iniciativa. Em suas reuniões e contatos informais, enfatizou repetidamente a necessidade de as pessoas compreenderem e agirem sobre os impulsionadores estratégicos.

Em 2008, Keegan já estava pronto para levar os processos de gestão de talentos e operações de RH da Goodyear a um plano mais elevado, e começou a procurar a pessoa certa para fazer isso. O nome de Ruocco surgiu rapidamente como um forte candidato. "Eu queria as mesmas características gerais que procuro em qualquer executivo", disse Keegan, "mas também queria alguém que estivesse absolutamente imerso em uma empresa e sistema de RH de primeira linha".

Como vice-presidente de RH do negócio Industrial e de Consumidor da GE, Ruocco parecia ser a escolha certa. "Mas Bob Keegan não dá ponto sem nó", diz Bill Conaty, que Keegan chamou para ajudar avaliar seu excolega. O CEO da Goodyear passou mais de uma hora ao telefone com Conaty em uma manhã de sábado, questionando-o intensamente sobre a capacidade de Ruocco de trabalhar em equipe e atuar com um parceiro da liderança sênior. Depois de conversar sobre as qualificações técnicas de Joe, que eram excepcionais, Keegan quis explorar sua adequação à equipe da Goodyear. "Ele fez questão de se certificar de que Joe sabia trabalhar em equipe, alguém capaz de entrar e fazer uma diferença a partir do primeiro dia, não só como um sujeito do RH, mas como um parceiro de negócios para o resto da equipe de liderança", diz Conaty. "Fiquei bastante impressionado com a profundidade de suas investigações." Conaty previu que Joe seria um forte membro da equipe, com um bom entendimento das operações, que se encaixaria bem entre os executivos seniores da Goodyear. Essa avaliação confirmava o que Keegan tinha observado em sua reunião com o Ruocco. De acordo com Keegan: "Ficou claro que

A ARTE DE CULTIVAR LÍDERES | 215

Joe tinha todas aquelas competências, bem como uma boa química com a equipe."

Não levou muito tempo para que a indispensável "química" se revelasse. "Depois de dois meses conosco, Joe e eu nos reunimos com o conselho de administração para avaliar o planejamento de sucessão. Costumamos discutir a sucessão de forma ampla e profunda com o conselho e tivemos uma sessão absolutamente espetacular que levou algumas horas. Então a química estava certa, a formação estava certa e Joe continuou a contribuir enormemente. Ele não apenas preparou a apresentação para o conselho de administração, como também discutiu comigo sobre sua análise dos principais colaboradores da Goodyear."

Em seus dois primeiros anos, Ruocco incorporou estrutura e processos cruciais para o desenvolvimento de talentos da Goodyear. "O que costumava ser um processo de planejamento de sucessão hoje é uma avaliação completa de recursos humanos, focada na organização, na gestão de talentos e no desenvolvimento de lideranças", ele diz. "É algo similar ao processo da Session C da GE."

Ruocco e sua equipe desenvolveram planos individualizados de desenvolvimento para os 100 líderes mais seniores da Goodyear, intensificaram o rigor da busca externa e seleção de pessoal e incluíram novas ferramentas para a gestão de desempenho, muitas das quais automatizadas. Por exemplo, hoje os gestores têm ferramentas para posicionar seu pessoal em uma matriz de retenção que mensura até que ponto a Goodyear deseja manter uma determinada pessoa e quais são os riscos de perder essa pessoa para outra empresa. Profissionais de alto potencial que correm o risco de ser perdidos recebem atenção adicional para reduzir esse risco.

"Estamos nos aproximando de um sistema operacional de RH integrado, cuja pedra fundamental é um sólido processo de gestão de talentos desenvolvido para atrair, desenvolver, motivar e reter um profundo banco de talentos seniores", diz Ruocco.

"Joe pegou o que eles tinham e intensificou o processo", conta Bill Conaty, resumindo suas contribuições. "Ele ajudou Bob a realmente se concentrar na construção de um pipeline interno mais sólido. Ele cultivou uma verdadeira parceria de negócios entre o RH, o CEO, o CFO e os líderes das unidades de negócios. Ele viajou extensivamente pelo mundo tanto com Bob Keegan quanto com Rich Kramer para conhecer e avaliar o talento global da Goodyear. Ele intensificou a versão da empresa para a Session C – a avaliação de talentos e organização global – ao aplicar a estratégia da GE e outras melhores práticas de classe internacional. Ele realmente está promovendo a franqueza nas avaliações executivas para identificar necessidades de desenvolvimento críticas que devem ser trabalhadas para que os executivos trabalhem para melhorar seu jogo. Como Bob disse, ele estabeleceu um bom relacionamento com o conselho de administração, atuando como um guia para que eles façam a coisa certa no que se refere a remuneração executiva, governança e transparência."

"Joe também melhorou significativamente o talento do RH. Isso é algo que Bob não queria fazer sem ter um dos melhores líderes de RH do mundo; escolher alguns talentos brilhantes sem que as mudanças na liderança fossem inúteis. Um fator muito importante foi que Joe e Rich Kramer construíram um incrível relacionamento de trabalho, similar ao que Joe tinha com Bob. Isso não costuma ocorrer quando um novo CEO assume o comando. Estou pensando num caso recente em que uma das primeiras ações de um CEO recém-promovido foi demitir o diretor de RH. Os líderes de RH muitas vezes conquistam o CEO, mas não o resto da organização, porque fazem tudo para agradar o chefe e, em consequência, perdem a credibilidade com o resto da organização."

O aprendizado experiencial – aprendizado em uma posição diferente e desafiadora – foi uma das bases do processo de desenvolvimento de talentos de Keegan. Da forma como é praticado pelas empresas mestras em talento, ele é utilizado para desenvolver a capacidade e as competências das pessoas transferindo-as entre novos negócios e áreas. Com a oportunidade de conhecer rapidamente os aspectos estratégicos e operacionais da empresa passando por uma variedade de silos, eles expandiram em muito sua capacidade e competências. (Um líder das finanças alocado em uma posição de operações em uma fábrica, por exemplo, ampliará sua base de talentos para compreender como as pessoas trabalham juntas e ver o negócio de diversas perspectivas.) Eles descobrem novos talentos e recursos internos, aprendem a escutar com mais atenção, desenvolver seu senso de curiosidade, avaliar rapidamente as informações e tomar decisões mais rápidas. E também muito importante: aprendem a entender melhor as pessoas, a descobrir em quem podem confiar ou não e quais são seus pontos cegos e motivadores internos.

Jean-Claude Kihn, por exemplo, era um engenheiro químico que trabalhou na Goodyear em grande parte em posições técnicas e foi identificado por Keegan como uma pessoa de alto potencial. "Ele morou no mundo todo", diz Keegan, "mas não teve uma experiência de negócios verdadeiramente ampla e não estava no mercado como eu queria que estivesse". Keegan o promoveu a country manager das operações da Goodyear no Peru em 2003, onde ele não apenas desenvolveu tino para os negócios, como também passou a ser admirado por seu estilo de liderança.

"É uma história engraçada", diz Keegan, "porque eu o queria para assumir a posição de CTO (Chief Technical Officer) e os sujeitos da América Latina não queriam largá-lo – eles queriam que ele ficasse para assumir um país maior. Mas aquele não seria o melhor plano de carreira para Jean-Claude, porque, em apenas dois anos, ele se tornou um excelente CTO para a empresa".

Arthur de Bok entrou na Goodyear em 2002 como vice-presidente de vendas e marketing no negócio europeu da Goodyear. Com 13 anos na Procter & Gamble, ele trouxe uma expertise em marketing e gestão de produto que a Goodyear não tinha. De acordo com Keegan: "Ele era um líder muito forte com uma boa mente estratégica e também era um sujeito do qual todo mundo gostava. Você poderia colocá-lo em qualquer país. Ele se daria bem. Em alguns anos, ele assumiu todo o negócio de consumidores para nós na Europa. Depois de mais alguns anos, ele estava à frente de toda a Europa Ocidental. Em mais um ano, ele assumiu a Europa Ocidental e o Leste Europeu. Então, conseguiu progredir em muito pouco tempo porque tinha um bom talento nato, desenvolveu excelentes equipes a seu redor, teve resultados realmente espetaculares e teve a coragem de tomar as decisões extremamente difíceis que qualquer pessoa administrando a Europa precisa tomar quase todos os dias."

E, é claro, Rich Kramer, hoje CEO da Goodyear, foi um grande favorecido. Keegan identificou seu potencial de liderança e lhe deu papéis maiores e mais amplos para promover seu crescimento. Desde o momento em que Keegan assumiu, Kramer passou por seis posições, avançando de forma notável de vice-presidente de finanças corporativas a CEO. Em retrospecto, foi um plano de sucessão de CEO quase ideal.

Na liderança da estratégia, Kramer foi além dos detalhes dos números e trabalhou em estreito contato com Keegan na definição do futuro da Goodyear – onde as apostas estratégicas seriam feitas e qual seria o portfólio de negócios da empresa. Depois ele passou para a posição de CFO, onde foi encarregado da execução da estratégia. Foi uma oportunidade única negada a muitos que direcionam a estratégia e o desenvolvimento dos negócios, mas que raramente têm experiência em uma posição operacional ou do nível do CFO.

Os CFOs com mais chances de chegar a CEO trabalharam na "caldeira" das operações. Kramer foi encarregado do negócio de pneus na América do Norte, não apenas a maior divisão operacional da Goodyear, como também uma operação de margens estreitas na qual Kramer teve o desafio de reduzir os custos. "Por definição, aquela posição foi um grande desafio", diz Kramer, "e eu tinha muita consciência da oportunidade que a empresa estava me dando. Mas eu já conhecia a maioria das pessoas, conhecia os clientes e as finanças e me sentia à vontade com os aspectos de negócios".

Kramer e Ruocco dedicaram bastante tempo a visitar instalações ao redor do mundo, prestando atenção não apenas às operações, como também às pessoas. "Se o administrador de uma fábrica nos proporciona uma visita guiada, nós os interrogamos sobre quem assumiria o lugar dele e questionamos o líder da região sobre o que o administrador da fábrica poderia fazer em seguida e quem o substituiria se ele fosse transferido", disse Kramer nesse período. "Estamos tentando fazer todos pensarem mais sobre as pessoas e as avaliarem melhor, desenvolvendo uma discussão contínua sobre as escolhas das pessoas. Quanto mais você faz as pessoas conversarem sobre quem colocariam em posições importantes e por que, mais elas serão capazes de enxergar a própria lógica e ver se é forte ou fraca. Se alguém diz que acha que determinada pessoa seria melhor para uma posição maior, nós perguntamos: 'Se essa pessoa não trabalhasse na Goodyear e submetesse um currículo para essa vaga, você a contrataria?' Quando você faz isso, as pessoas começam a entender, elas percebem melhor o que devem procurar e como avaliar as pessoas."

As atribuições no exterior naturalmente constituíram parte fundamental do aprendizado experiencial na Goodyear. A imersão em culturas estrangeiras seria central para executar os novos impulsionadores, incluindo o impulsionador crucial de se concentrar em segmentos de consumo em mercados emergentes. Tanto Keegan quanto Kramer tinham experiência internacional: Kramer na França, com a PWC, e Keegan em vários países, em 12 anos na Kodak. Eles sabiam que uma atribuição no exterior não apenas testa as habilidades de negócios de uma pessoa porque ela está longe da sede corporativa, como também testa sua capacidade de trabalhar e se comunicar em uma cultura diferente. "Quando eu ia para a Inglaterra, Espanha ou Nova Zelândia para administrar uma operação, sempre via que as pessoas eram motivadas por coisas diferentes e viam as coisas de outro jeito", disse Keegan. "Elas tinham os mesmos valores fundamentais, mas a diversidade da força de trabalho e da base de clientes era tão grande que eu precisava me esforçar para descobrir como desenvolver os talentos nessas circunstâncias e como interpretar o mercado. Você aprende mais rápido nesse tipo de ambiente."

Trabalhar no exterior também satisfazia outro propósito: começar a transferir as melhores pessoas a papéis de liderança no exterior. Da mesma forma que muitas empresas americanas tradicionais que se globalizaram depois da Segunda Guerra Mundial, a Goodyear tendia a administrar a maior parte de suas operações estrangeiras a partir de sua matriz corporativa, em Akron. Os executivos encarregados faziam visitas de tempos em tempos, mas não tinham presença com os clientes, nem mergulhavam completamente na cultura dos mercados sob sua responsabilidade. Essa forma de agir não bastaria para uma empresa com ambições globais. Atualmente, os executivos seniores à frente dessas operações conhecem profundamente a região, as culturas e os idiomas.

Uma medida do avanço da Goodyear no desenvolvimento de líderes é que cerca de 75% de sua equipe agora é desenvolvida internamente. Nos primeiros anos de Keegan como CEO, aproximadamente metade da equipe veio de fora. Isso não quer dizer que a meta seja promover toda a liderança interna ou que eles pretendem definir quaisquer metas de proporção entre pessoas promovidas internamente e pessoas trazidas de fora. "Não há um número definido", Keegan diz. "Precisaremos renovar a organização de tempos em tempos com pessoas vindas de fora. Não queremos voltar a nos isolar. Mas desconhecemos o número mágico, se é 75% de pessoas promovidas internamente ou qualquer outra proporção. Eu só sei com certeza é que não é 50%. Um total de 50% indicaria que estamos passando por alguma grande mudança. Suponho que, se alguma coisa drástica acontecer no nosso mercado, estaremos dispostos a fazer isso, mas algo assim não está nos nossos planos."

Outra medida é a nomeação de Kramer a CEO em fevereiro de 2010, e depois a presidente do conselho depois que Keegan se aposentou. Ao anunciar a nomeação, James C. Boland, conselheiro líder da Goodyear, a chamou de "a culminação lógica e prevista de um plano de sucessão meticulosamente planejado". Conaty, que a Goodyear contratou para trabalhar com a nova equipe de liderança, acrescenta: "Esse foi um importante ponto de inflexão para a empresa. Eles provaram ter um processo social capaz de produzir líderes. Agora, Rich Kramer precisa levá-lo ao próximo nível e se certificar de que ele seja institucionalizado. Isso quer dizer que o processo deve ser inabalável. Os CEOs podem ir e vir, mas o processo deve continuar realocando os líderes, independentemente de quem esteja no comando".

É algo que leva tempo, especialmente em uma empresa com escopo global. "A maior parte da nossa contratação e recrutamento será global", diz Kramer. "Como nosso pessoal na Tailândia ou no Leste Europeu saberá quem contratar se quisermos aprimorar o staff? Como conseguiremos acertar nas realocações e quem fará isso? Neste momento, não temos uma infraestrutura capaz de fazer isso. Essa é uma das coisas que Joe está desenvolvendo com sua equipe global."

Keegan dedicou cerca de um terço de seu tempo ao desenvolvimento de lideranças e talentos, e Kramer planeja fazer ainda mais. "Temos muitos bons líderes, mas eles estão nas posições mais elevadas", diz Kramer. "Se precisássemos substituir parte dessas posições seniores hoje, teríamos de procurar fora da empresa. A meta é promovê-los internamente. Para criar esse banco de pessoas, precisamos pegar o processo que temos no topo e implementá-lo em toda a empresa. Quais gestores de produção serão os melhores administradores de fábrica? Precisamos encontrá-los, desenvolvê--los e ajudá-los a avançar para o próximo nível."

A jornada de Keegan e de Kramer ao longo dos 10 últimos anos demonstra a eficácia com que a gestão de talentos é capaz de alterar o direcionamento estratégico e a cultura de uma empresa. "Temos uma marca reconhecida no mundo inteiro e um mercado que estará crescendo em um ritmo sem precedentes nos próximos anos", diz Kramer. "O número de novos impulsionadores em locais como China, Índia e Rússia está aumentando com mais rapidez do que nunca e nós temos a marca e a tecnologia necessárias para ser um participante formidável em um setor que tem 100 anos de idade e que provavelmente terá mais 100 de existência."

UNICREDIT: SISTEMAS PARA MUDAR UMA CULTURA

Com as mudanças em andamento, Profumo e Piazzolla avançaram com um processo para promover o desenvolvimento de lideranças. O Plano de Desenvolvimento Executivo da UniCredit basicamente funciona como a Session C da GE, na qual os líderes seniores se reúnem para discutir o desempenho e o potencial de líderes e vincular as decisões de pessoal à estratégia de negócios. De acordo com Piazzolla: "Foi um grande desafio de gestão. Nenhum de nós tinha experiência na complexidade e escala do que nos propomos fazer. Nós dissemos: 'Tudo bem, todos nós vamos precisar aprender. Então, a questão não é a gestão de desempenho por si só. A questão é o desenvolvimento executivo – como vamos nos certificar de nos tornamos executivos melhores.'" A EDP viria a criar um pipeline de liderança e um processo de planejamento de sucessão sólidos.

O processo normalmente ocorre em uma série de cinco sessões de dia inteiro em abril e maio na sede em Milão. Mas, em 2010, eles decidiram levá-lo às matrizes regionais da UniCredit em Munique, Viena e Bolonha, além de Milão. Os líderes funcionais e de divisão de negócios, junto com seus diretores de RH, apresentam seus desafios organizacionais e estratégicos a Profumo e Piazzolla, e conversam sobre o pessoal e o pipeline de liderança. Todos os líderes seniores e seu pessoal preenchem formulários de autoavaliação – quais foram as realizações das pessoas no último ano, quais são suas ambições profissionais, pontos fortes e necessidades de desenvolvimento. Cada pessoa recebe um feedback de sua avaliação e tem a chance de comentar sobre o feedback recebido. As primeiras sessões foram realizadas em 2006 e envolveram cerca de 400 executivos seniores. Em 2010, elas envolveram mais de 4 mil, com sessões aprofundadas para os 500 líderes mais seniores.

O encontro do topo marca o total de 94 sessões conduzidas em fevereiro e março em todo o grupo. Essas sessões são constituídas de avaliações bastante detalhadas tanto da execução quanto dos principais talentos, e cada uma pode levar entre três e seis horas. "O que me deixa satisfeito", diz Piazzolla, "é que os líderes de negócios estão totalmente comprometidos com as avaliações, e o papel do RH é atuar como o facilitador desses encontros. Os líderes de negócios se responsabilizam pelo conteúdo das discussões. O RH se encarrega do processo, estimula um diálogo franco e cuida dos planos de ação de acompanhamento. Além disso, os líderes de negócios salientam seus melhores talentos. Eles chamam essa parte do processo de avaliação da gestão de talentos, para mostrar como estão criando um sólido pipeline para o futuro. "E o desenvolvimento do pipeline se tornou parte integrante de nossa cultura. As pessoas falam extensamente a respeito, levam o processo a sério e todos os líderes sentem a obrigação de desenvolver outros líderes."

Os valores da UniCredit foram incorporados ao processo de desenvolvimento de lideranças. Por exemplo, de acordo com Piazzolla, a primeiríssima sessão se concentrou na função de RH e ocorreu entre ele e Profumo. "Foi uma espécie de aula para como conduzir uma Session C e Alessandro sabia que podia me perguntar qualquer coisa. No meio do caminho, estávamos falando sobre uma pessoa de desempenho espetacular, alguém que sempre conseguia os resultados que o banco queria, mas não um exemplo do tipo de estilo de liderança que Alessandro queria. De repente, ele disse: 'Quer saber, não acho que esse tipo de cara é o que queremos na empresa.' E concordamos que as pessoas que não têm os mesmos valores não têm lugar na nossa empresa." Ele acrescenta: "Foi muito útil para nós termos feito essa avaliação inicial. Quando Alessandro realizou sua primeira sessão com um negócio, só estava começando a investigar e questionar. No encontro seguinte, as pessoas se surpreenderam com o nível de exigências que ele passou a demandar."

O primeiro processo completo de desenvolvimento executivo implementou várias mudanças na liderança que ninguém na organização esperava. "Todos ficaram chocados", diz Piazzolla, "porque, apesar de Alessandro sempre falar sobre como precisávamos ter pessoas com altos padrões éticos e nos certificar de que todos nós compartilhássemos do mesmo sistema de valores, não havia consequências para quem não fizesse isso. Talvez um líder fosse transferido para uma posição menos central, mas continuava na empresa. O que fizemos nos últimos três a quatro anos mudou significativamente a liderança na empresa."

"Agora todo mundo sabe, particularmente no topo, que não há garantia de emprego. O desempenho e o sistema de valores têm consequências, e elas são visíveis."

UM CANTO SUPERIOR DIREITO APINHADO

Nas sessões de avaliação de talentos, Piazzolla apresentou uma matriz de nove blocos para avaliar os líderes, que se concentra em desempenho, valores e potencial. "Ela é idêntica aos nove blocos da GE", diz Piazzolla, "Mas o interessante é que não forcei sua implementação. Eu não disse: 'Precisamos ter uma matriz de nove blocos.' Estávamos tentando ter uma síntese para mensurar as pessoas, eu deixei a discussão fluir e acabamos nos saindo com uma matriz de nove blocos. Só no final é que eu disse: 'Ei, a GE também tem os nove blocos.' Mas nessa matriz dos nove blocos, apesar de certos processos essenciais serem os mesmos, eles são unicamente nossos. Por exemplo, não temos nenhuma classificação compulsória na nossa matriz de nove blocos."

As pessoas precisaram de muita orientação para aprender a fazer avaliações sérias. Como costuma ser o caso, os líderes tinham dificuldade de tomar as decisões difíceis exigidas pelos nove blocos. "Eles estavam basicamente colocando 90% das pessoas no canto superior direito", diz Piazzolla.

"Então, a discussão foi: 'Mas se a nossa premissa conceitual é que estamos diante de um novo desafio e nenhum de nós se encaixa nele, como é possível que todo mundo esteja lá em cima?' Então os dois primeiros anos foram dedicados em grande parte a conversas para ensinar os líderes a mensurar. Por exemplo, Alessandro literalmente transferia pessoas de um bloco a outro. Ele dizia: 'Está errado colocar Mario ali, o lugar dele é aqui' e as discussões partiam desse ponto."

Piazzolla observa que, ao gerenciar pelo exemplo e utilizar conversas diretas, Profumo lembra Jack Welch. "Nunca falei sobre Welch, porque precisamos desenvolver nosso próprio estilo, mas ele se comportava da mesma maneira e gerava o mesmo nível de atenção. Esse tipo de comportamento exemplar vai até as bases da organização. Alguns líderes não entenderam e adivinhe o que aconteceu: eles não estão mais na empresa."

UNIMANAGEMENT: UM CROTONVILLE EM TURIM

Da mesma forma que a GE, a UniCredit conta substancialmente com um centro educacional para impulsionar e orientar a mudança cultural. O UniManagement, a mini-Crotonville da UniCredit, é um centro de desenvolvimento executivo de ponta utilizado extensivamente para o desenvolvimento de talentos, integração cultural e para encontros com os clientes. Tal qual Crotonville, o centro fica fora do local de trabalho – em Turim, que fica a uma hora e meia da sede em Milão – para que seja claramente um local neutro para o aprendizado multicultural e multinegócios. Ele chega a ser uma organização corporativa separada, cujo CEO é Anna Simioni. Na UniCredit desde o final de 1997, depois de 11 anos trabalhando em consultoria estratégica na Europa e nos Estados Unidos, Simioni acredita que existe um forte vínculo entre o aprendizado, a atitude e a capacidade de uma pessoa se destacar no que faz. "Isso é ainda mais verdadeiro hoje no setor bancário, onde não pode haver visão sem aprendizado. Para atingir nossa missão, precisamos de grandes líderes, e acho que podemos fazer muito para melhorar nossas atitudes e habilidades de aprendizado – nossa competência de aprendizado."

A ARTE DE CULTIVAR LÍDERES | 225

Criada logo após a fusão, o UniManagement foi projetado para ser o centro unificador do grupo, uma estação de transmissão central para valores e um caldeirão de culturas no qual pessoas de diferentes negócios — de banqueiros de bancos de investimentos e administradores de ativos até o pessoal de varejo e comercial — pudessem aprender umas com as outras. Para realizar isso, a filosofia fundamental do UniManagement é "aprender fazendo", o que inclui tanto a resolução colaborativa de problemas reais quanto a inovação, bem como simulação de negócios e estudos de casos internos. O centro tem uma programação similar à de Crotonville, já que une pessoas de diferentes países e culturas, com grande foco na cooperação, inovação e criação de um modelo de liderança em comum. Em termos de números, em 2009 quase 8.500 participantes passaram cerca de 19 mil dias de aprendizado no UniManagement.

O ambiente físico é mais parecido com um estúdio de televisão do que com um ambiente de salas de aula. A área de encontro central — chamada de Ágora, o termo que os gregos usavam para a praça principal na qual eram realizados os fóruns abertos — é um espaço circular e aberto modernista, com grandes telas de vídeo penduradas em vigas expostas. Tudo é flexível e permite que todos experimentem visualmente o espírito do grupo expresso por meio de uma visão geral em comum do negócio. Diferentes tipos de salas foram projetados para fins específicos. As "Salas de Energia", por exemplo, foram projetadas para facilitar a troca de ideias; é possível escrever em todas as superfícies, até nas mesas e no piso. As "Salas de Conversa", com suas mesas redondas e cozinhas, criam uma atmosfera descontraída para promover interações desimpedidas e abertas.

Uma característica singular é que o UniManagement utiliza artistas para retratar graficamente as mensagens-chave que os apresentadores estão comunicando. Um artista atrás do apresentador representa os temas em desenhos e palavras em um storyboard de 3,5m de comprimento. Cópias coloridas são feitas depois de cada apresentação e distribuídas a todos os participantes. Os artistas têm experiência em negócios e sabem exatamente onde se concentrar. Eles também atuam para mostrar a realidade dos fatos: se uma apresentação não for coerente, seus defeitos ficarão evidentes para todos verem.

"Basicamente não há professores, mas sim facilitadores e alguns experts", diz Piazzolla. "Queremos que as pessoas tenham um ambiente autodidata e proporcionamos ferramentas de facilitação para que elas tornem o ambiente mais produtivo. E isso tem sido incrivelmente eficaz, porque tira totalmente as pessoas de sua realidade cotidiana e as leva para um ambiente diferente. Dessa forma, elas precisam reaprender e se reprogramar completamente. Isso tem sido extremamente útil para impulsionar nossa mudança cultural."

Os líderes seniores, incluindo Profumo e Piazzolla, dedicam muito tempo ao UniManagement. Todo trimestre, os 100 executivos mais seniores passam um dia e meio no centro para conversar sobre questões estratégicas e de negócios. Uma vez ao ano, os 400 líderes mais elevados se encontram por dois dias. Em 2009, o tema foi "O sistema bancário revisitado" e, em fevereiro de 2010, sob o tema geral "Nós, os líderes da UniCredit", as conversas se centraram na prestação de contas para a nova missão do grupo e o que isso implica para os 400 líderes mais seniores. No final do encontro, os 400 líderes foram solicitados a enviar cartas pessoais ao CEO declarando sua contribuição em 2010 para a nova missão, bem como os principais desafios que eles enfrentarão e o que atingirão.

"Agora também começamos a trazer clientes para nos ajudar a redefinir o setor bancário", diz Piazzolla. "Nosso objetivo foi ouvir com atenção as principais expectativas deles e como satisfazê-las. Com base nessa coleta de informações e em todos os dados de satisfação dos clientes e levantamentos de reputação, a UniCredit está reprojetando seus compromissos com seus clientes. Dessa forma, o centro se tornou o lugar onde as coisas são desenvolvidas. Estamos usando esse local como a incubadora da nova cultura da empresa."

"As pessoas estão aprendendo. Elas têm sorrisos no rosto. Elas estão animadas, querem trabalhar. É realmente um grande cadinho de culturas. E a mistura de culturas é inacreditável. Por exemplo, Simioni nos contou sobre uma reunião na qual ela participou durante a crise de liquidez financeira. Os alemães e italianos estavam espremendo nervosamente as mãos, esperando ajuda de seus governos. O pessoal do Leste Europeu disse: 'Vocês devem estar loucos. Nós sabemos como é isso! Se vocês acham que isso é difícil, deviam estar na nossa pele 20 anos atrás – aí vocês veriam o que é uma vida dura. Esta situação não é tão ruim assim. Vamos consertá-la e manter o governo fora disso.'"

"E isso também ajuda a incorporar a franqueza na cultura. Nós vimos isso acontecer. A franqueza é relativa e evolutiva. Ela não é algo instintivo na cultura bancária ou no mundo dos negócios italiano, mas as pessoas estão começando a ver sua importância. Os impulsionadores críticos são os valores da UniCredit e a sinceridade e franqueza; abertura do CEO. Alessandro realmente faz o que diz. Ele tem bons instintos, contratou pessoas competentes para ajudá-lo a promover a mudança e se dedica a estudar as melhores práticas do mundo. Ele trabalha para promover a abertura, a honestidade e suas consequências para os resultados tanto no desempenho quanto nos valores."

O UniManagement é uma oficina de desenvolvimento de franqueza. No começo, as pessoas relutavam em dizer o que pensavam. Mas depois elas vivenciaram a atmosfera de avidez por novos conhecimentos, abertura e confiança. Agora elas vão para lá e não se restringem. Estamos convencidos de que a UniCredit não conseguiria realizar essa monumental mudança sem o UniManagement como a estação de transmissão central dos valores e da cultura.

LEVANDO O PROCESSO PARA BAIXO

A gestão de talentos na UniCredit ainda é um trabalho em andamento. Afinal, não é possível ser uma empresa mestra em talento do nível da GE da noite para o dia – particularmente no setor bancário, que, nas palavras de Piazzolla, "sempre considerei relativamente burocrático e introvertido. Eles não precisavam fazer as coisas que outras empresas precisavam fazer para gerar empolgação na empresa. Uma coisa que me surpreendeu quando entrei foi que tudo girava em torno do salário. Motivação e sucesso eram totalmente correlacionados a dinheiro".

A UniCredit desenvolveu certa intimidade com os talentos entre seus 500 líderes mais seniores, com uma boa ideia de seus pontos fortes, necessidades de desenvolvimento e potencial de promoção. Para os outros, a empresa continua a levar o processo para baixo. Na nossa primeira sessão de desenvolvimento executivo, Piazzolla recorda, "foi uma grande surpresa verificar que a maioria das posições de liderança não tinha um sólido pipeline de sucessores. Nós pedimos uma lista de talentos de uma página. Recebemos várias listas e depois, quando perguntamos 'Então, você realmente conhece essas pessoas?', muitas vezes a resposta era: 'Não, foi o RH que me deu a lista.' Esse foi um extremo. O outro foi um sujeito que foi franco o suficiente para deixar a página em branco e dizer: 'Sei que não conheço os talentos da minha organização, então decidi me comprometer com o seguinte: no ano que vem, vocês terão uma página com pessoas que eu conhecerei pessoalmente.'"

Quatro anos depois, a UniCredit identificou substitutos para cada um dos 500 líderes mais seniores, sendo 90% deles candidatos internos. Profumo admite abertamente que não tem ninguém para substituí-lo hoje, mas "identificamos muitos colegas de mais ou menos 40 anos que podem ser o próximo CEO em cinco a 10 anos".

Muitos líderes ainda têm dificuldades com o conceito das necessidades de desenvolvimento. Não é uma forma de pensar facilmente adotada por pessoas condicionadas ao longo dos anos para achar que estão realizando o melhor trabalho possível e que qualquer crítica – por mais construtiva que seja – é um ataque pessoal. A maioria dos líderes se sentiu desorientada e deprimida no início. "Essa ferramenta era nova para eles, e muito complicada", diz Piazzolla. "A educação é importante; você precisa explicar a lógica."

Na GE, levou uma geração antes de ela ser totalmente aceita, mas a UniCredit pode chegar lá antes disso. De acordo com Piazzolla, "quando os líderes entendem plenamente as implicações da cultura de feedback, eles a apoiam. Hoje temos muitas pessoas pedindo feedback que as ajudará a crescer. Nós promovemos esse tipo de atitude e podemos ver que essa ideia de gerir e desenvolver os talentos está pegando e até virando uma espécie de obsessão. Os gestores estão aprendendo que não se trata de algo irrelevante à cultura deles. É uma ferramenta para desenvolver as pessoas e eles passam a se encarregar disso." Ele acrescenta que o Conselho de Administração da UniCredit apoia o novo processo de desenvolvimento de talentos. "Eles tiveram de se reprogramar para ver que o feedback crítico não significa um mau trabalho, mas entendem que estamos nos empenhando para construir a liderança futura."

"Então, são essas as coisas que estamos tentando fazer. Elas não são diferentes do que a GE tem feito por várias décadas. Para a maioria dos bancos, é uma novidade."

CDR: APRENDENDO COM A GE

A CDR estava à frente da maioria das outras empresas do setor quando reconheceu que uma empresa de private equity precisava de pessoal operacional em posições de tomada de decisões de alta alavancagem. Quando o CEO atual, Don Gogel, entrou na empresa em 1989, a CDR tinha uma atuação relativamente ativa na seleção de acordos e na supervisão das empresas de seu portfólio. Os parceiros financeiros e operacionais se reuniam para examinar cuidadosamente as possíveis aquisições e os sujeitos operacionais trabalhavam com os líderes de cada empresa para fortalecer as operações. "Nós analisávamos propriedades com insuficiências operacionais e as consertávamos", conta Gogel.

A CDR também estava começando a aprender sobre questões de liderança. Por exemplo, em 1989 ela comprou o negócio de impressoras da IBM, que foi desmembrado sob o nome de Lexmark. O acordo de $1,6 bilhão foi um dos maiores de qualquer empresa de PE na época. A Lexmark não tinha uma liderança forte – a IBM tinha apenas alguns poucos centros de P&L nos quais os líderes podiam desenvolver suas habilidades de gestão, e a Lexmark não era um deles. "Precisávamos construir uma empresa", disse Gogel. "Precisávamos de diferentes tipos de processos, pessoas, culturas. Por exemplo, não havia nenhum bônus de incentivo; a IBM exigia o *dual sourcing* – dupla fonte de fornecedores –, o que não era relevante para ciclos de vida de produtos mais rápidos. A chave era uma gestão de talentos mais ampla." A CDR trouxe vários profissionais de fora, entre eles um novo CFO, líder de vendas e pessoas com experiência em varejo, já que a IBM não vendia por meio de canais de varejo. Gogel e o partner operacional Chuck Ames, ex-líder da B. F. Goodrich, defenderam pessoalmente a contratação do tão necessário gestor de desenvolvimento de produtos da IBM. Paul Curlander fora engenheiro de projeto para a primeira impressora a laser da IBM e desde então subira até o cargo de vice-presidente. Ele não queria sair. Gogel conta que, "para ele, não havia nada melhor do que ser um vice-presidente na IBM. E aqueles sujeitos excêntricos de Nova York lhe dizendo que queriam que ele entrasse na empresa deles e liderasse essa função de desenvolvimento e dizendo que ele iria adorar a experiência". Levou algum tempo convencer Curlander, mas deu certo: hoje ele é o CEO da Lexmark.

Mesmo assim, a gestão de talentos continuou em segundo plano até a virada do século. "Nossa ideia original era exercitar a nossa governança com o talento existente", diz o CEO Gogel. "À medida que o número de acordos crescia, podíamos avaliar alguns outros executivos, como o CFO. Mas não havia uma consistente avaliação de talentos." Em vez disso, a empresa recrutava vigorosamente líderes de negócios. Ela desenvolveu um relacionamento próximo com a Spencer Stuart, uma das principais empresas de recrutamento de executivos, mas o principal impulsionador foi o próprio Gogel. Ele observava de perto CEOs de empresas ao redor do mundo, conversando e aprendendo com eles, sempre com um olho na possibilidade de uma futura parceria operacional ou papel de aconselhamento. Na verdade, sua lista de candidatos era uma espécie de planejamento de sucessão. "Aquele foi nosso ponto forte durante os anos 1990", afirma Gogel, acrescentando que ainda entrevista CEOs sempre que tem a chance. A CDR desenvolveu os próprios líderes por meio de um sistema de aprendizagem informal, no qual diretores e partners mais jovens trabalham para partners seniores, observando-os em negociações de acordos, avaliações e análises para desenvolver suas habilidades e absorver a cultura da organização.

Gogel acrescenta que o modo como você orienta e apoia uma equipe gerencial é uma obra de arte em constante evolução. "O trabalho é fazer com que tenham sucesso. Se não conseguirmos, um de nós precisa se apresentar e administrar o negócio. Historicamente, num em cada três casos, nosso pessoal precisava mudar-se para Oklahoma ou Dallas e assumir como CEO até um negócio estar sob controle. Tivemos um desempenho melhor nos últimos oito ou nove anos porque melhoramos na avaliação de talentos."

A ARTE DE CULTIVAR LÍDERES | 231

O que realmente focou a CDR nos talentos foi a retração econômica entre 2000 e 2002, o que levou três de suas empresas à falência. "De repente, o jogo passou a um nível diferente", diz Gogel. As empresas estavam sendo forçadas a enfrentar as complexidades da concorrência do exterior, administrar cadeias de suprimento globais e lidar com mercados altamente dinâmicos. Os parceiros operacionais estavam precisando interferir e administrar empresas em dificuldades.

Foi quando Gogel começou a trazer executivos mais experientes e dinâmicos como partners operacionais. Entre eles, estavam George Tamke e Roberto Quarta, que entraram em 2000, e Jim Berges e Charlie Banks, que entraram em 2006. Tamke e Berges eram ex-presidentes do Conselho da Emerson Electric – uma empresa famosa pela excelência operacional. Quarta, que foi CEO e depois presidente do Conselho do BBA Group PLC, uma empresa de serviços de aviação sediada no Reino Unido, hoje lidera o Escritório da CDR em Londres; Banks foi CEO do Wolsley Group, inglês, a maior distribuidora do mundo de materiais hidráulicos e de aquecimento. Outros partners operacionais incluem Fred Kindle, ex-CEO da ABB suíça, e Edward Liddy, ex-CEO e presidente do Conselho da Allstate (que atuou na AIG sob solicitação do governo durante a crise financeira). Cada um deles supervisiona uma ou mais empresas do portfólio como presidente do comitê executivo.

Gogel avaliava regularmente os partners operacionais em francas reuniões um a um. Alguns se irritaram no começo – na qualidade de executivos seniores de grandes empresas, eles não estavam acostumados a um questionamento tão incisivo. "Mas fazemos isso com todos", diz Gogel. "Faz parte do sistema de aprendizagem." Hoje ele também pede que eles façam uma autoavaliação formal todos os anos.

A CDR progrediu significativamente em 2001, quando trouxe Jack Welch. "Nós não o chamamos porque ele era uma celebridade", diz Gogel. "O que nos atraiu foi o sistema e processo de pensamento que Welch desenvolveu na GE. Eles funcionam melhor do que em qualquer outra empresa do mundo e achamos que talvez pudéssemos replicá-los em parte. Nós o atraímos dizendo: 'Faça o que quiser.' E as duas coisas das quais ele gostava era fazer acordos e conduzir as avaliações das operações."

Welch se tornou rapidamente um grande impulsionador do desenvolvimento de lideranças da CDR. Por muitos anos, a empresa conduziu avaliações de operações em que tanto os partners financeiros quanto operacionais se sentavam com líderes de negócios duas vezes ao ano para discussões aprofundadas. Originalmente concentradas em grande parte no desempenho, as avaliações cada vez mais passaram a levar as pessoas em consideração. Welch as catapultou a um outro nível, vinculando rigorosamente pessoas aos resultados dos negócios e levando seu famoso estilo implacável de coaching que descrevemos acima a um negócio que nunca tinha visto nada parecido. De acordo com Gogel: "Houve resistência no começo. Aqueles caras achavam que eram muito bons, e realmente são. Mas tínhamos desenvolvido uma cultura em que as pessoas relutavam em criticar umas às outras. Isso acabou depois da primeira reunião. Jack disse: 'Vocês são bonzinhos demais. Vocês precisam se bater um pouco. Contestar. Esse é o negócio de vocês.' E então ele mostrou como fazer.'" Welch efetivamente se tornou o chief coach da CDR, ensinando líderes seniores a investigar até chegar às questões essenciais e revelar a causa e efeito. Por sua vez, esses líderes transmitiram esse estilo para baixo em suas organizações. "Agora você não saberia de quem veio a pergunta difícil", diz Gogel. "O estilo se transformou em Jack."

Seis anos depois da entrada de Welch, Gogel contratou Bill Conaty para ajudar a CDR a fortalecer seus processos de gestão de talentos. O desafio de Gogel para Conaty foi: "Quero que a CDR seja conhecida como a empresa de private equity com as melhores práticas de RH e o melhor pessoal." Depois de identificar questões e necessidades de liderança em cada negócio do portfólio, Conaty desenvolveu um processo de avaliação de talentos muito mais rigoroso do que qualquer coisa que a empresa teve antes. Por exemplo, cada avaliação do portfólio é precedida por uma avaliação aprofundada dos talentos que inclui cada CEO e seus subordinados diretos e cobre suas realizações, fracassos, competências de liderança, necessidades de desenvolvimento e potencial futuro, bem como seu desenvolvimento pessoal e planos de sucessão. As avaliações são seguidas de revisões informais ao longo do ano, de forma que a gestão de talentos passou a ser um processo institucionalizado e repetitivo.

PROMOVENDO O UPGRADE DAS PRÁTICAS DE RH NO PORTFÓLIO DA CDR

Conaty também revitalizou as funções de RH das empresas do portfólio. Essas empresas têm muitos bons profissionais de RH, ele diz, "mas eles estavam nos próprios casulos, isolados do resto do mundo. A maioria não conhecia uns aos outros. Eu vi uma grande oportunidade se pudéssemos colocar todos juntos, apresentá-los uns aos outros, expandir suas redes pessoais de recursos e trocar melhores práticas".

Ele organizou um Conselho de Recursos Humanos da CDR que reúne formalmente os líderes de RH duas vezes ao ano, mas com mais frequência informalmente. Conduzidos pelos vários negócios em um esquema de rodízio, os encontros começam com um jantar para o networking. O dia seguinte é dedicado a discutir as melhores práticas. "Nós estruturamos a coisa de forma que as discussões formais pareçam mais informais", ele diz. "Começamos falando um pouco sobre cada negócio – para onde está indo, quais são os desafios para o negócio e para o RH, as principais lacunas em termos de talento, questões de retenção, questões trabalhistas, remuneração, assistência médica. Também conversamos sobre o nível de envolvimento dos empregados e perguntamos a todos se alguém tem alguma melhor prática para compartilhar. Eu repito o desafio que recebi de Gogel. Eles saem do encontro energizados e motivados, percebendo que não estão sozinhos em uma ilha e que podem aprender muito uns com os outros." Conaty também os incentiva a expandir suas redes pessoais comparecendo aos encontros semestrais da Human Resource Policy Organization, um grupo profissional de alto nível com cerca de 300 membros corporativos. Ele lhes diz: "Com sua ajuda, quero que a CDR se destaque no mundo do private equity como a empresa com as melhores práticas e os melhores talentos de liderança de RH."

O trabalho de Conaty com o conselho de RH também agregou nova profundidade e solidez às avaliações dos principais talentos da CDR renovando os chamados heat charts, ou mapas de calor, que classificam o desempenho dos líderes em vários critérios por códigos de cores. Os mapas cobrem os CEOs e seus subordinados diretos, e originalmente se concentravam principalmente em resultados financeiros, com as cores verde, amarelo e vermelho indicando "Ok", "alerta" e "problemático". A equipe de RH expandiu os critérios para incluir potencial de liderança, eventuais problemas de retenção e se o líder tem ou não um plano de sucessão pronto. Eles também acrescentaram uma página mostrando o principal ponto forte de cada executivo, sua maior necessidade de desenvolvimento e uma ação-chave para ser endereçada. No final, o líder reporta o que realizou desde a última avaliação anual.

"Isso fez os CEOs e líderes de RH do portfólio refletirem com mais atenção sobre o processo, especialmente em questões relativas a potencial, retenção e sucessão", diz Conaty. "Digamos que você tenha pontos verdes para o desempenho e o potencial, um amarelo para a retenção e um vermelho para a sucessão. Isso deveria acionar um alarme e você será questionado na hora. Como transformar aquele amarelo em um verde? Se você tiver um executivo-chave cuja retenção não pode ser garantida – ele quer ser um CEO em alguma empresa –, então é melhor você ter um gancho de retenção de curto prazo e um plano de sucessão na manga. E, quanto mais fazemos isso, mais o conceito se enraíza."

Ainda há muito a melhorar, Conaty observa – por exemplo, ainda pode levar meses para identificar candidatos de sucessão para o CEO. Mas hoje a empresa está se destacando como uma mestra em talento a ser observada no setor de private equity. Afinal, você também não gostaria de ter conselhos operacionais de líderes do calibre de Jack Welch, A. G. Lafley, Vindi Banga e outros mestres em talento?

PROCESSO NA TPG

Os processos de gestão de talentos da TPG são relativamente simples, em parte porque a empresa dedicou muito empenho ao recrutamento dos talentos certos e, em parte, por contar com um extraordinário mestre em talento na pessoa de Jim Williams. Além de trabalhar com várias empresas de recrutamento, afirma Williams, "dedicamos grande parte do tempo desenvolvendo as nossas redes e as trabalhamos com muito empenho". A empresa mantém listas de pessoas com as quais quer trabalhar e, nos últimos sete ou oito anos, tem promovido conferências para CEOs, CFOs e líderes de RH; os palestrantes incluem celebridades como Alan Mullaley, da Ford, e Lee Scott, ex-CEO do Walmart. Espera-se que os participantes da TPG se envolvam vigorosamente no networking. "É possível dizer que eles fazem parte de um processo social informal", diz Williams. "Quando descobrem que podem conversar uns com os outros, criam essas redes sociais depois da conferência. Se você lhes der tempo e espaço suficiente para eles fazerem isso, a coisa praticamente não tem fronteiras. Francamente, isso tem sido uma verdadeira arma secreta."

Williams tem recrutado profissionais de RH extremamente experientes de empresas operacionais, como Anish Batlaw, da Novartis, para ajudar as empresas do portfólio a manter a avaliação e o desenvolvimento de talentos no centro das atenções. Responsável pelas empresas do portfólio da TPG na China e no sudeste da Ásia, Batlaw trabalhou em estreito contato com o CEO de uma distribuidora automotiva na China para reforçar a equipe recrutando experts de primeira linha em gestão da cadeia logística, sistemas de informação e líderes capazes de executar no contexto de um rápido crescimento. Em dois anos, o faturamento da distribuidora triplicou e seus lucros quintuplicaram, um grande retorno tanto para a TPG quanto para o empreendedor chinês.

Apesar de os processos de gestão de talentos não serem elaborados, são profundos e completos. A maioria das empresas de PH chama os líderes das empresas de seu portfólio para apresentar anualmente o progresso de suas empresas. Na TPG, Williams e um grupo de partners realizam toda semana aprofundadas avaliações operacionais de quatro a seis das aproximadamente 60 empresas do portfólio, dedicando parte do tempo à avaliação dos talentos. Além disso, Williams conduz grandes avaliações semestrais de talentos de todas as empresas do portfólio, como análises de acompanhamento nos trimestres subsequentes.

"No início, isso foi visto um pouco como um processo burocrático, mas na verdade é um processo bastante dinâmico porque ajuda a facilitar algumas conversas difíceis", diz Williams. "Eu pego nossas 60 empresas e digo: 'É isso o que temos e é isto que está dando certo e é isto que não está dando certo.' Algumas pessoas sentem que é uma espécie de boletim escolar, mas nós estamos avaliando os talentos e as prioridades."

LGE: UM INOVADOR TRANSPLANTE DE TALENTOS

Como vimos, o CEO Yong Nam não tinha como concretizar sua visão de transformar a LGE na líder de eletroeletrônicos de consumo sem uma grande injeção de genes externos. Mas buscar talentos de primeira linha implicava levar não coreanos a uma homogênea cultura coreana.

Em uma manobra criativa e inovadora, ele encontrou uma maneira de levar um grupo de experts funcionais não coreanos à empresa sem provocar choque cultural. Ele contratou pessoas para posições de alto nível, reportando diretamente a ele. No entanto, ele não lhes deu responsabilidade imediata. Sua missão era montar um centro corporativo de excelência para proporcionar melhores práticas funcionais aos gestores de linha e treinamento para o pessoal da LGE espalhado por todo o mundo. Nam contratou um CMO (Chief Marketing Officer) da Pfizer, um CPO (Chief Procurement Officer) da IBM, um Chief Supply Chain Officer da Hewlett-Packard, um CSO (Chief Strategy Officer) da McKinsey e um Chief Human Resources Officer da Ford – todos não coreanos.

Esse esquema permitiu que os executivos não coreanos agregassem rapidamente valor à sua área de especialidade, ao mesmo tempo que lhes deu tempo suficiente para aprender e entender a cultura coreana e da LGE e desenvolver credibilidade pessoal na empresa. Na opinião de Nam, se esses novos contratados mergulhassem imediatamente nas responsabilidades de uma posição de liderança de negócios, seria difícil para eles conquistar o apoio de uma equipe gerencial em grande parte coreana. Dessa forma, eles puderam ajudar Nam a ampliar a cultura da LGE, enquanto ele os ajudava a construir credibilidade e redes sociais. Se as coisas dessem certo, alguns desses executivos poderiam passar para a liderança de negócios.

A abordagem de Nam reduziu o risco de os não coreanos fracassarem em suas novas posições devido a diferenças culturais. Nam explica: "Foi relativamente fácil para a organização aceitar que eu queria ter o apoio de experts funcionais do mundo todo, de forma que o risco de fracasso dessas pessoas era bastante baixo. Na teoria e na prática, estávamos incentivando as pessoas da organização a desenvolver as próprias habilidades e competências aprendendo com esses experts, em vez de se sentirem controladas por pessoas que tinham controle hierárquico sobre elas."

Nam precisou lidar com a questão de diferenças de práticas de remuneração entre a Coreia e países como os Estados Unidos ao promover o upgrade e a globalização da liderança da LGE. Ele precisava alinhar a remuneração de seus novos subordinados diretos com as práticas do mercado, ciente de que isso provocaria agitação entre os executivos coreanos. Os coreanos sabiam da existência dessas diferenças e era difícil aceitá-las dentro da própria empresa, especialmente porque, em alguns casos, os recém-contratados levaram mais tempo para progredir na organização. Nam resistiu à agitação e, depois de algum tempo, os recém-chegados haviam agregado valor significativo para a empresa e essa questão perdeu a força.

As funções de negócios se fortaleceram e, em 2010, um dos líderes que entrou para se reportar diretamente ao CEO já estava pronto para assumir a liderança de linha de seu país de origem. O officer, James Shad, impressionou a equipe gerencial com sua profunda expertise em administração e processo voltado para o mercado. Ele também demonstrou um grande tino para os negócios e um estilo pessoal que incorporava as características de liderança intercultural que Nam via como um modelo exemplar para as operações globais da LGE. O mais notável é que Nam se dispôs a realizar essa ousada manobra em um dos mercados mais importantes da LGE – os Estados Unidos. Nam também mostrou que a introdução de novos talentos nos níveis seniores da LGE não era só para estrangeiros. Um coreano formado pela Harvard e desenvolvido na organização McKinsey foi contratado como vice-presidente executivo da equipe de auditoria de negócios da LGE em 2007. Ele também foi transferido para um cargo operacional como COO da região europeia, em expansão da LGE em 2010. Isso demonstrou a determinação de Nam de contratar pessoas com base na adequação de seus talentos com a necessidade de impulsionar a mudança, não apenas para promover a diversidade nacional no nível da alta administração.

O diversificado mix de líderes funcionais altamente talentosos teve um efeito adicional: demonstrar que a LGE estava aberta a talentos de qualquer lugar do mundo e os apoiaria com expertise. A LGE se transformou em um ímã para os melhores talentos locais de liderança em muitos países. Com o encorajamento e o apoio de Nam, presidentes regionais abriam posições de COO em países selecionados na Europa, África e América do Norte. Isso estimulou os resultados de negócios em cada mercado e acelerou a estratégia de adaptação local.

Nam apoiou os novos talentos com as melhores práticas de RH de acordo com padrões globais, não coreanos. O estilo de liderança coreano de comando e controle funcionou bem quando a LGE era, em grande parte, orientada pelos custos, mas estava prejudicando o trabalho da empresa de ajudar as pessoas a crescer e cultivar a criatividade e a inovação. Pessoas talentosas às vezes saíam da empresa para realizar suas ambições em outro lugar. Além disso, para a LGE continuar a crescer e ter sucesso como um negócio global, as pessoas precisariam ser capazes de trabalhar bem juntas. Como quase todas as empresas globais, a LGE adotou uma estrutura matricial à medida que se globalizou e a colaboração entre diferentes regiões geográficas, funções e projetos foi crucial para a velocidade, agilidade e para vencer a concorrência. No entanto, os comportamentos necessários para que uma organização matricial funcionasse não estavam sendo explicitamente reconhecidos e recompensados.

Nam definiu quatro novos critérios de liderança. Ele os utilizou na seleção e avaliação dos líderes e, conversando com eles, muitas vezes deixou claro que esperava que todos os líderes fizessem o mesmo com seus subordinados diretos:

1. Capacidade. Qual é a capacidade das pessoas de absorver conhecimento e crescer? Elas têm uma visão tanto macro quanto micro do negócio? Nam mensurava esse critério fazendo perguntas difíceis e observando quem era capaz de ver o negócio dos dois pontos de vista. Isso indicava que elas poderiam assumir uma responsabilidade mais ampla.

2. Paixão e aspiração. Elas são automotivadas para vencer ou precisam de motivação de cima? Elas são apaixonadas pelo negócio e por suas carreiras? Selecionar líderes que elevavam continuamente os padrões do próprio desempenho significa que Nam não precisaria pressioná-los para crescer. Isso o livrava para se focar na estratégia e na visão. Ele não precisava se preocupar em elevar as metas de desempenho.

3. Motivação. Eles são pessoalmente motivados e são capazes de empolgar e energizar os outros? Os líderes precisavam ser capazes de ajudar as pessoas a atingir seu potencial, de envolver as pessoas desde o início, atribuindo-lhes empowerment, observando-as e orientando-as quando elas se vissem em dificuldades, em vez de dirigindo-as.

4. Trabalho em equipe. Eles são capazes de orientar e apoiar os outros em vez de se limitar a uma postura hierárquica e exigente? Mesmo na posição de CEO, Nam precisava colaborar com partners e distribuidores e encontrar soluções para conflitos de interesse inerentes. Ele conhecia as limitações de impor seu ponto de vista aos outros e reduzir suas opções. Ele procurava líderes capazes de se sair com terceiras opções que criassem soluções nas quais todos sairiam ganhando entre equipes, negócios, funções e partners.

Assim que assumiu como CEO, Nam sentiu que a função de RH precisava de uma meticulosa análise. O líder de RH coreano era uma pessoa confiável e séria, mas não tinha a experiência necessária para globalizar a função. Nam sabia que a LGE precisava remodelar seus processos e sistemas de RH para apoiar o crescimento global. As mudanças necessárias variavam do sistema de remuneração à estrutura de liderança e práticas de desenvolvimento de talentos. Ele recrutou Reg Bull, um inglês que havia passado a maior parte de sua carreira na Unilever. Ele também buscou o aconselhamento de Jean Kang, que fora um executivo da GE na Coreia e se aposentara recentemente. Kang indicou Bill Conaty para ajudar Nam a acelerar o programa do RH; Conaty aceitou a oferta e logo depois conduziu uma sessão de orientação para toda a equipe sênior sobre liderança, cultura, desenvolvimento de um pipeline de líderes e planejamento de sucessão.

Quando Bull precisou sair devido a problemas de saúde na família, Nam pediu que Conaty ajudasse a selecionar alguém para substituí-lo. A busca levou a Peter Stickler, um americano com uma longa carreira na Ford Motor Company. É interessante notar que ele havia sido líder sênior de RH quando o negócio passava de uma empresa internacional a uma empresa global e quando a função de RH transferia o foco de transações à liderança em processos transformacionais. Tanto Conaty quanto Nam concordaram que Stickler tinha as competências técnicas certas, experiência, perspectiva global e habilidades interpessoais necessárias para conduzir a função de RH da LGE a um nível mais elevado.

Nam se voltou a seus experts em RH para ajudá-lo a elaborar um conjunto de avaliações formais e informais de pessoal para incorporar esses critérios na organização. As sessões de desenvolvimento de pessoal e desenvolvimento organizacional formal são realizadas todos os anos em julho e agosto. Nessas avaliações, Nam passa entre três a quatro horas analisando cada um de seus subordinados diretos que lideram uma unidade de negócios ou área funcional. Ele também avalia os subordinados diretos de todos os CEOs das empresas controladas, CEOs de unidades de negócios, presidentes de sedes regionais e presidentes de empresas, cobrindo os 250 líderes mais seniores em posições de alta alavancagem. No total, as avaliações representam três a quatro semanas dedicadas a análise e decisões referentes ao pessoal.

Nam reforça o comportamento que deseja que a LGE demonstre nas sessões de diálogo que conduz com grupos de empregados enquanto viaja de um escritório ao outro. Ele exemplifica um estilo de comunicação ocidental mais aberto apresentando aos empregados uma atualização completa do negócio e de suas perspectivas futuras. Depois ele pede comentários e perguntas e faz questão de mostrar autêntico interesse no que as pessoas têm a dizer. O estilo é bastante diferente da abordagem coreana de cima para baixo e no início os empregados eram deferentes demais à posição de Nam como CEO para fazer perguntas francas nessas discussões. Eles sentiam que estavam sendo avaliados. Ciente do problema, Nam pediu que eles anotassem as perguntas e as submetessem anonimamente antes das sessões. Aos poucos, eles foram se familiarizando com a franqueza e, hoje em dia, os grupos de empregados chegam a se empolgar ao expressar o que realmente pensam, um grande feito em uma empresa que fora tão dominada pelo comando e controle.

Hoje a empresa tem seis líderes não coreanos à frente de operações em outros países – Estados Unidos, Canadá, França, Holanda, Suécia e África do Sul. E Nam não negligenciou o escritório central em Seul. O Chief Information Officer e o Chief HR Officer são americanos. O Chief Marketing Officer, o Chief Technology Officer, o Chief Strategy Officer e o líder de cadeia de suprimento global e excelência de processos não são coreanos. Em apenas três anos, Nam colocou firmemente sua empresa coreana no caminho de se tornar a líder global que ele vislumbrou.

CONCLUSÕES: A MUDANÇA COMEÇA NO TOPO

Nenhuma empresa conseguiu transformar-se em uma mestra em talento sem o compromisso e a participação convictos de um CEO esclarecido: um CEO que sabe que desenvolver os talentos é a maior prioridade e seu maior legado. Os CEOs esclarecidos que conhecemos ao longo deste livro possuíam nove características em comum. Essas qualidades compõem um modelo para qualquer pessoa que ambicione tornar-se um mestre em talento:

- Eles sabem que o talento é a chave para o futuro. Estratégias vão e vêm, participação de mercado e lucros sobem e descem, mas uma organização capaz de construir uma equipe autorrenovável de líderes de primeira linha está preparada para enfrentar qualquer situação no futuro.
- Fazem a gestão de talentos ser tão rigorosa quanto a administração financeira.
- Lideram pessoalmente os processos sociais que apoiam e reforçam o desenvolvimento dos talentos e atuam como exemplos para toda a organização. Eles deixam claro que o desenvolvimento da competência organizacional faz parte do trabalho de todos os líderes.
- Dedicam boa parte de seu tempo a conhecer seus líderes, analisá-los e calibrá-los. Eles aproveitam todas as chances, planejadas ou espontâneas, de encontrar os líderes de alto potencial no território deles, observá-los e lhes dar feedback.
- Concentram-se no conteúdo do planejamento de sucessão, não apenas no processo. Eles refletem e discutem sobre as demandas da posição e

as qualidades específicas das pessoas que podem estar preparadas para ela. Eles planejam meticulosamente a própria sucessão.

- Reconhecem a importância de cada líder que entra no pipeline de liderança e dedicam tempo e atenção a ele.
- Instituem uma cultura de desempenho explicitando os valores da empresa e garantindo que eles sejam seguidos, e estabelecendo metas e mensurações de desempenho com recompensas e consequências claras.
- Estabelecem o tom para diálogos abertos e insistem para que as avaliações sejam realizadas com franqueza.
- Elevam continuamente os padrões do aprendizado e desempenho.

PARTE IV

O KIT DE FERRAMENTAS DOS MESTRES EM TALENTO

A meta deste livro é iluminar um caminho para que todas as empresas desenvolvam um futuro melhor e mais seguro para empregados, acionistas, clientes e parceiros ao desenvolverem sólidos pipelines de talentos e planos de sucessão imediata. Esperamos que os exemplos apresentados sejam uma inspiração para você, mas, acima de tudo, queremos que o conteúdo possa ser colocado em prática. Esta seção foi elaborada para ajudá-lo a traduzir as ideias e práticas descritas nas páginas anteriores em ações que pode começar a implementar já na segunda-feira de manhã.

Um dos princípios dos mestres em talento é um CEO esclarecido. Com isso, não queremos sugerir que os líderes precisam esperar uma epifania ou despertar espiritual, mas sim que os CEOs devem perceber a enorme responsabilidade que têm pelo futuro da empresa. Suas ações, decisões e comportamento é que indicam aos outros que o talento é importante, que ele pode ser identificado, compreendido e gerido como o recurso que verdadeiramente é. As palavras certas são importantes, mas palavras não bastam. Dedicar regularmente tempo e atenção envia uma mensagem mais clara. Vincular recompensas ao desenvolvimento do talento é ainda mais poderoso. Não desvincule os resultados dos líderes que os produzem e não fale sobre os líderes em termos abstratos. Imprima leve realismo, rigor, especificidade e franqueza às discussões à medida que vai vinculando pessoas e números.

Com ou sem a orientação do CEO, os líderes em qualquer nível podem aguçar suas habilidades no desenvolvimento de talentos. Pratique seu poder de observação e teste a precisão de seu senso crítico na identificação dos talentos alheios. Apresentamos, a seguir, os elementos do kit de ferramentas. Utilize-os para melhorar significativamente sua capacidade de desenvolver os talentos. Incorpore-os à sua rotina diária.

- Princípios dos mestres em talento
- Sua empresa tem a cultura de uma mestra em talento?
- Como desenvolver a maestria em talento
- Um mecanismo para diferenciar os talentos
- Perguntas frequentes e respostas
- Orientações para a sua próxima avaliação de talentos
- Um Crotonville com qualquer verba
- Seis maneiras pelas quais os líderes de RH podem tornar-se parceiros de negócios mais eficazes
- Como assegurar sucessões tranquilas
- Como deve ser o feedback
- Armadilhas da liderança
- Lições aprendidas sobre o desenvolvimento de lideranças e talentos

PRINCÍPIOS DOS MESTRES EM TALENTO

Para uma rápida referência, apresentamos a seguir uma breve recapitulação dos princípios que enumeramos no Capítulo 1.

1. Uma equipe de liderança esclarecida, a começar com um CEO que realmente "entende a coisa" e vê o desenvolvimento de talentos como vantagem competitiva.

2. Uma meritocracia orientada pelo desempenho, uma disposição para diferenciar os talentos com base em resultados, *bem como* os valores e comportamentos por trás desses resultados.

3. Definição e articulação claras dos valores, mencionando grandes crenças da empresa e comportamentos esperados.

4. Franqueza e confiança, levando a um conhecimento mais profundo dos talentos e do potencial das pessoas, concentrando-se em necessidades de desenvolvimento para acelerar o crescimento pessoal.

5. Sistemas de avaliação/desenvolvimento dos talentos com tanto rigor e repetibilidade quanto os sistemas utilizados para finanças e operações.

6. Líderes de recursos humanos como parceiros de negócios e encarregados pelo sistema de desenvolvimento de talentos com expertise funcional igual à dos CFO.

7. Investimento em aprendizado contínuo e aprimoramento para criar e continuamente atualizar a marca da liderança em alinhamento com o mundo em constantes mudanças.

SUA EMPRESA TEM A CULTURA DE UMA MESTRA EM TALENTO?

A mecânica do desenvolvimento de talentos – quando conduzir avaliações, quem deve estar presente, quais critérios levar em conta e assim por diante – é relativamente fácil de replicar. Um bom departamento de RH pode elaborar processos baseados nas melhores práticas observadas em outras empresas. Mais difícil de copiar e fundamental para o desenvolvimento de líderes são os aspectos culturais ou sociais do desenvolvimento de talentos. Nesse caso, a alta administração deve impulsionar a iniciativa para inculcar os valores e comportamentos que fazem do desenvolvimento de lideranças parte integral das operações do negócio.

A lista de verificação a seguir ajudará a diagnosticar se sua organização tem ou não a cultura de uma mestra em talento.

Verdadeiro ou falso?

1. Os líderes seniores estão bastante envolvidos no recrutamento e desenvolvimento dos talentos de liderança em todos os níveis organizacionais.

2. O comportamento e os valores de um candidato são levados em conta antes da contratação.

3. Os líderes de todos os níveis se mantêm vigilantes para identificar novos talentos em todas as posições, não apenas entre as pessoas que reportam diretamente a eles. Eles consideram isso uma parte importante do trabalho.

4. Os líderes são ponderados e rigorosos na identificação dos talentos específicos das pessoas e onde esses talentos podem desenvolver-se.

5. Os líderes não hesitam em dar feedback rápido e rigoroso em relação às necessidades de desenvolvimento das pessoas para melhorar o desempenho delas.

6. Pessoas que apresentam desempenho insatisfatório são confrontadas e têm a oportunidade de melhorar ou enfrentar as consequências de uma demissão.

7. Avaliações operacionais, orçamentárias e estratégicas de negócios são utilizadas além das avaliações de talento específicas para aprofundar o conhecimento dos talentos naturais de um líder e, algumas vezes, levar a grandes decisões sobre quais líderes deveriam ocupar quais posições.

8. Os líderes dedicam tempo aos líderes de níveis organizacionais mais baixos para vê-los em ação em seus cargos. Eles são ativos desenvolvedores de talentos.

9. Os líderes com o maior potencial são identificados e rapidamente transferidos a cargos que expandirão sua capacidade e competência.

10. As decisões sobre os líderes se baseiam em evidências objetivas e verificação cruzada de observações por parte de várias pessoas.

11. O desenvolvimento de lideranças é abordado com a mesma intensidade que os resultados financeiros.

12. O desenvolvimento de outros líderes é esperado e recompensado.

COMO DESENVOLVER A MAESTRIA EM TALENTO

Seleção dos líderes

1. Envolva os líderes seniores na seleção dos talentos de liderança.

A qualidade da semente tem enorme efeito sobre o fruto anos mais tarde, de modo que é melhor não delegar o controle do recrutamento a qualquer pessoa. Envolva seus líderes mais seniores no processo de recrutamento, desde o nível dos recém-formados até o topo da organização. Eles terão os instintos e o senso crítico necessários para identificar experiência em negócios e o talento bruto de liderança. Sabendo como é importante recrutar os melhores talentos e o quanto a empresa investirá em seus trainees de administração, os líderes seniores da Hindustan Unilever dedicam tempo para entrevistar candidatos de nível de entrada, a fim de verificar a possibilidade de incluí-los no pipeline de talentos de alto potencial da empresa. Embora possa ser impraticável para os CEOs de empresas maiores participarem em níveis mais baixos, eles devem manter-se informados e assegurar que as figuras exemplares certas em suas empresas estejam atuando como seu "rosto" na busca de talentos.

2. Na contratação, procure liderança, não apenas expertise acadêmica ou funcional.

Não busque apenas a expertise técnica esperando que alguns de seus experts se transformem em líderes. Procure pessoas que tenham demonstrado liderança em alguma área da vida. Mesmo que um alto nível de proficiência técnica ou científica seja um pré-requisito, procure aqueles experts que tenham o desejo e o potencial de liderar os outros e ajudá-los a crescer, como a Novartis e a Agilent fazem.

3. Informe-se sobre os valores e comportamento do candidato antes da contratação.

Pense nos valores e comportamentos que os líderes precisarão demonstrar para ter sucesso em sua empresa e avalie os candidatos de acordo com esses critérios. Entrevistas bem elaboradas podem testar fatores como trabalho em equipe, comportamento interpessoal, honestidade intelectual e temperamento antes de você fazer uma oferta. A Hindustan Unilever cria oportunidades de observar pessoas em um ambiente de grupo como parte do processo seletivo e a GE, a P&G e outras empresas testam a adequação cultural com base na competitividade do candidato – em termos acadêmicos, atléticos e sociais.

4. Seja humilde o suficiente para trazer pessoas de fora quando for necessário, mas tome medidas para garantir sua assimilação cultural.

Algumas vezes, é necessário recrutar líderes nos níveis organizacionais mais elevados, a fim de mudar a cultura (como no caso das Goodyear), obter expertise crítica (como no caso do negócio de Ultrassom da GE) ou elevar os padrões ou se globalizar (como no caso da LGE). Realize uma pesquisa observacional além de seu processo de verificação de referências usual para se certificar da adequação do candidato. Depois, ajude os recém-chegados com sinais visíveis de apoio desde o topo. Os novos líderes funcionais da LGE tiveram tempo para se adaptar à cultura coreana fechada da empresa – e vice-versa – porque entraram como conselheiros do CEO, e não diretamente como líderes de linha. Jack Welch reforçou seu comprometimento com Omar Ishrak, que entrou em alguns poucos níveis organizacionais abaixo de Welch para liderar o Ultrassom, permitindo que todos soubessem que ele era seu protegido. Quando Ishrak foi à sua avaliação inicial de negócios corporativos e estava esperando sua vez para apresentar a história do Ultrassom, Welch perguntou, impaciente: "Quando será a apresentação do meu amigo Omar?" Com isso, os outros entenderam a mensagem de que Welch estava investindo no sucesso de Omar e aberto às mudanças que ele estava propondo.

5. Seja honesto em relação a quem tem o maior potencial de liderança.

Faça a melhor análise de quem tem o potencial para subir aos níveis mais elevados da organização e faça o possível para acelerar o crescimento desses líderes. Observe com atenção para ver se essas análises estavam corretas e não se atenha a estrelas predeterminadas cujo brilho pode estar se perdendo. Fique de olho em outros líderes que você pode ter negligenciado ou cujo talento de liderança possa surgir posteriormente. Cristalize o que lhes permitiu produzir excelentes resultados e avalie se isso será relevante para o sucesso deles no futuro. Mantenha em mente que, apesar de os líderes de alto potencial produzirem resultados, os resultados por si não indicam alto potencial. Adotar os valores e amadurecer o estilo de liderança costuma fazer a diferença entre as estrelas antigas e futuras.

Desenvolvimento dos líderes

1. Transforme o desenvolvimento de talentos em uma obsessão.

Dedique pelo menos um quarto de seu tempo tentando conhecer os talentos das pessoas e ajudando-as a crescer e tente melhorar sua capacidade de julgamento em relação a elas. Welch, Immelt, Lafley e Keegan afirmaram que passam entre 30% e 40% de seu tempo em decisões de pessoal. Investigue vários níveis abaixo de seus subordinados diretos. Analise a pessoa de diversas perspectivas e pense sobre onde a pessoa teria mais chances de crescer. Identifique e elimine preconceitos pessoais coletando evidências e fatos. Bill Conaty e Jack Welch, e posteriormente Jeff Immelt, conversavam o tempo todo sobre pessoas, sempre tentando descobrir o que as motiva e como trazer à tona seus talentos. É assim que você expandirá a própria capacidade. Quando dedica tempo e energia para ajudar os líderes a atingirem seu potencial, a retenção é praticamente automática. A GE historicamente reteve mais de 95% dos 600 executivos mais seniores que a empresa não queria perder. Esse indicador é monitorado de perto e avaliado com o conselho de administração duas vezes ao ano.

2. Investigue as especificidades do talento de cada líder como investigaria a causa fundamental do desempenho financeiro.

Cada pessoa tem o próprio mix de características e talentos. Cada uma tem áreas nas quais a capacidade de julgamento precisa ser melhorada, seja se adiantando a mudanças no ambiente externo, desenvolvendo equipes ou segmentando um mercado. Seja rigoroso na identificação dos fatores que acelerarão ou desobstruirão o crescimento da pessoa. Continue vinculando as questões de negócios a ações, decisões e comportamento do líder até que esses talentos e áreas para o desenvolvimento fiquem claros e específicos. A P&G reconheceu a capacidade de Deb Henretta de entender o consumidor e desenvolver relacionamentos e lhe deu um grande cargo na Ásia, onde esses talentos naturais poderiam ser expandidos. Ron Nersesian, da Agilent, viu em Niels Faché a orientação para a ação de um empreendedor e a atenção aos detalhes de um tecnólogo. Nersesian o orientou a manter em mente o contexto estratégico ao negociar parcerias globais e o ajudou a se tornar um administrador-geral e posteriormente executivo de grupo.

3. Dê feedbacks frequentes e honestos.

No que diz respeito a trabalhadores do conhecimento e líderes, o desenvolvimento muitas vezes ocorre como o resultado de alguma espécie de desencadeador, seja um discurso austero, uma experiência de ensino ou uma crítica de alguém em quem você confia. Os líderes se aproveitam de todas as interações para entender melhor as pessoas e se manter atentos a momentos nos quais podem dar feedback como um possível desencadeador. A carreira de Adrian Dillon deu uma guinada quando seu chefe lhe mostrou as desvantagens de ser o sujeito mais esperto da sala. O feedback é mais útil quando direcionado, construtivo e franco. Os líderes seniores da Hindustan Unilever viajam muito para visitar jovens líderes em campo. Eles registram o feedback em um "Histórico do Trainee de Administração", que ajuda a acelerar o desenvolvimento dos jovens líderes. Jack Welch, Jeff Immelt e outros líderes da GE fazem o acompanhamento das avaliações formais com sessões informais de coaching para reforçar o aprendizado e acelerar o crescimento da liderança.

4. Faça do desenvolvimento de talentos uma parte explícita do trabalho do líder e faça-o prestar contas por isso.

Os líderes demonstram a importância do desenvolvimento de outros líderes em grande parte pelo exemplo. Na GE e na P&G, as avaliações de negócios inevitavelmente incluem questões sobre as pessoas, de forma que os líderes precisam conhecer bem seu pessoal: quem está tendo sucesso, quem precisa de mais oportunidades de crescimento, quem precisa de exposição a uma parte diferente do negócio ou uma cultura diferente. O desenvolvimento dos talentos se torna uma parte do DNA. A Agilent mantém a atenção no desenvolvimento de lideranças transformando-o em um objetivo de desempenho explícito e vinculando a remuneração a ele. O CEO avalia o desempenho e a competência organizacional duas vezes ao ano.

5. Proporcione oportunidades intelectuais para um crescimento maior ainda.

Os verdadeiros líderes desenvolvem continuamente suas habilidades e relacionamentos, cultivam suas características pessoais e aguçam seu senso crítico. A experiência é um excelente professor, mas os líderes também precisam de estímulo intelectual para realmente se destacar. A parte educacional ajuda os líderes a lidar com as nuances das quais podem não se conscientizar caso mergulhem no trabalho sem olhar para os lados. Se você não tiver um Crotonville, use universidades locais e experts internos para conduzir sessões de ensino para o estímulo intelectual e o intercâmbio de ideias ao vivo ou on-line. A Novartis utilizou experts de fora para ajudar os líderes a se conscientizarem de seus bloqueios psicológicos. A UniCredit utilizou com eficácia seu centro de treinamento UniManagement para expandir a perspectiva de seus líderes de acordo com a estratégia pan-europeia da empresa. Seja específico em relação ao aprendizado que observar e o que isso revela sobre a trajetória de crescimento futuro de um líder. O aprendizado contínuo, na velocidade da mudança, é fator crítico de sucesso para os líderes contemporâneos diante dos novos desafios globais a cada dia. A pior coisa para um líder é a obsolescência.

Atribuições de liderança

1. Dê aos líderes posições com bastante espaço para o crescimento.

Quando você passa a conhecer muito bem o talento de alguém, saberá que tipo de atribuição lhe é mais adequado. Líderes de alto potencial precisam de trabalhos que os desafiem. Deixe claro o que você espera que

A ARTE DE CULTIVAR LÍDERES | 253

ganhem, seja testar para ver se uma nova habilidade pode ser adquirida ou aprofundar a capacidade de julgamento deles em relação a pessoas ou negócios. Na verdade, viver em uma cultura diferente está no topo da lista de prioridades para líderes de empresas em expansão global. Eventos turbulentos ocorrem com frequência em outras partes do mundo. Tendo viajado pelo mundo ao longo de toda a sua carreira, Deb Henretta, da P&G, não sabia ao certo se queria se mudar para a Ásia, mas a experiência de morar lá e lidar com uma crise após a outra a ajudou a desenvolver certo senso de tranquilidade. Alguns dos melhores líderes da GE também desenvolveram esse mesmo senso de tranquilidade trabalhando em outras partes do mundo. Essa capacidade de manter a calma e a perspectiva é uma qualidade de liderança que se expande acentuadamente quando se sai da zona de conforto. As amplas experiências de Melanie Healey, da P&G, crescendo e trabalhando em regiões perigosas do mundo lhe deram tanto a autoconfiança quanto a visão periférica para ter sucesso apesar das dificuldades do ambiente.

2. Adote uma visão corporativa ao definir atribuições.

Os líderes que se tornam CEOs na faixa dos 40 ou 50 anos já terão trabalhado para muitos chefes ao longo do caminho. Um chefe não pode refrear o avanço de um jovem e talentoso líder. Os talentos de liderança devem ser cultivados e protegidos como um recurso corporativo. Ao dar a alguém uma nova atribuição, leve em conta se o novo chefe da pessoa será encorajador ou repressor. Os líderes na GE algumas vezes precisarão esperar pela atribuição certa, mas os líderes seniores mantêm um diálogo aberto com a pessoa, de forma que ela saiba o que a empresa tem em mente. Immelt acreditava que era um candidato para tocar o negócio de Eletrodomésticos da GE, mas Welch e Conaty esperaram uma atribuição mais adequada ao mesmo tempo que asseguraram a Immelt que ele estava na fila para uma grande promoção no curto prazo. Logo depois, John Trani saiu do negócio médico para assumir como CEO da Stanley Works, e Immelt foi recompensado por sua paciência com o cargo mais alto do Sistemas Médicos. O ponto principal aqui é que Immelt confiou que o sistema e Welch cumpririam a promessa, e essa confiança se pagou.

3. Pense de forma criativa em que área a pessoa se destacará.

É necessário ter bastante perspicácia para saber qual próxima atribuição será melhor para um líder individual. Transferências incrementais são apropriadas para alguns líderes, mas lentas demais para aqueles com maior potencial. Transferências horizontais podem ser grandes aceleradores de crescimento. Uma pessoa de desempenho mediano em uma posição algumas vezes pode apresentar alto desempenho se transferida. É uma questão de encontrar o encaixe certo. Niels Faché, da Agilent, estava perdendo o brilho em uma posição que exigia mais manutenção do que pioneirismo, de modo que seu chefe o passou para um caminho completamente diferente, explorando fusões e aquisições. Adrian Dillon, também da Agilent, viu que a inclinação natural de uma pessoa para o planejamento de longo prazo era perfeita para a estratégia, mas não para cargos que exigiam ações rápidas. As ambições e os valores essenciais de alguns líderes na Novartis sugeriram que as posições atuais não estavam certas para esses líderes e que um diferente direcionamento de carreira seria melhor para essas pessoas e para a empresa.

4. Mantenha um banco de dados de habilidades e experiências dos empregados.

Todo mundo sabe que as empresas precisam de um sistema para monitorar dados financeiros e caixa. Mas as empresas também precisam de ferramentas similares para sistematizar seu conhecimento sobre os líderes promissores. Um banco de dados pode coletar um enorme volume de informações sobre empregados ao redor do mundo – quais idiomas eles falam, em que países preferem trabalhar, qual é sua disponibilidade para viagens, seu desempenho, seu histórico operacional. Isso não substitui o senso crítico da mesma forma como uma mera coletânea de números não leva a uma decisão, mas um banco de dados desse tipo pode liberar tempo e energia mentais para se aprofundar no desenvolvimento dos talentos das pessoas. Como diz Dick Antoine sobre o banco de dados da P&G: "Quando uma vaga é aberta, não deixamos passar ninguém." A criação de um sistema como esse foi uma das primeiras iniciativas de Bill Conaty à frente do HR na GE. Agora, sempre que a GE precisa saber sobre um líder, dados ilimitados sobre a

A ARTE DE CULTIVAR LÍDERES | 255

pessoa são disponíveis quase imediatamente. Esses bancos de dados globais computadorizados de empregados garantem que todos os candidatos possam ser considerados em pé de igualdade para maiores oportunidades. Esse sistema também encoraja os empregados a manter seus currículos atualizados, a fim de serem considerados para uma promoção.

Avaliação dos líderes

1. Conduza informalmente as avaliações formais.

Os líderes de negócios se orgulham de saber como seu negócio está progredindo com base nos números. Alguns os memorizam e os verificam diariamente entre as avaliações trimestrais de orçamento e operacional. Você precisa ter o mesmo domínio de seus talentos de liderança avaliando-os formalmente pelo menos duas vezes ao ano e, de preferência, mais vezes. Continue investigando até saber quem está indo bem, quem está com problemas, quem logo precisará de uma nova atribuição e onde estão as lacunas de competências. Desenvolva sua habilidade em avaliar pessoas e identificar seu talento essencial praticando repetidas vezes. E insista na franqueza e no realismo. Quando Alessandro Profumo, o CEO da UniCredit, começou a dar feedbacks francos sobre as necessidades de desenvolvimento, as pessoas acharam difícil aceitar no começo, mas a empresa passou a cooperar assim que as pessoas viram que o desempenho era visível e reconhecido. O feedback mais benéfico é informal e oportuno. Se você se aproveitar de todas as oportunidades de dar aos empregados feedback informal sobre o desempenho deles, eliminará aquela situação constrangedora em que o empregado diz: "É a primeira vez que alguém diz que eu tenho esse problema. Acho que você só está pegando no meu pé."

2. Utilize avaliações de negócios como avaliações de pessoas e vice-versa.

Dedique algum tempo para vincular os resultados de negócios às pessoas que os produzem. Quem está fazendo o que para produzir resultados? Lembre-se de que os resultados de negócios, inclusive os financeiros, são indicadores gerados por pessoas. Siga seus instintos para identificar logo problemas de pessoal. A GE usa todas as avaliações de orçamento e operacionais como uma oportunidade de saber mais sobre as pessoas, não apenas o que estão fazendo, mas também o que pensam. As decisões de promover ou recompensar um líder têm tantas chances de ser tomadas em uma avaliação operacional quanto em uma Session C ou uma avaliação similar de talentos. A Agilent inclui a liderança como um tema de rotina nas avaliações de negócios. Estenda a avaliação se você precisar de tempo para falar explicitamente sobre as pessoas. Nenhuma avaliação operacional ou estratégica de negócios está completa sem analisar as implicações das pessoas envolvidas na execução da estratégia.

3. Não julgue o desempenho só pelos números.

Investigue abaixo da superfície para saber como os números foram atingidos ou quais foram as barreiras para seu atingimento. A pessoa deixou de atingir os resultados porque o chefe insistiu em manter um membro insatisfatório na equipe ou porque o preço de um recurso crítico subiu acentuadamente? Investigue com a mesma profundidade quando o líder atingir as metas. É nesse ponto que será possível verificar os valores de um líder: Ele sacrificou a marca para aumentar as vendas? Também é nesse ponto que você poderá identificar grandes talentos. A Lindell Pharmaceutical descobriu uma pedra preciosa quando descobriu *como* Sue havia atingido seus extraordinários resultados de vendas: ajudando as farmácias a melhorar o processo de preenchimento de prescrições e os resultados financeiros. Foi uma tática brilhante e sustentável. Os gestores seniores começaram a falar em como lhe dar mais espaço para crescer.

4. Descubra o que o líder deixa para trás.

Você pode aprender ainda mais sobre um líder olhando para o negócio depois que ele deixou o cargo. O grupo ficou em uma situação melhor devido à sua liderança ou a próxima pessoa precisou livrar-se de uma montanha de problemas? Entreviste as pessoas para descobrir. Um líder sênior ou alguém do RH pode fazer isso se for altamente confiável. Utilize as entrevistas como uma ferramenta de desenvolvimento para dar feedback à pessoa, não para encontrar culpados. A P&G inventou essa prática como uma forma de desenvolver líderes e se assegurar de promover só os melhores. Eles avaliam ao longo de um período de cinco a sete anos o valor duradouro que um líder criou ou não. Líderes de alto potencial deixam a organização mais forte em relação ao ambiente externo do que o que encontraram.

5. Faça a distinção entre casos de má adequação e fracassos.

O sucesso e o fracasso costumam ser condicionais, então cuidado ao utilizar esses rótulos. Quando um líder não apresenta um desempenho satisfatório em uma posição, reavalie o talento da pessoa e procure uma posição que se encaixe melhor. Foi assim que a GE acabou com um excelente líder encarregado de sua P&D corporativa. Mark Little seria o líder certo para o negócio de turbinas a gás da GE em circunstâncias normais, mas, devido a mudanças drásticas no ambiente externo e enormes falhas técnicas que ele não criou, a GE precisou trazer rapidamente um líder mais experiente na parte técnica. A carreira de Little foi temporariamente desviada. Ele tinha pontos fortes bons demais para ser desperdiçados e, felizmente, persistiu e teve uma grande carreira na GE. Quando o líder deixa repetidamente de atender às expectativas, admita que você pode ter errado em sua análise do potencial dele. Encontre a posição certa ou, como último recurso, demita a pessoa, mas a trate com dignidade e encorajamento de forma a ajudá-la a encontrar o lugar certo em outra empresa.

Reconhecimento e retenção dos líderes

1. Diga às pessoas como elas se encaixam.

Não presuma que suas estrelas saibam que você saiba quem elas são. Lembre às pessoas que as contribuições delas são reconhecidas e como você vê o potencial que têm. As pessoas merecem saber como você vê o futuro delas. Isso dará aos líderes com maior potencial mais razões para ficar. Dinheiro é apenas uma das muitas maneiras de se dizer às pessoas que elas são valorizadas e, no ambiente atual, não tem sobrado muito dinheiro para distribuir.

Palavras e reconhecimento em público são poderosos complementos. Não custa um centavo sequer dizer a um líder que ele está realizando um bom trabalho. Praticamente todos os mestres em talento fazem questão de dar um reforço positivo frequente e pessoal.

2. Distribua as recompensas financeiras ao longo do ano.

Avaliações salariais são excelentes oportunidades de conversar cara a cara com os líderes e reforçar a motivação e o comprometimento deles. Aumente o número de oportunidades para ter essas francas interações pessoais com conversas separadas dedicadas a bônus e outras formas de remuneração. A GE distribui as recompensas financeiras dadas a seus aproximadamente 600 líderes mais seniores ao conceder aumentos de salário em vários intervalos com base na data de início da pessoa em sua atribuição, bônus em fevereiro e participação acionária em setembro. Os líderes na GE também saem da programação quando identificam a necessidade de recompensar um trabalho extraordinário ou reter alguém. A GE não hesita em dar aumentos não programados ou concessão de ações restritas no meio da Session C. Isso torna o jogo mais interessante à medida que a novidade se espalha pela rede informal existente em qualquer organização. Um benefício adicional de discussões em intervalos frequentes é que ninguém recebe uma surpresa desagradável no fim do ano.

3. Permita-se usar o senso crítico ao recompensar os líderes.

Isso torna a remuneração rigorosa, mas não excessivamente formalista. Tome cuidado, porque as iniciativas para tornar a remuneração objetiva muitas vezes surtem o efeito contrário. As fórmulas não substituem uma boa capacidade de julgamento, portanto conheça bem seu pessoal. A GE usa o senso crítico para levar em consideração a "dificuldade do mergulho" – em outras palavras, a eficácia da pessoa em relação à concorrência no setor. É por isso que líderes da divisão industrial de baixas margens e crescimento mais lento podem ganhar bônus percentuais maiores do que do que líderes de negócios mais pomposos, de alto crescimento. Só tome o cuidado de se certificar de que sua lógica seja rigorosa e justa e que proporcione vantagem adicional para atingir metas estendidas.

4. Diferencie.

Todas as pessoas foram criadas iguais, mas não apresentam o mesmo desempenho. Permita que essas diferenças venham à tona e dê maiores recompensas aos líderes que fazem maiores contribuições. A pessoa fez uma contribuição individual ou aumentou a eficácia da equipe? O líder adotou o ponto de vista da empresa como um todo apesar do fato de isso ter efeitos adversos sobre a área dele? A diferenciação força a franqueza, como em "Por que vocês me deram só isso e muito mais para Sharon? O que estou fazendo de errado?" Não recue em um sistema de gestão de desempenho baseado em méritos, mesmo que as pessoas reclamem. Sua esperança é que isso estimulará discussões francas sobre o desempenho. Tome suas decisões e as sustente.

Impulsione a diferenciação

Esse é um mecanismo para ajudá-lo a impulsionar a diferenciação em relação a recompensas e reconhecimento. As porcentagens devem ser ponderadamente definidas. Elas não devem ser utilizadas de forma mecanicista ou formulista a ponto de provocar desigualdades. Sinta-se à vontade para customizá-la para seu próprio negócio.

	← **Potencial**		
Desempenho e valores ↑	Alto potencial	Médio potencial	Potencial estagnado
Talentos to topo ~30%			
Altamente valorizados ~60%			
Menos eficazes ~10%			

PERGUNTAS MAIS FREQUENTES E RESPOSTAS

P: Minha empresa não tem um grande foco no desenvolvimento dos líderes. Eu poderei me desenvolver?

Você deve. Apesar de as empresas mestras em talento buscarem continuamente meios de desenvolver seus líderes, elas esperam que esses líderes assumam a responsabilidade pelo próprio crescimento. Na verdade, a motivação para aprender e se aprimorar continuamente é um indicador de potencial de liderança. Peça o feedback de superiores e colegas e busque modos de trabalhar seus talentos, na empresa ou até mesmo fora dela. Ofereça-se para trabalhar em projetos para ganhar experiência e expandir sua perspectiva. Procure um mentor para ajudá-lo a desenvolver as competências das quais você precisa para avançar. Não se baseie apenas nas avaliações de desempenho como indicativos do que melhorar; em muitas empresas, as avaliações são retroativas e não visam ao desenvolvimento futuro. Peça ajuda ou faça a própria avaliação e decida se deve concentrar-se em habilidades, personalidade, relacionamentos ou capacidade de julgamento. Leia livros, faça cursos, pergunte. Trabalhe para se destacar em sua posição atual e depois peça mais desafios. Deixe claro que todos devem crescer e se responsabilizar pelo próprio crescimento pessoal. Os CEOs não são exceção; nesse cenário externo altamente volátil e dinâmico, é fundamental que eles também cresçam.

P: Nossa empresa é pequena. Como podemos dar a nossos líderes mais jovens experiências de aprendizado sem colocar a empresa em risco?

Você pode facilmente expor os líderes a outras funções, outras partes do negócio, níveis mais elevados de tomada de decisão e até mesmo fatores externos colocando-os em uma sala com outras pessoas. Por exemplo, uma pessoa de manufatura se beneficiará muito do contato direto com os clientes. Criar conselhos consultivos ou providenciar para que os líderes participem de associações do setor fora da empresa pode expandir a visão deles. Mas os líderes precisam ter a chance de rodar um P&L. Pense na possibilidade de criar um pequeno P&L e, se o líder tiver sucesso, expandir seu escopo. Também é uma boa ideia usar pessoas de alto potencial em uma posição consultiva, procurando saber o que elas pensam sobre questões que não fazem parte de seu trabalho cotidiano. E coloque-os à frente de equipes multifuncionais em projetos que possam levar a pequena empresa ao próximo nível.

Algumas pequenas empresas de private equity, como a Sterling Partners, de Baltimore, recrutam jovens recém-formados e deixam que participem de avaliações de empresas do portfólio além de executar suas tarefas cotidianas. Os jovens líderes aprendem observando os partners em ação, fazendo perguntas, ligando números a operações e comparando pessoas entre os portfólios. Essa exposição acelera o desenvolvimento dos líderes.

P: Qual é o segredo para encontrar pessoas de RH com conhecimento das operações de negócios?

Rompa as tradições de contratação procurando pessoas que já estejam em uma posição de liderança de negócios e tenha um bom senso crítico em relação a pessoas. Dick Antoine, ex-líder de RH da P&G, liderava a cadeia de suprimento antes de assumir o RH. Bill Conaty passou cinco anos de sua carreira em operações antes de ir para o RH. Para pessoas que passaram a carreira inteira no RH, pense na possibilidade de colocá-las em outras partes da empresa. Trabalhar com o pessoal de finanças, por exemplo, ampliará a visão da pessoa de RH e ajudará a desenvolver sua credibilidade. Enquanto isso, o pessoal de finanças se conscientizará mais das questões envolvendo pessoas e a experiência passa a ser mutuamente benéfica. Na GE, Conaty se certifica de que as pessoas em treinamento de liderança em recursos humanos tenham uma atribuição fora da função de RH, de preferência no staff de auditoria financeira corporativa para ganhar experiência em negócios.

P: O que uma pessoa de RH de nível médio pode fazer de forma diferente?

As questões envolvendo pessoas podem ser a ruína de muitos líderes. Para ter sucesso no trabalho com líderes de negócios, você precisa melhorar a forma como lida com essas questões. As questões nunca serão as mesmas. Quando começar a achar que já viu todas as situações possíveis, surgirá algo diferente. Quanto mais você testa sua capacidade de julgamento, mais ela melhorará. A boa notícia para o pessoal de RH de nível médio é que eles podem oferecer um ponto de vista ou uma possível solução para um problema e testá-lo com alguém mais experiente. Isto é, assim que você tem uma ação em mente, pode apresentá-la a pessoas mais experientes em RH e ver o que dizem. Suba um nível na organização e pergunte: "O que você faria?" ou "O que você acha deste plano de ação?" Ao escutar líderes em quem você confia, sua capacidade de julgamento melhorará e você se sentirá mais confiante solucionando problemas. Esse é um excelente treinamento para ser um futuro partner do CEO.

P: Como posso fazer uma avaliação sólida da personalidade e valores de uma pessoa?

A melhor maneira de se informar sobre uma pessoa é observando-a com atenção. Observe como a pessoa se comporta em um grupo ou como lida com um problema difícil. Se não puder observar diretamente, pergunte e colete informações de 360 graus de outras pessoas próximas. Ao verificar as referências, você pode pedir exemplos de como a pessoa normalmente lidaria com determinada situação, como um colega ou chefe contestando seu ponto de vista. A pessoa é aberta às opiniões alheias ou teimosa e defensiva em relação às próprias opiniões? As ações falam mais alto do que palavras; observe com atenção o que o líder de fato realizou em relação ao que planeja fazer. A sessão de mentoring de três dias da HUL é uma chance de observar as ações e o comportamento dos líderes. A extensão e a intensidade do programa tornam impossível para as pessoas esconder quem realmente são e o que é mais importante para elas.

ORIENTAÇÕES PARA SUA PRÓXIMA AVALIAÇÃO DE TALENTOS

Quem incluir:
- O líder mais sênior, de preferência o CEO, que conduzirá a discussão
- O líder do RH corporativo
- O líder do negócio, unidade, departamento ou função específica que está sendo avaliada
- A pessoa de RH que trabalha com o líder, se for o caso

Qual será a programação:
- Conduza a avaliação no local de trabalho do líder, não na matriz.
- Agende a avaliação para ocorrer antes das avaliações anuais de orçamento e estratégia.
- Marque uma sessão de acompanhamento para não mais que três meses depois, talvez por telefone.
- Planeje passar algumas horas para começar. Não se apresse; permita tempo adicional se o processo for novo.

O que levar:
Arquivos atualizados e históricos com resumos de avaliações, análises detalhadas e fotos de cada líder sendo avaliado e cada um dos líderes que reportam a ele um ou dois níveis abaixo. Um banco de dados de empregados simplificará em muito o acesso a esse tipo de informações.

Como estabelecer o tom:
A melhor maneira de encorajar a franqueza é fazer perguntas e questionar as afirmações das pessoas. Elas logo percebem que você está em busca de honestidade e objetividade.

Sobre o que falar:
Não entre direto nas especificidades de uma pessoa antes de se atualizar sobre o que está acontecendo no negócio. A menos que seja sua primeira sessão, revise antecipadamente as questões que devem ser monitoradas. Pergunte quais são os desafios atuais, quais questões externas ou internas

estão preocupando as pessoas e o que pode acontecer nos próximos 12 a 18 meses. Uma boa pergunta de abertura é: "Temos a equipe de liderança certa para executar a estratégia de negócios?"

Procure relações entre essas questões de negócios e as pessoas. O negócio está mudando de maneira que exige diferentes competências? Os concorrentes estão agindo de formas que afetam os talentos – demitindo empregados ou contratando agressivamente? A unidade de negócios prevê mudança na estrutura organizacional? Por que sim ou por que não? A equipe está preparada para continuar no jogo daqui a dois anos? Quais são as lacunas? Quais ações serão tomadas?

Explicite quem poderia substituir o líder agora e nos próximos anos.

À medida que conversa com cada pessoa, investigue fatos e evidências específicas e peça que o grupo procure identificar qual padrão está surgindo. Quais talentos a pessoa está demonstrando? Onde essa pessoa pode realmente brilhar e o que precisaria fazer para chegar lá? Não restrinja seu foco a pessoas de alto desempenho. Uma pessoa de desempenho mediano em uma posição pode apresentar um alto desempenho se transferida.

Siga uma programação, mas não hesite em desviar-se dela se isso levar a uma discussão produtiva.

Uma programação típica

1. Liderança do negócio
   - Prioridades do negócio
   - Organograma atualizado com nomes, fotos, posições e tempo no cargo
   - Matriz de avaliação de desempenho e valores para líderes de nível superior
   - Plano de sucessão para subordinados diretos
   - Qualquer reestruturação ou mudanças previstas na liderança

2. Pipeline
   - Ampla lista de líderes um e dois níveis abaixo dos subordinados diretos do CEO
   - Avaliação geral desses líderes

A ARTE DE CULTIVAR LÍDERES | 265

- Lista de diversos melhores candidatos para promoção
- Nomeações para participar de cursos de educação executiva ou outras ações de desenvolvimento
- Análise do recrutamento de nível de entrada para programas de treinamento corporativo

3. Crescimento e cultura
   - Descreva como está impulsionando as metas de negócios e as prioridades em sua organização
   - Avalie os planos para acelerar o crescimento dos talentos e dos negócios em áreas-chave, como mercados emergentes
   - Avalie os resultados de discussões sobre as maiores prioridades da empresa
   - Discuta o feedback obtido de levantamentos de opinião dos empregados ou auditorias sociais

UM CROTONVILLE COM QUALQUER VERBA

O aprendizado contínuo é indispensável para as empresas mestras em talento. Elas enfatizam o aprendizado experiencial e elevam seu valor dando a seus líderes estímulo intelectual e treinamento em tópicos específicos por meio de programas educacionais internos ou externos. A parte educacional ajuda os líderes a perceber nuances das quais eles podem não se conscientizar quando mergulham no trabalho sem olhar para os lados. Isso os ajuda também a conhecer ferramentas e conceitos que podem ser novos demais para terem sido testados e os expõem a líderes intelectuais, o que muitas vezes estimula novas ideias e leva à inovação, particularmente na administração.

Nem todas as empresas são grandes ou prósperas o suficiente para ter um centro de treinamento com o John F. Welch Learning Center da GE (também conhecido como Crotonville) em Ossining, Nova York, ou o Uni-Management da UniCredit, nem precisam ser. Há outras opções e fatores para manter em mente.

Transforme os líderes em professores.

Apesar de ser importante ter alguns instrutores de fora que possam trazer uma perspectiva externa, você já tem um excelente recurso educacional em sua folha de pagamento: seus talentos de liderança existentes. Crie programas nos quais os líderes seniores ensinam outros líderes. Na P&G, o CEO, os vice-presidentes do conselho e presidentes de negócios ensinam a administradores gerais e outros talentos seniores em programas de educação. Também na GE os líderes seniores conduzem sessões educacionais, junto com pessoas de fora. Na Intel, o ex-CEO Andy Grove criou a regra de que todos os officers, incluindo ele mesmo, deveriam ensinar pelo menos uma semana por ano. Quando os líderes ensinam, os tópicos inevitavelmente serão relevantes e as discussões ampliarão o entendimento das pessoas em relação aos negócios. Sim, leva tempo, mas é um tempo utilizado para construir o banco de lideranças da organização. No processo, você também desenvolverá os líderes seniores encarregados de lecionar, porque ensinar tende a aguçar a forma de pensar das pessoas. Os líderes se beneficiarão mais se fizerem menos apresentações em PowerPoint, se focarem menos em relações públicas e conduzirem sessões mais interativas nas quais as pessoas possam questionar os argumentos do professor. Os líderes podem dar aulas on-line, por meio de webcasts.

Adapte localmente o aprendizado.

Empresas grandes e dispersas podem montar programas internos nos vários locais em que atuam, a fim de proporcionar aos líderes promissores exposição frequente aos executivos mais seniores da empresa. Um programa customizado de desenvolvimento ou assimilação de lideranças pode incluir os 20 a 30 líderes mais seniores de um local, que se encontram duas ou três horas por semana ao longo de um período de seis meses com um diferente membro da alta administração da empresa a cada vez. Nesse período, os líderes mais jovens seriam expostos a várias perspectivas funcionais ou de negócios e os líderes seniores conheceriam melhor os líderes promissores. A empresa pode escolher dedicar algum tempo para confrontar questões controversas ou lidar com temas especializados. A empresa pode esporadicamente trazer um expert externo. Os custos seriam baixos, mas as pessoas que quiserem aprender receberiam muito estímulo mental. Um programa como esse é uma excelente ferramenta de desenvolvimento, bem como um excelente recurso de retenção para pessoas que sentem que suas oportunidades de crescimento estão se esgotando. Um CEO instituiu uma prática em que cerca de 15 a 20 líderes seniores de alto potencial se reúnem com ele trimestralmente das 16 horas às 22 horas sem nenhuma preparação ou planejamento fixo. O CEO lança para discussão um tema atual de grande importância relativo ao ambiente externo e que, algumas vezes, só é indiretamente relevante para a empresa. As pessoas desenvolvem suas capacidades intelectuais ao mesmo tempo que formam vínculos umas com as outras. A prática incentiva os líderes a se manterem atualizados sobre temas atuais importantes.

Utilize a tecnologia para aprender com os colegas.

Uma das maiores vantagens de Crotonville é o intercâmbio social. As pessoas aprendem tanto com os colegas quanto com os instrutores à medida que são expostas a diferentes questões e práticas de negócios. Sua visão dos negócios e do mundo externo se expande. Não custa muito reunir um grupo diversificado de pessoas para participar de um exercício ou se envolver em uma discussão sobre um tema importante. Essas interações podem ocorrer no refeitório da empresa ou cruzando oceanos inteiros, pela internet, talvez com eventuais encontros presenciais do grupo. Uma vez que os relacionamentos sociais são estabelecidos, a comunicação mesmo a distância é facilitada e o aprendizado passa a ser contínuo.

Trabalhe com universidades locais.

Muitas faculdades customizam programas de desenvolvimento para serem conduzidos no *campus* ou na empresa. A chave é envolver seus líderes seniores com os professores, de forma que o aprendizado seja relevante para o negócio. Muitos CEOs se associam com um professor universitário para ensinar em colaboração na universidade e até fazer pesquisas e escrever artigos. Andy Grove se uniu a um professor da Stanford e, juntos, eles escreveram um artigo revolucionário sobre disrupção intersetorial.

Diferencie e eduque.

Se estiver disposto a traçar uma distinção entre seus líderes, provavelmente contará com uma porcentagem muito pequena de pessoas que verdadeiramente tenham o potencial de subir até o nível mais elevado. A empresa só poderá se dar ao luxo de pagar por programas de educação executiva em faculdades de Administração ou centros de treinamento de liderança para esses poucos seletos. A questão é escolher quem deve participar. Nem todo executivo de destaque da GE é escolhido para ir à Crotonville. Você precisa estar disposto a distinguir seu melhor pessoal e não usar o treinamento educacional como um prêmio de consolação por um segundo lugar ou por não ser escolhido para uma promoção.

SEIS MANEIRAS DE OS LÍDERES DE RH
SE TORNAREM PARCEIROS DE NEGÓCIOS MAIS EFICAZES

1. Entenda seu negócio e a dinâmica do setor.

Conheça os indicadores financeiros e os principais alavancadores operacionais que afetam seu negócio. Para conquistar o respeito do CEO e da equipe de negócios sênior, você precisa conhecer e compreender as questões de negócios e os desafios que enfrentam diariamente. Quando realmente puder concentrar a atenção em questões de RH que afetam as questões de negócios, você encontrará uma plateia muito mais receptiva.

2. Construa sua visão e estratégias de RH em torno do modelo de negócios.

Muitos líderes de RH se apaixonam por novas iniciativas que não têm impacto direto sobre os resultados financeiros do negócio. Elas podem ser divertidas, mas, se não estiverem afetando o desempenho do negócio, não passam de exercícios improdutivos. Por exemplo, trabalhamos com uma empresa que tinha uma avaliação de desempenho de 14 páginas para todos os profissionais. Esse processo de avaliação poderia ter ganhado um prêmio em um concurso de RH pela sua abrangência, mas desestimulava todos os líderes bem como todas as pessoas sendo avaliadas. Era um exagero absoluto e tomava tempo demais das pessoas que a empresa esperava que utilizassem o processo. Então, reduzimos o formulário a duas páginas, substituindo o jargão de RH por uma linguagem de negócios e tornando-o mais prático e valioso.

3. Transforme identificadores de problemas em solucionadores de problemas.

Muitos profissionais de RH acreditam que seu papel é descobrir problemas e reportá-los ao líder das operações para serem solucionados. A melhor maneira de o RH agregar valor é eliminar os problemas, em vez de sobrecarregar ainda mais o CEO com eles. O próprio Bill Conaty criou o hábito de manter seu CEO informado sobre questões delicadas que ele estava solucionando ou que pudessem ser levadas à atenção do CEO. Essas questões podiam incluir, por exemplo, retenção, promoção, remuneração ou acusações de transgressão. Ele deixava claro que estava fazendo o possível para solucionar o problema sem a intervenção do CEO. Por outro lado, um CEO observou na avaliação de sua líder de RH: "Eu gosto muito da minha líder de RH, como pessoa. Ela tem uma boa personalidade e é muito divertida. Mas, sempre que temos uma reunião, e levo minha lista de problemas para a reunião, ela leva a dela e, no fim da reunião, acabo com as duas listas". Essa é a grande crítica aos profissionais de RH que são excelentes em identificar os problemas e não tão bons em solucioná-los. Seja a pessoa que o CEO adora receber em sua sala, e não aquela que faz o CEO pensar: "Lá vem ele com outra montanha de problemas não solucionados para deixar na minha mesa."

4. Leve seu trabalho a sério, mas não se leve tão a sério.

Como a função de RH pode ser vista como o árbitro definitivo da justiça, equilibrando as necessidades de negócios com a defesa dos empregados na organização, seu estilo pessoal faz muita diferença em como suas decisões são recebidas. Se o líder de RH projetar arrogância ou tendência à politicagem, a credibilidade dele afunda como uma pedra. Independentemente da natureza de seu problema, mantenha a leveza e senso de humor para manter o CEO descontraído. Todos sabem que os CEOs têm um número suficiente de outros membros do staff para mantê-los tensos, então é preciso aliviar a carga. Mesmo nos piores momentos, mantenha sempre em mente que você é só um ser humano e, ao manter a tranquilidade, tem muito mais chances de solucionar o problema. Muitos líderes operacionais são extremamente exaltados e emotivos. Isso gera uma grande oportunidade para um líder de RH proporcionar senso de equilíbrio e calma na tempestade.

5. Tenha a independência pessoal, a autoconfiança e a coragem de questionar ou contestar o sistema quando necessário.

Não aceite cegamente todos os comandos. Saiba que os CEOs não são infalíveis só porque recebem o maior salário. Mas escolha suas batalhas. Uma das maiores razões pelas quais Bill Conaty foi nomeado para a elevada

A ARTE DE CULTIVAR LÍDERES | 271

posição de vice-presidente sênior de HR da GE em 1993 foi Jack Welch valorizar o fato de ele haver contestado o sistema durante um dos problemas de integridade/conformidade de maior visibilidade que a empresa enfrentou em um longo tempo. A GE precisou demitir e disciplinar um grande número de executivos, e Conaty sentia que a empresa deveria diferenciar as ações disciplinares com base no envolvimento da pessoa na questão e em suas contribuições anteriores. Teria sido mais fácil tratar todas as pessoas envolvidas da mesma maneira, mas Conaty não achava isso certo, e expressou o que pensava. Conaty não sabia ao certo como sua opinião seria recebida, mas não recuou e disse o que achava. Foi uma das várias ocasiões em que ele colocou seu emprego em risco. Em algumas empresas, ele teria sido sumariamente demitido, e ele estava preparado para a possibilidade. Mas não foi o que aconteceu na GE, onde a franqueza, a coragem e as convicções são muito valorizadas. No final, as pessoas que mereciam ser demitidas o foram, enquanto outras com menor envolvimento foram apropriadamente disciplinadas. Toda a equipe corporativa se sentiu bem com o resultado final. Outra lição para os líderes de RH é que se manter fiel a seus valores e convicções pessoais pode marcar a derrocada ou o sucesso de sua lição. No caso de Conaty, isso impeliu seu avanço profissional.

6. Nunca esqueça por que foi escolhido para participar das discussões.

Os líderes de RH têm a obrigação de equilibrar seu importante papel de parceiro nos negócios com seu papel de defesa dos empregados. Mas líderes de RH eficazes não podem ser percebidos como controlados pelo CEO ou perderão credibilidade e objetividade por toda a organização. Se você for visto como uma extensão direta do CEO, as pessoas não estarão receptivas à sua mensagem. Trata-se de um equilíbrio muito delicado e, eventualmente, um líder de RH tende demais para o papel de parceiro nos negócios e negligencia a defesa dos empregados. Os CEOs não precisam de outro expert operacional ou em finanças, considerando que já têm muitos líderes para lhe proporcionar aconselhamento dessa natureza. Mas eles precisam de pelo menos um líder pensando nas implicações de suas decisões sobre as pessoas. Um dos mais belos tributos que Bill Conaty já recebeu veio de Brian Rowe, ex-CEO do negócio de Aviação da GE. Foi em 1993, quando Conaty estava saindo da Aviação para assumir sua função sênior no RH corporativo da empresa. Ele havia trabalhado com Rowe durante três anos, de 1990 a 1993, e, na festa de despedida de Conaty, Rowe discursou: "Este é o primeiro sujeito de RH que conheço que realmente se importa com seres humanos." Então, eis um último conselho para os líderes de RH: nunca se esqueça do lado "humano" dos recursos humanos.

COMO ASSEGURAR SUCESSÕES TRANQUILAS

Empresas que queiram garantir sucessões tranquilas antes de mais nada precisam conhecer bem seus negócios e seus líderes. Essa intimidade lhes permitirá prever quando um líder estará pronto para sair de uma posição e quem está se preparando para assumir a vaga. A sucessão para o cargo de CEO e outras posições de alta alavancagem, contudo, requer excepcional vigilância e grande envolvimento do conselho de administração, responsável pela decisão da sucessão de CEO e que deve ter uma voz muito ativa também no caso de nomeações em outras posições-chave.

Sucessão do CEO

Ao longo deste livro, enfatizamos a importância de conhecer intimamente os líderes para alavancar o talento de uma pessoa e ajudá-la a se desenvolver. O mesmo se aplica à posição do CEO. O conselho de administração, que escolhe o CEO, deve conhecer bem os candidatos. Esse é um grande argumento para escolher alguém de dentro, o que as mestras em talento quase sempre fazem. A P&G e a Goodyear são excelentes exemplos recentes de um bem orquestrado plano de sucessão de um CEO interno.

Devido à força e à diversidade de seu banco de liderança, as mestras em talento possuem mais de um candidato viável para o cargo de CEO. O conselho de administração e o CEO que está saindo conhecem bem cada um dos candidatos, de forma que sabem claramente quais talentos específicos cada um deles levaria para a posição.

Dessa forma, o conselho mais importante relativo à sucessão é desenvolver talentos por toda a organização seguindo os princípios apresentados neste livro. Procure o potencial para CEO entre seus mais recentes recrutas e acelere seu crescimento dando-lhes atribuições que constituam grandes saltos, não transferências incrementais. À medida que os líderes vão tendo sucesso e passando para cargos de alta alavancagem, crie oportunidades para que o conselho de administração os conheça melhor por meio de ações como apresentações ao conselho, jantares e visitas ao local de trabalho. Uma prática sem igual na Tyco Electronics é dedicar duas horas de cada encontro do Comitê de Compensação e Desenvolvimento da Administração a uma unidade de negócios, cujos líderes apresentam e conversam sobre a estrutura organizacional futura de sua unidade, os requisitos de competências da liderança e os participantes-chave nos dois níveis mais altos da unidade. O comitê aprende muito sobre as pessoas em cada unidade de negócios, incluindo aquelas que poderiam ser os futuros CEOs. Alguns membros das unidades de negócios também participam da reunião do conselho de administração e são convidados para coquetéis e jantares com o conselho, nos quais um ou dois membros se sentam para conversar com os líderes e conhecê-los melhor. Essa prática é repetida todos os anos.

Nas empresas mestras em talento, o RH apresenta ao conselho de administração relatórios anuais sobre a composição da liderança geral da empresa, mas também apresenta ao conselho líderes individuais vários níveis abaixo do CEO. Dessa forma, os membros do conselho passam a conhecer intimamente esses líderes com o tempo. Um benefício adicional é que os membros do conselho muitas vezes têm bom discernimento em relação a pessoas em geral e podem dar sugestões úteis para o desenvolvimento do talento de alguém. Essa intimidade permite que o conselho aja com muita rapidez se a empresa perder inesperadamente seu CEO.

As empresas nas quais o desenvolvimento de lideranças é, de certa forma, improvisado podem seguir os seguintes passos para melhorar o processo de seleção do próximo CEO:

Dois ou três anos antes da hora.

- Faça o conselho de administração, o CEO e o líder de RH dedicarem tempo para identificar e discutir sobre todos os candidatos potenciais a CEO. Não se acomodem antes do tempo com um ou dois e não analisem apenas os subordinados diretos do CEO. Atribua urgência a esse item na programação do conselho. Peça que o RH colete um conciso pacote de informações sobre cada líder.
- Discuta os desafios que o negócio enfrentará no futuro próximo e no prazo mais longo visando esclarecer quais habilidades e qualidades o futuro CEO precisará ter. Alto nível de integridade, caráter forte e

boas habilidades de comunicação são indispensáveis, mas não bastarão para o trabalho que os aguarda.

- Permita que as necessidades emergentes do negócio ajudem a restringir o número de candidatos. Cuidado para não deixar que contratos psicológicos, alianças ou desempenho passado dominem a decisão. O CEO, o líder de RH e o conselho de administração devem lembrar uns aos outros para não se prender ao passado e manter o foco no futuro.

- Continue criando oportunidades para que o conselho de administração conheça os candidatos em uma variedade de ambientes. Altere posições ou crie novos cargos para testar as competências de um candidato. Vivemos numa época em que empresas de organização funcional desejarão testar os líderes com expertise especializada em uma posição de P&L, mesmo que isso signifique criar uma posição com esse tipo de responsabilidade.

- Se a lista de candidatos potenciais cujos talentos correspondem às necessidades do cargo for curta demais, contrate pessoas de fora enquanto ainda há tempo de testá-las em cargos abaixo do nível de CEO.

Quando a aposentadoria ou retirada do CEO é iminente.

- Reserve metade de um dia para o conselho de administração fazer um resumo da situação atual da empresa e definir as habilidades e características absolutamente essenciais para seu próximo líder. Esses são os critérios não negociáveis para o cargo. O Comitê de Compensação e Desenvolvimento da Administração pode assumir a liderança, mas todo o conselho de administração deve ser envolvido nas discussões.

- Compare cada um dos candidatos finais em relação aos critérios não negociáveis. Na maioria dos casos, um candidato se destacará como mais adequado do que os outros. Certifique-se de identificar os pontos fracos potenciais desse candidato e pensar em maneiras de neutralizá-los (lembre-se de como a GE buscou o apoio do vice-presidente de operações quando nomeou Jim Campbell para liderar o negócio de Eletrodomésticos).

Quando o banco interno de candidatos é insuficiente.

- O mundo muda rapidamente, o que significa que até as mestras em talento podem não conseguir produzir um CEO preparado para conduzir a empresa a seu próximo destino. Empresas menores ou que não têm oportunidades de P&L para seus líderes podem não ter outra escolha a não ser trazer um líder de fora. É nesse ponto que os conselhos recorrem aos headhunters para preencher a lacuna. Mesmo assim, o conselho de administração deve controlar o processo de seleção, e não delegá-lo às empresas de recrutamento.

- Dedique tempo para esclarecer os critérios essenciais ou não negociáveis e explique-os aos recrutadores. Peça que especifiquem nos perfis traçados para os vários candidatos como cada um deles satisfaz esses critérios. Reduza o número de candidatos usando esse filtro.

- Peça que o conselho de administração entreviste os dois ou três candidatos finais com dois ou três membros do conselho conversando com um dos candidatos. Depois, os membros do conselho podem consolidar suas observações e impressões. Lembre-se da importância de coletar uma variedade inputs e mantenha o foco em evidências específicas para superar preconceitos pessoais e primeiras impressões superficiais.

- Torne a verificação de referência tão rigorosa quanto outras formas de análise de due diligence. Faça perguntas penetrantes para conhecer melhor o comportamento e os valores da pessoa, bem como suas habilidades. Investigue além do histórico operacional para descobrir como o desempenho foi atingido.

- Dedique muito tempo para que todo o conselho de administração discuta todos os candidatos, identificando seus talentos específicos e sua adequação ao negócio.

Especificidades e nuances fazem grande diferença.

Quando chegar a hora de escolher o próximo CEO, o processo de sucessão deve forçar o conselho de administração a contestar opiniões e premissas preconcebidas e chegar a um consenso sobre o cargo e os candidatos. A sucessão, da mesma forma como outros aspectos da gestão de

A ARTE DE CULTIVAR LÍDERES | 277

talentos, é fundamentalmente um processo social. O foco deve ser no rigor do diálogo e no compartilhamento de variadas perspectivas, dos quais surgirão insights mais precisos e penetrantes sobre o cargo, seu contexto e os candidatos.

Defina o cargo em termos específicos.

Cada cargo de CEO implica um conjunto inigualável de desafios. O conselho de administração precisa saber quais serão esses desafios nos próximos anos – uma tarefa de vulto em um mundo em constantes mudanças, mas um pré-requisito para encontrar o CEO com mais chances de sucesso. É fácil dizer que ninguém pode prever o futuro, mas o conselho de administração deve avaliar vários cenários possíveis, distanciar-se e perguntar: O que será necessário para ter sucesso em condições como essas? A resposta surgirá em uma discussão em grupo, que deve prosseguir até a resposta ser reduzida a três a cinco critérios específicos.

Todo CEO terá algumas características desejáveis. No início da busca por um sucessor para Jack Welch, ele, Bill Conaty e Chuck Okasky criaram um perfil do "CEO Ideal" (veja a página 279). Eles sabiam que o próximo CEO não satisfaria todos os critérios; nenhum ser humano poderia. A descrição estabelecia um alto padrão, mas, por si só, não definia o futuro CEO. De forma similar, muitas empresas relacionam qualidades que devem ser consideradas "óbvias", como integridade e capacidade de se comunicar com as pessoas e motivá-las.

O conselho de administração deve ir além desses exercícios e definir um conjunto singular de critérios não negociáveis. Esses critérios provavelmente serão um conjunto de habilidades, experiência, competências e características pessoais. Veja o exemplo de uma seguradora de saúde em 2010. O conselho de administração poderia perguntar: "Quais critérios o novo CEO precisará satisfazer no ambiente dinâmico e politicamente carregado do sistema de saúde e como o conselho se sente em relação ao direcionamento atual da empresa?" O crescimento pode ser fundamental por razões competitivas e para os acionistas, mas o cenário da assistência médica está mudando e os interesses sociais estão ganhando voz. Um CEO precisaria impulsionar tanto a inovação quanto a produtividade, ser capaz de participar na elaboração de políticas, ser orientado ao consumidor e liderar a mudança organizacional. Pode não ser fácil encontrar alguém com essas competências, mas, sem elas, a empresa sairá prejudicada. Uma grande empresa de manufatura cuja demanda local está em queda pode precisar criar mercados em outras regiões geográficas. Nesse caso, experiência liderando a expansão do mercado, capacidade de trabalhar com governos estrangeiros e disposição de correr riscos podem ser critérios não negociáveis para o próximo CEO. Uma empresa que deixou de atingir várias metas financeiras nos últimos anos pode precisar reconquistar a credibilidade no mercado financeiro. A capacidade de lidar com investidores e analistas pode ser um critério não negociável.

A questão é que, quando o conjunto de critérios para um novo CEO se parecer com o de qualquer outra empresa, isso significa que o conselho de administração não fez seu trabalho. Leva tempo, mas o conselho precisa continuar discutindo até ter separado o óbvio e a "lista de desejos" dos poucos critérios que são absolutamente indispensáveis.

Identifique as nuances das pessoas.

É comum os membros do conselho acharem que conhecem os candidatos a CEO melhor do que realmente conhecem. Eles não cometerão esse erro se realizarem a análise de due diligence das pessoas, especialmente se todos os membros do conselho estiverem profundamente envolvidos. Os membros do comitê de busca podem elaborar e conduzir os processos de seleção de um novo CEO, mas todos os membros do conselho devem conhecer os candidatos e participar da decisão final. Nós reforçamos nossa sugestão para os conselhos de administração buscarem conhecer os candidatos internos ao longo de vários anos, mas, mesmo quando a empresa tem vários candidatos internos para a sucessão do CEO e os membros do conselho sentem que os conhecem bem, eles devem abordar a decisão com a mente aberta e sem restrições ou pressupostos. Quando os membros do conselho se distanciam e refletem em grupo, coisas incríveis acontecem: opiniões preconcebidas desaparecem, insights se aprofundam e correspondências com os critérios não negociáveis surgem com clareza. Os membros do conselho quase sempre chegam a uma conclusão unânime.

O CEO ideal

Cinco anos antes de Jack Welch se aposentar, os líderes da GE elaboraram uma lista de critérios para o que chamaram de o CEO ideal. Você provavelmente não encontrará o Sr. Perfeito (não deixe de nos dizer se encontrar), mas se trata de uma lista útil de verificação de qualidades.

Integridade/ Valores	Integridade indiscutível; capacidade de influenciar os valores e a cultura da empresa. Exemplifica os valores em todas as interações pessoais.
Experiência (ampla, profunda, global)	Experiência de negócios ampla e global; administração bem-sucedida de diversos negócios ao longo do ciclo, domínio necessário dos fatores essenciais dos negócios; como perspicácia financeira; mercados/clientes; tecnologia; operação sem fronteiras de processos-chave de negócios. Capacidade comprovada de criar/aumentar o valor para o acionista.
Visão	Um visionário... capacidade de imaginar e criar novos paradigmas e oportunidades futuras... de ir além da crença dominante... capacidade de reinventar... de passar para o segundo ato, para o terceiro ato etc.
Liderança	Habilidades de liderança excepcionais (em todas as dimensões); capaz de atrair, empolgar, energizar e motivar os melhores talentos para crescer continuamente e atingir níveis extraordinários de realização. Tem a experiência necessária para ordenar com eficácia o planejamento de ações do CEO. Conhece a necessidade de estabelecer um histórico de resultados antes de promover o avanço dos programas "sociais". Precisa colocar as ações "hard" antes das iniciativas "soft" (por exemplo, da mesma forma como a reestruturação veio antes do Work-Out).

Vanguarda	Apetite insaciável por aumentar o conhecimento e ampliar a perspectiva. Ouvinte arguto. Classifica os fatos com eficiência; intuição aplicada visando a velocidade/impacto; excelente capacidade de julgamento; convicções fortes; defende corajosamente as opiniões mas disposto a rever e reconsiderar. Toma decisões com eficácia. Seleciona e alavanca o envolvimento pessoal para o maior retorno.
Estatura	Habilidade política, carisma, presença, charme; adapta a personalidade/estilo com eficácia em diferentes situações; respeitado por vários grupos.
Justiça	Profundo compromisso com a "justiça". Equilíbrio, objetividade e sabedoria necessários para formar importantes opiniões de negócios e humanas.
Energia/ Equilíbrio/ Coragem	Boa saúde física e equilíbrio emocional. Grande resistência. Além de resiliente... prospera sob pressão. Sente-se à vontade trabalhando sob um microscópio. "Estômago" para correr grandes riscos. Conhece todos os elementos e todos os envolvidos na gestão da crise. Tem a honestidade intelectual e franqueza ousada necessárias para conquistar credibilidade e solucionar questões difíceis de forma oportuna e eficaz.

Sucessão para outros cargos de liderança de alta alavancagem

As empresas mestras em talento aplicam o mesmo rigor e intensidade às decisões de sucessão a todos os seus cargos de liderança de alta alavancagem. Começar a planejar com anos de antecipação sem se restringir a um só candidato garante que líderes fortes assumam esses cargos preparados para desenvolver o que seus antecessores deixaram.

Ironicamente, muitas empresas realizam um planejamento de sucessão particularmente insatisfatório na própria função de RH. É perturbador ver muitas grandes empresas se voltando para fora para preencher vagas seniores no RH por não se terem antecipado e cultivado candidatos internos. É, sem dúvida, desmoralizante para o pessoal interno saber que eles só podem subir até certo ponto na organização e que os cargos mais seniores estão fora de seu alcance. Isso não acontece em empresas como GE e P&G, mas, tirando essas empresas, a lista se reduz acentuadamente.

Na GE, Bill Conaty sempre soube que era sua obrigação desenvolver três ou quatro líderes de RH prontos para assumir no momento certo. Não é de se surpreender que tantos líderes de RH da GE tenham sido recrutados para posições seniores de RH em outras empresas. Devido ao desenvolvimento que vivenciam na GE, eles têm um mundo inteiro de oportunidades disponíveis externamente. Isso faz parte da proposição de valor que faz com que entrar na equipe de RH da GE seja tão atraente. Dennis Donovan foi para a Raytheon, Home Depot e Cerberus; Bob Colman foi para a Delta; Brian McNamee, para a Amgen; Joe Ruocco, para a Goodyear; Laszlo Bock para o Google; Eileen Whelley para a The Hartford; Rino Piazzolla para a UniCredit; Mark Mathieu para a Stanley Works; e Bob Llamas, para a AC Nielsen, para mencionar apenas alguns. Na verdade, a GE tem um grupo ativo de centenas ex-líderes de RH que se desenvolveram na empresa e permanecem leais e orgulhosos de sua herança.

Jeff Immelt e Bill Conaty passaram anos avaliando e discutindo o plano de sucessão para Conaty, que Immelt abordou de forma similar a uma sucessão de CEO. O processo se intensificou nos dois últimos anos de Conaty no cargo, enquanto ele e Immelt desenvolviam uma lista de fatores que consideravam críticos para as especificações futuras do papel e monitoravam constantemente os pontos fortes e lacunas de cada candidato. Eles mantiveram o Conselho de Administração da GE envolvido e bem situado no curso de todo o processo.

Eles reconheceram que o papel do RH em uma empresa mestra em talento exige diferentes habilidades e competências, e que o processo de sucessão precisaria refletir essa realidade. Eles definiram para o cargo exigências orientadas para o futuro e, a partir daí, deduziram os critérios. Essa busca levou à nomeação de John Lynch, o mais adequado de um grupo de profissionais de RH extremamente capazes.

A GE começou identificando as tendências e questões futuras que o próximo vice-presidente sênior de RH enfrentaria. A GE continuaria a ser um empreendimento competitivo e empolgante e o RH continuaria a ser um parceiro de negócios confiável, visível e agregador de valor. O RH precisaria continuar a atrair, desenvolver e reter os melhores talentos diversificados e globais e construir um pipeline de liderança, adiantando-se a necessidades de negócios e fazendo da GE fonte dos melhores empregos do mundo. As iniciativas e os resultados do RH precisariam ser estreitamente vinculados ao negócio. E a própria função deveria desenvolver talentos de primeira linha tanto com habilidades funcionais quanto com expertise de negócios, ao mesmo tempo que continuava a defender os empregados.

Desafios específicos ajudariam a impulsionar e orientar a iniciativa de crescimento da GE, acelerar a globalização, atrair e reter um excelente e diversificado banco de talentos apesar da maior concorrência, lidar com sistemas de remuneração e recompensa em uma economia de lento crescimento, lidar com os crescentes custos de assistência médica e fundos de pensão e ser uma fonte de coaching e calibração, especialmente para os líderes nos níveis mais elevados.

Esse profundo e específico conhecimento do cargo levou a um conjunto igualmente específico de características das quais o novo líder de RH precisaria:

- Confiança da equipe de liderança sênior.
- Adequação com o CEO e o CFO.
- Capacidade de ser o rosto externo da GE.
- Excelente assessor de talentos.
- Operador global.
- Lógica clara e líder de mudança, com competência estratégica.
- Enorme capacidade para a resolução de problemas complexos.
- Experiência operacional.
- Determinado, com coragem de tomar decisões difíceis.
- Capacidade de reter a equipe sênior de RH.

COMO DEVE SER O FEEDBACK

Dissemos que o feedback e o coaching são marcas registradas dos mestres em talento e que deve ser franco e específico. Utilizamos um dos recursos característicos de coaching de Jack Welch – a carta escrita à mão que ele enviava aos líderes depois de cada avaliação – para exemplificar o que queremos dizer com isso. Jeff Immelt, atual CEO da GE, mantém essa prática.

Veja, a seguir, trechos de cartas que Welch escreveu a Bill Conaty depois de algumas de suas avaliações.

Caro Bill,

Parabéns por um início sensacional. Seu bônus de incentivo reflete como todos nós nos sentimos em relação a você – e este é só o começo. Suas habilidades pessoais são justamente o que a empresa precisa.

Bill, na minha forma de ver, o desafio é "o upgrade do talento" – não só nosso próprio talento, você já tem um bom ponto de partida quanto a isso, mas em campo. Temos "cavalos de guerra" demais que não são bons o suficiente no segundo nível. Pior ainda: eles matam nossos valores com sua mentalidade obsoleta.

No próximo ano, nossas maiores e mais importantes Session C podem ser nossa liderança de RH em campo. Eu adoraria ver você fazendo o upgrade desse pessoal.

Bill, você é um excelente membro da equipe e fico muito feliz que esteja aqui.

Saudações,
Jack

Clareza e especificidade: Welch deixa absolutamente claro onde espera que Conaty se concentre no próximo ano e por quê.

Tom: Direto porém amigável. A carta vai direto ao ponto. Ela é escrita em linguagem cotidiana.

Mensagem subjacente: "Você é valorizado. Você precisa fazer algumas mudanças que podem deixar algumas pessoas insatisfeitas; pode contar comigo."

Caro Bill,

Parabéns pelo ótimo ano – você é o melhor que eu já vi no que faz. Obrigado por toda a ajuda.

Bill, seu desafio continua o mesmo – melhores pessoas em mais cargos. Excelente trabalho no Industrial. Precisamos de novos talentos como esse em toda a empresa no segundo nível. Todo o seu pessoal em Relações precisa ser o melhor – continue a limpeza.

A questão é: Onde estão os próximos Bill Conatys? Como podemos colocá-los logo em posições visíveis? Você está dando 150% de si – por favor, exija o mesmo de todos a seu redor!

Mais uma vez, parabéns e obrigado por um ano espetacular.

Abraços,

Jack

Clareza e especificidade: Continue promovendo mudanças como fez no Industrial.

Tom: Mesma linguagem direta, sem rodeios.

Mensagem subjacente: "O talento é importante. A sucessão no RH é importante e urgente. Você é valorizado."

ARMADILHAS DA LIDERANÇA

Tendo participado de inúmeras avaliações de talento e observado incontáveis líderes ao longo de muitas décadas, vimos muitas coisas que impedem líderes talentosos de crescer. Veja a seguir as armadilhas mais comuns; empresas mestras em talento e líderes devem manter-se atentas a elas.

- Deixar de atingir metas de desempenho ou valores; prometer demais e não cumprir.
- Ser internamente orientado demais.
- Resistir à mudança, não aceitar novas ideias.
- Ser um identificador de problemas, e não um solucionador de problemas.
- Conquistar o CEO mas não os colegas no negócio.
- Focar-se no próximo cargo, em vez de se concentrar no presente.
- Fazer "campanha eleitoral" – todo mundo percebe que você está fazendo isso.
- Ser arrogante e rígido, sem senso de humor.
- Não ter coragem de contestar o sistema.
- Não desenvolver o próprio plano de sucessão.
- Não crescer, ser complacente.
- Não acompanhar a velocidade e o caráter das mudanças externas.

LIÇÕES APRENDIDAS SOBRE O DESENVOLVIMENTO DE LIDERANÇAS E TALENTOS

Veja um resumo do que aprendemos ao longo dos anos sobre liderança e seu desenvolvimento:

- Os valores da empresa e pessoais devem ser compatíveis.
- Atrair, desenvolver e reter talentos de primeira linha é uma tarefa interminável.
- Franqueza e confiança no sistema são indispensáveis.
- Pense nas deficiências como necessidades de desenvolvimento e não como falhas fatais.
- A diferenciação leva à meritocracia, mas a uniformidade leva à mediocridade.
- Uma cultura voltada ao desempenho tem suas consequências – positivas ou negativas.
- Grandes líderes desenvolvem grandes planos de sucessão.
- Lidar com a adversidade é uma habilidade que desenvolve e esclarece.
- Grandes organizações requerem comunicações simples, focadas e consistentes.
- O aprendizado contínuo é crítico para o sucesso.
- Grandes líderes equilibram paixão com compaixão.

COMENTÁRIOS FINAIS: MELHORE SEU JOGO

A maior parte daquilo em que acreditamos e recomendamos aos leitores deste livro se baseia em nossas décadas de experiência em grandes empresas como consultores e profissionais. Nosso conselho aos líderes que querem tornar-se mestres em talento é simples. Mas é simples da mesma forma como conselhos de um profissional de golfe são simples: dê uma boa tacada, suave e firme, na bola. Agora você já sabe o que precisa fazer, mas precisará de muita determinação e empenho para desenvolver o swing que os mestres do golfe fazem com facilidade.

A maestria em talento requer o mesmo rigor e sistematização para desenvolver suas habilidades – no caso, identificar, desenvolver e reter os talentos necessários para uma vantagem competitiva. Isso requer processos e recursos especiais. Acima de tudo, requer um total comprometimento. Como líder do negócio, seu envolvimento de corpo e alma é o que impulsionará a prática e a cultura da maestria em talento em sua organização. Sem ela, você e seu pessoal estarão em dificuldades. Não faz muito tempo estávamos conversando com um amigo que recentemente fora nomeado CEO de uma empresa. A meta dele é a maestria em talento e, em apenas alguns meses, conseguiu realizar muita coisa nesse sentido. Mas nos contou que também percebeu rapidamente que, se ele saísse da empresa, o trabalho não teria continuidade – os outros membros da equipe não tinham capacidade de resistência. "Não estamos falando de uma iniciativa", ele disse. "O processo precisa ser institucionalizado e incorporado à cultura – aquele conjunto de regras explícitas e tácitas que determina o que as pessoas fazem quando ninguém está olhando."

Nossa premissa básica de colocar as pessoas antes dos números é fundamental para se tornar um mestre em talento, já que os resultados operacionais e financeiros começam com as pessoas certas nas posições certas para criar e executar a estratégia de negócios. E os mestres em talento reconhecem que só a intimidade entre os líderes levará a franqueza, confiança mútua e segurança essenciais para o desenvolvimento da competência organizacional. Sem uma prática disciplinada, aquele swing sempre será desequilibrado e pouco confiável.

ÍNDICE

A
ABN AMRO (banco), 170
Administradores gerais, 146-168
Agente mudança nomeado, 164
Agilent Technologies, 22
  competência organizacional,
    160-163
  Currículo Empresarial, 149
  desenvolvimento de oportunidades
    para as pessoas, 154-158, 254
  expertise técnica, 91
  Grupo de Medições Eletrônicas,
    154, 166
  liderança, 146-168, 252, 256
  nova estirpe de administradores
    gerais, 146-168
Ambiguidade, 135, 144
Ames, Chuck, 230
Antoine, Dick
  e Henretta, 120-123, 135
  em outros bancos de dados da P&G,
    254

  na P&G, 125, 129, 131, 135
  nos recursos humanos, 119, 142, 261
Apple (co.), 3-6
Aprendizado, 242, 245
  contínuo, 89-90, 252, 266
  de colegas, 267-268
  experiencial, 216, 219, 266
  na Hindustan Unilever, 100-103
  na P&G, 121
  relevante ao negócio, 268
  Simioni sobre, 225
  Veja também John F. Welch Learning
    Center
Ásia, 124, 133-137, 167
Aspiração, 238
Assimilação cultural, 249
AT&T, 6
Atribuições desafiadoras, 15, 22
Autoconfiança, 270-271
Autoconsciência, 172, 173-176,
  180-182, 184, 186
Autodesenvolvimento, 260

Avaliações
estratégia, 41-42
financeiras, 129
formais, 240, 255
informais, 240
inovação, 127
isoladas, 41
na Agilent, 161
na CDR, 231
na GE, 41-42, 46, 252
na LGE, 240
na P&G, 252
negócios, 252, 255-256
pessoas, 240, 255-256
talentos, 19, 41-42, 125, 176, 222,
263-265
Avaliações financeiras, 128
Avaliações psicológicas, 172, 184

B
Ballmer, Steve, 121
Banco de dados, 130-133,
254-255
Banco de dados computadorizado de
empregados, 129-132
Banco de dados de empregados,
129-132, 254-255
Banga, Vindi, 23, 94, 99-108, 111,
112-116, 198, 199
Banks, Charlie, 231
Barclays, 170
Batlaw, Anish, 235
Berges, Jim, 231
Bock, Laszlo, 281
Boland, James C., 220
Bransfield, Steve, 71
Brasil, 137-138, 139, 167
Bridgestone (pneus), 189
Brokatzky-Geiger, Juergen, 176, 177,
178, 180

Buffett, Warren, 171
Bull, Reg, 239

C
Calhoun, Dave, 40, 89, 199
Campbell, Jim, 36-40, 88
CAP. *Veja* Workout and Change
Acceleration Process
Capacidade de julgamento
e intimidade, 8
institucionalização de uma boa,
15-17
melhoria da, 250-251, 252
na remuneração dos líderes, 258
precisão da, 244
sobre atribuições, 254
sobre Healey e Henretta, 144
sobre os líderes seniores, 36
sobre os recursos humanos,
261-262
sobre os talentos, 2-3
sobre personalidade e valores, 262
Capacidade, 14, 118-145, 186, 216,
238
Características pessoais, 144, 252
Características, 144, 250, 252
Caráter, 18, 111, 128, 142
Carisma, 111
CDR. *Veja* Clayton, Dubilier & Rice
CEOs
aposentadoria iminente, 275
desafios dos, 277
e recursos humanos, 19, 269-271
ensinando em universidades, 268
esclarecidos, 17, 241, 243
ideais, 53-54, 277, 279-280
liderança, 279
na Hindustan Unilever, 104
na P&G, 142
sucessão de, 273-280

A ARTE DE CULTIVAR LÍDERES | 291

visão de Conaty sobre, 53, 142, 269-270, 277
Veja também CEOs específicos
Cerberus (co.), 23
Chief executive officers. *Veja* CEOs
China, 167, 235
Clayton, Dubilier & Rice (CDR)
lições aprendidas com a GE, 229-232
práticas de recursos humanos, 232-234
private equity, 23, 198-199, 210-212, 234
Coaching, 103-108, 127, 165, 166
Coffin, Charles, 42
Cohade, Pierre, 193
Colegas, 267-268
Colman, Bob, 281
Colocação profissional, 8-15, 49, 110, 257
Competência, 14, 118-145, 160-163, 216, 241
Competência, 2, 3
Comportamento exemplar, 203, 224, 240, 241
Comportamentos, 203-212, 248-249
Comunicação, 7, 277
Conaty, Bill, 250
banco de dados global de empregados, 130, 254
cartas de Welch, 283-284
como consultor na LGE, 239
e Calhoun, 40
e Campbell, 36-37, 88
e Donnelly, 77
e Immelt, 253
e Johnston, 29-30, 32-34
e Little, 70, 72-74, 78, 89
na CDR, 212, 232-234
na Goodyear, 220

nos recursos humanos, 261, 271, 281
plano de sucessão, 281
sobre a franqueza, 207
sobre a Session C, 46-50, 57
sobre as reuniões do CAP, 44
sobre o Curso de Desenvolvimento da Gestão, 58-63
sobre os CEOs, 53, 143, 269-270, 277
sobre Ruocco, 214, 215-216
sobre Welch, 46, 47, 60
tributo recebido de Rowe, 272
valores, 63, 64
Confiança, 19, 39, 245, 286
Conhecimento especializado, 146
Connell, Tom, 193
Contexto, 178-179
Continental Airlines, 212
Cook, Scott, 122
Coragem, 270-271, 186, 280
Corcoran, Bob, 56
Coreia, 200-202, 236, 240, 249
Cote, Dave, 32-33
Covey, Stephen, 158
Credito Italiano, 196
Crescimento, 252-253
Crotonville. *Veja* John F. Welch Learning Center
Cultura centrada no paciente, 183
Curlander, Paul, 230

D
Datta, Sushim, 104
De Bok, Arthur, 217
Deficiências, 16
Desafios, 112-117, 119, 134, 253, 269, 270-271, 277
Desempenho, 63, 108, 130, 159, 161, 193, 242, 245, 255, 256, 286

Desenvolvimento de talentos
  aspectos culturais do, 246-247
  como uma obsessão, 250
  das mestras em talento, 241
  dos líderes, 244
  Lafley sobre, 119
  lições do, 286
  na GE, 43, 89
  na Goodyear, 216
  na Hindustan Unilever, 21, 91
  na Novartis, 22
  na P&G, 118, 119
  na UniCredit, 195, 224, 229
  por meio do comportamento
    exemplar, 203
  prestação de contas dos líderes
    pelo, 251-252
Diálogos, 16, 17, 27, 42, 44-45, 109,
  242
Diferenciação, 18, 258-259, 268, 271,
  286
Dillon, Adrian, 148, 158-166, 168,
  251, 254
Dinâmica do setor, 269
Discussão em grupo, 99-100
Distribuição, 204
Donnelly, Scott, 76-77
Donovan, Dennis, 69, 281
Dow Chemical, 170-171
Drenagem, 113-114
Dunlop (pneus), 189

E
Eastman Kodak, 190, 192
Ebacher, Jon, 72, 73, 74
Educação. *Veja* John F. Welch
  Learning Center; Aprendizado
Elogios, 257
Emoções, 174-175
Energia, 280

Ensino, 266-267
Entrevistas, 100, 108, 248-249,
  278
Equilíbrio, 280
Escutar, 16, 280
Especificidades, 3-6, 276-278
Essência interior, 170, 171-173, 177,
  184, 186
Estatura, 280
Estratégia, 48, 128, 153
Estrutura funcional, 148
Etah (Índia), 112
Expectativas, 179-182
Experiência(s), 22, 118-145, 252,
  260-261, 279
Expertise coletiva, 2

F
Faché, Niels, 155-158, 251, 254
Feedback
  amostras, 283-284
  de CEOs, 242
  franco, 207, 251, 255, 283
  frequente, 251
  informal, 255
  na GE, 89
  na Hindustan Unilever, 103
  na Novartis, 177
  na P&G, 129
  na UniCredit, 229
Fishman, Mark, 173, 185
Fracassos, 257
Franqueza
  Conaty sobre, 207
  no feedback, 207, 251, 255, 283
  na GE, 39, 42, 44, 49, 271
  na Goodyear, 206-207
  na LGE, 240
  como uma necessidade, 286
  na P&G, 125

A ARTE DE CULTIVAR LÍDERES | 293

como um princípio dos mestres em
   talento, 242, 245
em avaliações, 255
na UniCredit, 227
cultura de, 19, 42, 44, 49

G
Ganguly, A. S., 94, 104, 105, 114,
   115
General Electric (GE), 17, 18, 22
   avaliações de negócios, 252
   avaliações na, 41-42, 46
   Crotonville, 54-57, 61, 62, 90, 266
   Curso de Desenvolvimento da
     Gestão, 57-62
   desenvolvimento de talentos, 89
   ensino na, 266
   estratégia, 48
   expertise coletiva, 2
   gestão de talentos, 21, 25-27, 43,
     45-46, 89
   influência sobre a CDR, 231
   intimidade na, 52-54, 67-90
   liderança, 17, 25, 26, 31, 35, 36,
     41-66, 78, 89, 253, 257
   recompensas financeiras, 258
   recursos humanos, 261, 271, 281,
     282
   renúncia de Johnston, 29-35
   retenção de pessoal, 250
   Session C (maestria em talento),
     33-37, 45-52, 57, 65
   sistemas operacionais, 42, 78
   sucessão em um dia, 29-40
   tempos difíceis, 24
   valores, 62-66
Gestão de talentos
   como tentativa ou erro, 1
   e processos sociais, 89
   empreendedor, 158-160

na CDR, 212, 232
na GE, 25-27, 45-46, 89
na Goodyear, 213-221
na Novartis, 22
na P&G, 22, 130
na TPG, 200
na UniCredit, 195, 222, 227
processos, 213-242
processos formais para, 21
Gogel, Don, 229-233
Goldsmith, Sir James, 189
Goodwin, Sir Fred, 170
Goodyear Tire & Rubber
   atribuições no exterior, 217,
     219-220
   contratação de fora, 23, 189-195,
     204, 220
   e LGE, 200
   gestão de talentos, 213-221
   liderança na, 190, 194, 204, 207
   mudanças na, 203-207
   planejamento de sucessão, 215, 273
Grove, Andy, 266

H
Habilidades, 144, 252
Halloran, Jean, 151
Halvorson, George, 146
Headhunters, 276
Healey, Melanie, 138-140, 143-145,
   253
Henretta, Deb, 121-125, 134-138,
   143-145, 251, 253
Hindustan Unilever (HUL), 21-24
   aprendizado na, 100-103
   coaching na, 103-108
   e P&G, 116
   entrevistas, 100, 108, 248
   expertise coletiva, 2
   gestores, 108-109

lema, 98, 102
liderança, 91, 93-96, 108-111, 112-117
passar em revista, 108-112
pipeline de talentos até o topo, 93-117
programa de trainees, 101
recrutamento, 95-100
sessão de mentoring, 262
valores, 18
HUL. *Veja* Hindustan Unilever

I
IBM, 230
Ilaris (medicamento), 185-186
Immelt, Jeff, 39, 42, 121, 250
  curso Liderança-Inovação-Crescimento, 61
  e a renúncia de Johnston, 30, 33, 34, 38, 40
  e Ishrak, 85-88
  e Little, 76, 77
  e o plano de sucessão de Conaty, 281
  e Session C, 49
  esperando a atribuição certa, 253-254
  processo de sucessão, 53
  sessões de coaching, 251
  valores, 65
Inconsciente, 23, 186
Incrementalismo, 191
Independência, 270-271
Índia, 96, 101-106, 112-116, 167
Indonésia, 136, 167
Indústria farmacêutica, 8, 10, 173, 181, 185
Inferências, 16
Inovação, 128
Insight, 184

Instinto, 174
Instrumentos de medição, 147
Integridade, 63, 111, 141, 277, 279
Intel, 266
Intimidade
  com os talentos, 8, 16
  e sucessão do CEO, 273, 274
  na carreira de Little e Ishrak, 67-90
  na GE, 26
  na Goodyear, 195
  na Lindell, 15
  na UniCredit, 227
  no planejamento de sucessão, 52-54
  poder da, 88-89
Intuição, 108, 135, 174
iPhone, 4, 6
iPod, 4, 5
Ishrak, Omar, 62, 79-88, 89, 249

J
Jimenez, Joe, 182-185
Jobs, Steve, 3-6, 14
John F. Welch Learning Center (Ossining, N.Y.), 54-57, 61, 62, 90, 266
Johnston, Larry, 29-35, 37-40, 89
Jones, Reg, 43
Justiça, 280

K
Kang, Jean, 239
Keegan, Bob, 22, 189-195, 200, 204, 207, 213-221, 250
Kihn, Jean-Claude, 217-218
Kimberly-Clark, 122
Kindle, Fred, 199, 231
KKR (co.), 23
Kosar, Len, 37, 38
Kramer, Richard J., 188, 191-192, 207, 216, 218-221

L

Lafley, A. G., 250
  avaliações de talentos, 125
  e Antoine, 122, 125, 130, 135
  e Henretta, 120, 122-124, 135
  ferramenta de coaching, 127
  na CDR, 23, 198, 199
  na P&G, 118, 120, 122-124, 125,
    127, 130, 135
  sobre o desenvolvimento de
    talentos, 119
  sucessão de, 141
Lever Brothers, 114
Lexmark, 230
LGE (co.), 23, 200-202, 235-241,
  249
Liddy, Edward, 23, 198, 199, 231
Liderança, 2, 3, 9, 14-18
  armadilhas, 285
  atribuições, 252-255
  autodesenvolvimento, 260
  avaliações de, 255-257
  contratação visando ao
    desenvolvimento, 248
  depois da saída do líder, 256-257
  desenvolvimento, 175, 192, 195,
    250-252, 286
  do CEO, 279
  e autoconsciência, 173-176
  e ensino, 266-267
  experiência, 260-261
  Exposição de líderes mais jovens à,
    267
  na Agilent Technologies, 146-168,
    252, 256
  na GE, 18, 25, 26, 31, 35, 36,
    41-66, 78, 89, 253, 257
  na Goodyear, 190, 194, 204, 207
  na Hindustan Unilever, 91, 93-96,
    108-111, 112-117
  na Novartis, 169-188
  na P&G, 18, 91, 118-145, 256
  na UniCredit, 221-225
  potencial, 249-250
  reconhecimento e retenção,
    257-259
  seleção, 189-202, 248-250
  sucessão para cargos de alta
    alavancagem, 280-282
  valores, 256
  visão de Sullivan sobre, 148
  Veja também Desenvolvimento de
    talentos; Gestão de talentos;
    Mestre(s) em talento; *líderes
    específicos*
Lifebuoy (sabonete), 104
Lindell Pharmaceuticals, 8-14, 256
Little, Mark, 67-79, 88-89, 257
Liveris, Andrew, 170-171
Llamas, Bob, 281
Lucros, 209
Lynch, John, 281

M

Má adequação, 257
Madhya Pradesh (Índia), 101, 102,
  104
Manufatura, 278
Mathieu, Mark, 281
McClellan, Steve, 193
McDonald, Bob, 18, 119, 128-129,
  131, 141, 143
McNamee, Brian, 281
McNerney, Jim, 53, 54, 121
Mediocridade, 286
Melhores práticas, 233, 227, 236
Meritocracia, 18, 42, 193, 245, 286
Mestre(s) em talento
  cultura de, 246-247
  decisões de sucessão, 273, 280

definição, 3
e avaliação psicológica, 172
entendendo as diferenças entre
  pessoas, 14
expertise de, 91
habilidades especiais de, 6-8
identificação, 20-24
identificação de talentos, 16, 273
kit de ferramentas, 243-286
modelo para, 241-242
princípios de, 17-20, 25, 91, 245,
  273
tornando-se um, 187-188, 189, 203
México, 56, 138
Michelin (pneus), 189
Modelo de negócios, 269
Momentos decisivos (filme), 129
Motivação, 239
MP3, 5
Mudança, 135
Muir, Bob, 59
Mulheres, 102
Mullaley, Alan, 234
Mundel, Trevor, 185
Música, 5

N
Nagrath, Moheet, 119, 128-132, 141
Nam, Yong, 23, 200-202, 235-241
Napster, 5
Nardelli, Bob, 53, 54, 71-74
Neff, Tom, 21
Negócio de cuidados para bebês, 122,
  124, 135
Negócio focado no mercado, 204, 205
Nersesian, Ron, 2, 148, 154-158,
  166, 168, 251
Nirma (sabão em pó), 115, 116
Northwest Airlines, 212
Novartis

ajudando os líderes a revelar sua
  essência, 171-173
avaliação psicológica na, 172
competência da liderança e
  autoconhecimento na, 169-188,
  252
contextualizando as questões,
  178-179
cultura centrada no paciente, 183
gestão de talentos, 22, 254
pesquisa e desenvolvimento,
  172-173
programa de mentoring, 176
programas de desenvolvimento,
  175-178, 185
redefinindo as expectativas,
  179-182
Nuances, 276, 278

O
Observação, 7, 8, 15, 16, 42, 244,
  262, 278
Okosky, Chuck, 53, 59, 277
Ombudsman, 210
Oportunidades intelectuais, 252

P
P&G. *Veja* Procter & Gamble
P. C. Richards (co.), 39
Países em desenvolvimento, 133-134,
  139, 180
Paixão, 238
Paranjpe, Nitin, 93-95, 101-107,
  108-112, 116-117
Pendergrass, Lynn, 37, 38
Pensamento periférico, 138-139
Personalidade, 262
Pesquisa e desenvolvimento, 172-173
Pessoal
  administração, 2

colocação profissional, 8-15, 110, 257

comparações entre, 16

conhecimento do, pelos mestres em talento, 14

profundo conhecimento de, 8

Peters, Susan, 59

Peters, Tom, 141

Phebo (sabonete), 137

Piazzolla, Rino, 197, 208-210, 221-224, 226-229, 281

Pneus, 189, 191

Polman, Paul, 121

Potencial, 123, 125, 249-250, 259, 260

Pressler, Paul, 23, 198, 199

Pressman, Ron, 71

Prestação de contas, 251-252

PricewaterhouseCoopers, 191

Private equity, 23, 198-200, 210-212

Processos sociais, 17, 21, 23, 27, 89, 206, 241, 276

Procter & Gamble (P&G), 22-24

avaliações de negócios, 252

banco de dados computadorizado de empregados, 129-132, 254

caráter da, 18, 195-196

compreensão do consumidor na, 91

ensino na, 266

expertise coletiva, 2

General Manager College, 127, 128

investigando os talentos, 127-129

liderança, 17, 91, 119-145, 256

liderança global, 91, 118-144

no Brasil, 137-138

papéis de teste, 122

redes globais, 140-142

sucessão na, 273

Profumo, Alessandro

como CEO da UniCredit, 23

comportamento exemplar, 224

desenvolvimento de lideranças, 221-223

franqueza, 227, 255

no UniManagement, 226

sistema de talentos, 195-198

sucessor, 227

valores, 207-209

Q

Quarta, Roberto, 231

Questões de negócios, 269

R

Recessão, 204

Recompensas financeiras. *Veja* Remuneração

Recompensas, 242, 243, 258

Recursos humanos

e operações de negócios, 19, 245, 261, 269-272

em uma empresa mestra em talento, 281

na CDR, 232-234

na GE, 261, 271, 281, 282

na Goodyear, 213-214, 216

na LGE, 239-240

nível médio, 261-262

papel dos, 36

relatórios sobre os líderes, 274

Redes globais, 141-143

Reforço positivo, 257

Reino Unido, 115-116

Relacionamentos, 143, 252

Relações com os clientes, 36

Remuneração, 43, 130, 258

Resolução de problemas, 269

Rice, Joe, 210

Rice, John, 40

Richards, Gary, 38

Rin (sabão em pó), 115
Roche, Teresa, 149, 152
Rohm & Haas, 170, 171
Rowe, Brian, 272
Royal Bank of Scotland, 170
Ruocco, Joe, 204, 214-216, 281

S
Scorecard, 130-132
Scott, Lee, 234
Sedita, Steve, 37
Segalini, Dick, 37, 88
Segmentação de mercado, 151
Setor bancário, 225, 227, 227
Shad, James, 237
Silos, 148, 167
Simioni, Anna, 225, 227
Síndrome de Muckle-Wells, 185, 186
Singapura, 121, 144
Sistema de saúde, 10, 146, 277
Sterling Partners, 261
Stickler, Peter, 239-240
Stratton, Kim, 176, 177, 181-182
Sucessão
    como processo social, 276
    de Conaty, 281
    de Lafley, 142
    de Welch, 30, 31, 52-54, 277
    do CEO, 273-280
    em um dia, 29-40
    na CDR, 233-234
    na Goodyear, 215, 273
    na P&G, 273
    nos recursos humanos, 280-281
    para posições de liderança de alta
        alavancagem, 280-282
    planejamento, 242
    tranquila, 273-282
Sullivan, Bill, 22, 147-149, 151-153,
    166

Superação de limites, 63
Surf (sabão em pó), 115

T
Talento(s)
    avaliações, 19, 41-42, 127, 176,
        222, 263-265
    como desenvolver a maestria em,
        248-259
    busca fora da empresa, 127-129
    recrutamento de, 96-100
    como vantagem, 1-24
    como o recurso mais importante,
        1-2
    capacidade de julgamento dos,
        2-3
Tamke, George, 231
Tecnologia, 5, 146-168, 267-268
Telefones, 6
Thomas, T., 112, 114
Tino para os negócios, 150
Tomada de decisões, 135, 148, 151,
    173, 207
TPG (co.), 23, 199-200, 211,
    234-235
Trabalho em equipe, 194, 204, 207,
    239
Trani, John, 82, 253
Tranquilidade, 253
Transferências horizontais, 254
Transferências incrementais, 254
Trotter, Lloyd, 40, 59
Turbinas, 74-75, 257
Tyco Electronics, 273-274

U
Ultrassom, 80-84, 86, 88, 249
UniCredit
    Estatuto de Integridade, 209-210
    gestão de talentos, 195, 222, 227

Plano de Desenvolvimento Executivo, 221-222, 223
sistema de talentos para a execução de nova estratégia, 23, 195-198
UniManagement, 224-227, 252, 266
valores, 207-210, 223
Universidades, 268
Uttar Pradesh (Índia), 101, 103, 112

V
Valores
compatíveis, 286
de Conaty, 63, 64
de Immelt, 65
de Welch, 63, 64
discernimento dos, 262
do CEO, 279
entrevista para investigar os, 248-249
explícitos, 242, 245
liderança, 256
na CDR, 210-211
na GE, 62-66
na Goodyear, 203-207
na Hindustan Unilever, 18
na Novartis, 184
na P&G, 142
na TPG, 211-212
na UniCredit, 207-210, 223
subalavancagem dos, 181
Valores no trabalho, 18
Vantagem, 1-24, 280
Vantagem competitiva, 2, 144, 147, 150, 195
Varian, Inc., 160
Varley, John, 170
Vasella, Daniel, 171-175, 183

velocidade da confiança, A (Covey), 158
Vencendo a crise (Peters), 141
Vietnã, 134, 136
Visão, 279

W
Welch, Jack, 23, 56, 88, 250
banco de dados global de empregados, 130
cartas após avaliações, 283-284
comportamento exemplar, 224
e Conaty, 46, 47, 60, 271
e Immelt, 253-254
e Ishrak, 80, 83, 85, 249
e Johnston, 32, 33, 34, 36
e Little, 70-74, 78, 89
início na GE, 43
na CDR, 198, 199, 212, 231
reformulação da Session C, 45-47
relatórios francos, 207
sessões de coaching, 251
sistema de gestão de talentos na GE, 25, 43
sistemas sociais e operacionais na GE, 42, 44
sobre os negócios, 79
sucessor, 30, 31, 52-54, 277
valores, 63, 64
Wells, Darren, 193
Wharton Business School, 3, 4, 7
Wheel (sabão em pó), 102, 115
Whelley, Eileen, 281
Whitman, Meg, 121
Williams, Jim, 199-200, 212, 234-235
Workout and Change Acceleration Process (CAP), 44